통일마당 4 | 98년 가을~ 99년 봄
30살 청년의 북한답사기

고난의 강행군

권혁 지음

정토출판

고난의 강행군

권혁 지음

편집자의 글

"식량난은 몇 년만의 노력으로 복구될 수 있을 것입니다.
하지만 무너져 버린 인간성과 삶의 터전을 다시 회복하는 것은
몇 십년이 걸려도 모자랄 것입니다."
99년 여름 중국 연변에서 만난 한 북한 사람의 말입니다.
살길을 찾아 중국으로 온 다른 많은 북한 사람들도 이와 같은 걱정을 하고 있습니다.
이들은 목숨을 부지할 수 있는 양식이 없다는 사실과 함께 무너져 버린 사회를
다시 일으킬 한 가닥 희망마저 키울 수 없는 불투명한 미래에 절망하고 있습니다.

중국에서 만난 난민들이 들려 주는 북한 사람들의 이야기를 듣노라면
안타까움을 넘어 절망감마저 불러일으키곤 합니다.
그들의 증언에 의하면 몇 년간 지속된 식량난은 가족을 해체시켜 아버지와 아들은 강도로,
어머니와 딸은 매춘부로, 어린 아이들은 거리의 거지로 전락하게 만들었습니다.
어느 사회에서나 존재하는 일부 어두운 측면들이 극한 상황 속에서
일반적인 삶의 방식으로 급격하게 자리잡아 가고 있음을 알 수 있습니다.

"옛 속담에 '쌀독에서 인심난다'는 말도 있지 않습니까? 먹을 것이 전혀 없는 상황에서
기본적인 양심과 도덕을 지키는 건 어려운 일이었습니다."
지은이는 북한 사람들이 겪는 고통을 알게 되면 도와 주고 싶은 마음이
일지 않겠느냐며 이 글을 우리에게 전했습니다.

비록 한 개인이 장사하면서 겪은 부분적인 경험이지만 그의 글을 통해
우리는 식량난 이후 북한 사람들이 어떻게 살아가는지 비교적 생생하게 알 수 있습니다.

남한과 북한은 서로 많은 사실들을 의도적으로 감추고 왜곡해 왔습니다.
거기에서 온갖 오해와 잘못들이 생겨났다고 생각합니다.
그래서 우리는 서로의 모습을 있는 그대로 드러내는 것, 있는 그대로 보는 것이
중요하다고 생각합니다.

지은이가 쓴 글 중에서 현재 북한에서 쓰는 용어와 화법은
그대로 살리는 것을 원칙으로 하였습니다.
또한 지은이와 밀접한 관계가 있는 사람들의 안전을 위해 지은이가 장사한 행적이나
내용은 밝히지 않았으며, 주변 사람들의 신분과 거주지 등은 일부 변경하였습니다.

지은이의 바람대로 식량난으로 고통받는 북한 사람들에게
더 많은 국제적인 지원이 이루어지는 데 이 글이 일조하기를 바랍니다.
넓고 깊게 보고 이해하는 데서 사랑이 생겨난다는 믿음으로 이 글을 내놓습니다.

책머리에

나는 함경북도 청진시에 사는 30세의 남자다.
아버지는 원래 중국 길림성 연변에 거주했는데, 중국이 식량 기근을 겪던
60년대에 할아버지를 따라 조국에 귀화하셨다.
아버지는 조국에서 어머님을 만나 결혼하여 누이와 나를 낳으셨다.
부모님은 병과 굶주림으로 돌아가시고, 시집간 누이마저 식량난을 견디다 못해
중국에 있는 친척의 도움을 받으려고 97년도에 중국으로 넘어간 이후
2년째 소식이 끊어져 버렸다.
배급이 끊어진 지 5, 6년이 지난 지금까지도 계속되고 있는 조선의 식량난은
모든 사람들을 굶어 죽지 않고 살기 위해 발버둥치도록 했으며,
나도 앉아서 굶어 죽을 수만은 없다는 생각으로 96년 봄부터 닥치는 대로 장사를 하여
오늘까지 목숨을 부지하게 되었다.

이 글은 98년 가을부터 99년 봄 사이에 내가 조선의 곳곳을 장사하러 다니면서
직접 보고 듣고 경험한 사실을 바탕으로 쓴 글이다.
나는 내가 체험한 사실을 중심으로 기아와 질병, 추위와 공포에 휩싸여
삶이 아닌 생명을 유지하기 위해 아득바득 몸부림치는
조선 사람들의 현실을 알리고자 이 글을 썼다.

차례

편집자의 글 · 4

책머리에 · 6

1부 98년 가을과 겨울

1. 청진 10월 · 14
버스 정류소 / 부자 꽃제비 / 조선의 장마당 / 수남장마당 / 고양이 한 마리 가져 오시오 / 장마당 사람들 / 라진 선봉 개방 도시 / 여자 장사꾼들 / 수성역 / 청진-회령 화물차

2. 회령 10월 · 25
탄을 채는 아이들 / 회령 장사꾼 / 10월 10일 명절 / 협동식당 / 앞에서는 그저 "예" 하고 대답해야 / 오산덕 김정숙 사적관 / 중국으로 도강하려는 여인들 / 회령장마당 / 매맞으면서 팥죽을 먹는 꽃제비

3. 회령-고원 열차 · 35
열차 연결짬에 대소변을 보다 / 침대 대상 할아버지 / 늦은 밤의 기차칸 / 장군님 찬 눈비 맞지 마시라 / 단속칸 담당 열차원 처녀 / 도중식사 / 고난의 행군 시기의 불사조

4. 고원 10월 · 47
고원 동무 / 강도라도 치고 싶다 / 5살난 동무 아들 / 고원장마당 / 한 생을 같이 살자 정을 맺은 벗 / 고원-함흥 자동차 / 정평군 문창리 농촌집

5. 함흥 10월 · 56
덕성초소 / 사촌 형 / 결혼 풍속 / 사촌 형 가정 / 삼일장마당 / 최고 봉사 / 외화상점 / 딸라 장사꾼

6. 함흥-평양 열차 · 68
　　열차 승무안전원 / 열차칸 유흥장 / 증명서 단속 / 신성천 꽃제비 남매
　　인민군이 아니라 괴뢰군 / 내 나라 제일로 좋아

7. 평양 · 76
　　평양역 / 사동구역 형님 / 만경대구역 광복거리 / 청춘관 / 만경대 / 평양 여대생
　　락랑구역 옛 친구 / 중구역 영광장마당 / 평양시내 구경 / 대동강 숭어국집
　　평양-사리원 자동차

8. 사리원 · 87
　　사리원역 / 상급도둑 일반도둑 / 정방장마당 / 너네 들양이야?
　　이렇게 살지 않으면 별수가 있는가요 / 3명의 소매치기 여자들 / 사리원-해주 자동차

9. 해주 · 97
　　해주역 / 대기숙박소 / 양사장마당 / 남조선은 우리보다 몇 배나 잘산다
　　야, 빨리 통일이 됐으면 좋겠다 / 해주-청단 자동차

10. 청단 · 104
　　남조선 적지 물자 / 남조선 삐라 / 청단역 / 청단장마당 / 숙박집 아주머니와 세 딸
　　하루에도 죽을 생각을 열 번도 더 한다 / 피임, 낙태 수술 / 한밤중의 우환거리 / 군대 강도
　　를 만나다 / 청단-해주 자동차 / 해주-사리원 자동차 / 산의 범이 뭘 먹고 사는지
　　사리원-평산 자동차

11. 평산 · 117
　　평산역 / 평산장마당 / 평산역 주변 / 술에다 독약이라도 넣었을까 봐
　　제일 힘든 것은 사람단련 / 친척 여자의 사연 / 평산-서흥 자동차

차례

12. 서흥 · 124
  서흥역 / 석현 / 석현-사리원 자동차 / 사리원-평양 자동차 / 중화 국가보위부초소

13. 고원 11월 · 130
  평양역/ 큰돈 10장은 있어야 / 평양-거차 열차 / 거차-고원 자동차 / 장동
  원평 농장 이야기 / 고원-함흥 자동차

14. 함흥 12월 · 137
  구루마 장사꾼들/ 일반 로동자들의 불만 / 함흥역 / 안내원, 한 가지 신세 좀 집시다
  나는 기차 탑니다 / 함흥-청진 열차 / 열차 안전원들 만 원 운동 / 기관차를 기다리며

15. 청진 12월 · 148
  청진역 / 라남구역 / 라남장마당 / 1등 머저리 2등 머저리 / 음식 장사꾼 여자들 / 돈티푸스
  돈을 위해서라면 / 음식 매대 꽃제비 남매 / 외화벌이 나그네 / 배전부 전기장사 / 고무산역
  꽃밭에서 자다 / 무산 장사꾼 아주머니들 / 고무산의 3가지 자랑거리

16. 회령 12월 · 164
  비사구루빠 / 중국에 갔다 잡혀 오는 사람들 / 콩갈이 영업하는 유치원
  회령역전 꽃제비 형제 / 아이를 버리는 조선 부모들 / 회령-함흥 열차
  기차칸 군인들 횡포 / 기차 함정

2부 99년 겨울과 봄

17. 함흥 설 명절 · 174
  외화상점 앞 매춘 여성들 / 옆집 저녁 식사 / 이모님 / 설 명절 / 함흥-고산 자동차

18. 원산 · 182
　　금강산 발전소인지 미친개인지 / 수령님, 신변이 위험합니다 / 고산-원산 자동차 / 갈마역
　　허약 걸린 사람들 / 어쨌든 놀게끔 되어 있다 / 갈마장마당 / 갈마-고원 자동차
　　비싼 대기입니다 / 고원-순천 자동차

19. 순천 · 195
　　순천역 / 남녀 소매치기 / 남편 하나에 부인 셋 / 순천에는 가짜약이 판친다
　　돼지가 앞전 뒷전 하는 걸 보다 / 순천-간리 자동차

20. 간리 · 206
　　간리역 / 자리다툼 / 오랜만에 만난 망나니 친구 / 간리-신의주 자동차

21. 신의주 · 215
　　신의주장마당 / 신의주역 주변 / 아마이, 늙은 것도 밤꽃 팔러 나왔소?
　　역전 검열에 걸리다 / 여자라면 예술을 소유하고 있어야 / 간리역 꽃사시오
　　간리-함흥 열차 / 열차원 아가씨 매수

22. 함흥 1월 · 228
　　역전 빠져나오기 / 방광염에 걸리다 / 조선의 의료, 혜택 / 민간요법 / 함흥-단천 열차
　　단천-길주 자동차 / 길주역

23. 혜산 · 238
　　길주-혜산 열차 / 혜산 비사회주의 검열 / 비오는 사회주의 / 전쟁이라도 일어났으면 좋겠다
　　위연-함흥 열차 / 여, 함흥! 사과 좀 먹자

24. 함흥 2월 · 247
　　몸이 다시 아파나다 / 2월 16일 명절 / 함흥-청진 열차 / 6살 장사꾼 아이

차례

조선의 인민학교 아이들 / 조선의 중학생들

25. 청진 2월 · 254
위험한 대기숙박집 / 수준이 어리게 '미제요 괴뢰요' 쌍소리 한다 / 숙박집 아주머니 정부

26. 회령 · 259
2월 회령 비사회주의 검열 / 조선독립만세 / 공개처형

27. 청진 3월 · 263
고성산 골짜기 노인들 / 독감에 걸리다 / 이동 선거함 선거 / 동무 부부의 극진한 간호
함흥 살인 사건 / 함흥-원산 자동차 / 비단리 숙박집 / 한식날 / 공동묘지로 변한 과수원

28. 금야 · 273
청진-고원 열차 / 진흥장마당 / 원평장사꾼 할머니 / 장마당 단속 / 원평장마당
군대는 놀아라 인민은 일한다 / 결사대와 돌격대 / 간부들의 허위보고
원평-함흥 자동차 / 함흥-청진 열차

29. 온성 · 281
유엔에서 오기 때문에 / 농촌 동원 / 대홍단 감자 농사 / 강도를 만나다
남양 / 두만강을 넘다

지은이 후기 · 288

낱말풀이 · 290

1부

98년 가을과 겨울

1 | 청진 10월

버 스 정 류 소

  98년 10월 초였다. 나는 아침 8시경에 집을 나셔서 버스를 타려고 포항구역에 있는 김일성수령 동상 앞으로 걸어갔다. 버스 정류소 앞에는 사람들이 줄을 서서 버스를 기다리고 있었다.

  전에는 시내 버스 값이 10전이었는데, 지금은 앞으로 타면 10원이고 뒤로 타면 5원이다. 10원을 내면 남보다 먼저 앞으로 올라 자리에 앉을 수 있다. 돈이 없는 대부분 사람들은 줄을 서서 기다리다가 5원을 내고 뒤로 탄다.

  나는 10원을 내고 버스 앞문으로 올라서 종점인 사봉 정류소까지 갔다. 사봉 정류소 앞에는 사탕, 음식, 담배 장사꾼들이 나와 물건을 팔고 있었다. 이제 12 - 14살 된 아이들도 콩튀우개를 가지고 나와 팔고 있었다. 이들은 학교에 가야 하지만 먹을 것이 없으니 이렇게 어린 나이에 길거리에 나와서 장사를 하는 것이다.

  사봉 정류소에서 송평 쪽으로 200미터 앞에 김책제철소가 있는데, 오래 전부터 공장이 돌아가지 않아 굴뚝에서 연기가 나지 않았다. 나는 김책제철소 앞으로 해서 송평다리를 건너 강 옆으로 나 있는 둑으로 걸어서 수남장마당으로 갔다. 강둑에서 내려 장마당으로 걸어가면서 보니 길가에 사탕, 빵 등을 파는 장사꾼들과 소설책, 기술 서적, 영어 교과서, 영조 사전, 일어 사전, 의학책 등을 파는 장사꾼들이 군데군데 있었다. 책을 파는 사람들은 전에 기술 인재들이거나 교원들인 경우가 많다. 그들도 식량난으로 가보처럼 귀중히 여기던 책을 팔아 하루하루 살아가는 형편이었다.

부 자   꽃 제 비

수남장마당을 가까이 하고 있을 때 앞에서 37살쯤 되어 보이는 남자가 3살 정도 나는 아이를 업고 쓰러질 듯이 힘들게 걸어가고 있었다. 내가 걸음을 다 그쳐 지나치면서 살펴보니 남자는 몇 끼를 굶었는지 입술이 다 부르텄고 얼굴과 몸이 몹시 허약했다. 그가 입은 옷은 다 해졌고 신발은 구멍이 나 있었다. 아이를 업은 포단도 말이 포단이지 거의 누데기였다. 아이 역시 낡은 옷을 입고 아버지 등에 업힌 채 배가 고프다고 칭얼거리고 있었다. 아무리 칭얼거려야 아버지인들 어찌 하겠는가. 아버지 자신도 너무 굶어 걸음도 옮기기 힘든 형편이므로 아이에게 먹을 것을 쥐어 주지 못한다. 많은 사람들이 오고 가며 불쌍하다고 혀를 차면서도 누구 하나 돈이나 먹을 것을 쥐어 주지 않았다. 남자는 몇 걸음 가지 못하고 맥이 없어서 땅에 털썩 주저앉았다. 그도 남자라는 자존심 때문인지 아니면 다 같은 처지이므로 누구한테서 동정을 바랄 수도 없다고 생각해서인지 손을 내밀지도 않는 것이었다.

나는 돈을 주고 싶었으나 길거리에 오가는 사람들이 많아 몇 걸음 앞에서 천천히 걸으면서 기회를 보았다. 장마당은 바라보이지 그 불쌍한 사람은 오지 않지 해서 나는 한 곳에 앉아 다리쉼을 하는 척하면서 담배를 피웠다. 그러다가 문득 머리에 좋은 생각이 떠올라 2미터 앞에 빵을 파는 장사꾼한테 가서 10원짜리 빵 2개를 사 가지고 앉아서 기다렸다. 조금 있으니 그 사람이 힘들게 일어나서 한 걸음 한 걸음 걸어왔다. 나는 돈을 그냥 쥐어 주면 사람들이 이상하게 생각할 것 같아서 주머니에서 300원을 접어 가지고 빵과 함께 손에 쥐었다. 그 사람이 내 앞을 지날 때 나는 빵 하나는 아이 손에 쥐어 주고 다른 빵 하나는 돈과 함께 그 사람 손에 쥐어 주면서 어떻게 하나 아이를 봐서라도 살라고 말했다. 그는 처음에는 빵을 주는가 했는데 빵 밑에 돈이 쥐어지자 놀라는 표정을 지었다. 그는 힘없이 고맙다고 인사했다. 나는 사람들이 못 보게 앞을 막아서면서 앉아서 빵을 먹고 가라고 하고는 서둘러 장마당으로 향했다.

조 선 의   장 마 당

  장마당은 식량난이 있기 전에는 이용하는 사람들이 많지 않았다. 거래되는 품목도 식량과 남새류, 물고기류, 가축류가 전부였다. 하지만 식량난이 오고 난 뒤로부터는 생계를 유지하기 위하여 너도 나도 장마당에 나가 장사를 한다. 장마당 구조는 시와 군(농촌)이 다르다. 시에는 구역별로 장마당이 있는데 주위에 담장을 두르고 그 안에서 물건을 팔게끔 만들었다. 하지만 장마당 바깥에서도 사람들이 각종 물건이나 음식을 판다.

  장마당에 물건을 팔러 들어가는 장사꾼들은 모두 10원에서 20원까지의 장세(세금)를 물어야 한다. 관리원들은 장마당 바깥에 있는 장사꾼들한테도 장세를 거두는데 많은 장사꾼들은 장세를 물지 않으려고 단속일꾼들이 오면 물건을 들고 달아나곤 한다.

  장마당에서는 모든 상품에 대해 현금 거래를 한다. 외상은 없다. 물건 간에 바꿈하는 형태가 소수 있기는 하다. 장마당에서 매매되는 물건들은 외부에서 들어온 것들이거나 사람들이 직접 만든 것들이다. 식량난 이후로 국가상점에서 물건을 내 주지 않으므로 사람들이 수공업으로 옷이나 신발 등 거의 모든 생활 필수품들을 만들어 팔고 있다.

청진시에서 매매되는 공업품들은 주로 라진, 선봉에 가서 사 온다. 중국 화교나 조교 등 중국 장사꾼들에게서 물건을 사거나 밀수꾼들의 물건을 사서 되거리하기도 한다. 라진, 선봉에 가는 장사꾼들은 조선돈은 물건을 살 때 잘 통하지 않는데다 얼마 떨어지는 것이 없으므로 중국 인민폐 또는 달러를 가지고 물건을 사 온다. 물건 운반은 자동차 또는 기차로 한다. 자동차로 운반하는 경우 라진, 선봉까지 갔다가 청진, 회령으로 오려면 적어도 700 – 1,000원 정도 든다. 기차로 운반하는 경우에는 열차 안전원이나 검차원에게 돈을 주거나 담배, 술, 도중식사 등을 대접한다. 장사꾼들은 라진, 선봉에서 날아오는 모든 공업품에 5 – 100원까지의 이윤을 붙인다. 많은 물건을 운반하는 장사꾼들은 회전수를 높이기 위하여 물건 한 개당 최고 10원씩 붙이지만, 이러한 물건을 넘겨 받는 되거리 장사꾼은 최고 100원까지 붙인다. 라진, 선봉에서 물건을 날아오는 큰 장사꾼들은 본전을 빼고 한 번에 2 – 3만원 정도의 이득을 본다.

수 남 장 마 당

청진에서 제일 큰 장마당은 수남장마당이다. 규모가 매우 크고 물건과 사람도 많다. 수남장마당에는 공화국 각지에서 장사꾼들이 모여드는데, 그 중에서도 주로 함경남북도의 장사꾼들이 이용한다. 회령 물고기 장사꾼들은 이곳에서 물고기를 사서 회령에 가서 판다.

수남장마당은 입구가 1개인데 다른 3군데에 개구멍같이 뚫린 입구가 또 있다. 장마당 밖에는 음식 장사꾼들과 자전거 장사꾼들이 많다. 자전거는 대부분 일본제 중고 자전거나 중국제 또는 대만제이 소수가 조선제 스뎅 자전거다. 장마당 안에는 음식물 파는 매대를 비롯해서, 물고기, 육고기, 남새류, 당과류, 잎담배, 과일, 공업품, 자전거 부속품, 천, 중국 신발, 조선 신발, 중국 담배, 아이들 옷, 중고옷, 중국 압착솜, 화장품, 세탁비누를 파는 매대 등이 있다. 중국 자크와 맞단추 등 옷을 만들 때 필요한 물건을 파는 매대도 있다.

음식 매대에서는 주로 밥, 국수, 빵, 꽈배기, 두부밥, 떡, 순대, 돼지고기 볶음, 물고기 요리, 오징어회, 문어회, 술, 닭알, 두부탕, 육고기 요리 등 음식물을 가공하여 손님들에게 판다. 장마당에서 파는 옷들은 주로 중국에서 들어온 천을 사서 가공한 것들인데 중국 옷보다 못하지 않다.

개인들이 중국 천으로 만든 바지는 남자용이 750원, 여자용이 650 – 700원 이다. 속바지는 여자용이 70 – 250원, 남자용은 180 – 350원까지 있다.

수남장마당에서 판매하는 물건들은 주로 중국제가 많다. 라진, 선봉으로 들어온 중국 상품이 청진에서도 이 수남장마당에 밀집된다. 중국 물건들 중에는 천, 옷, 비누, 화장품, 과일, 닭알, 사탕과자, 담배, 술, 비닐 제품, 자전거와 그 부속품들, 손전지, 자크, 맞단추, 열쇠, 신발, 손목시계, 압착솜, 구두약 등이 많다. 약품도 페니실린, 마이신, 정통편, 록태고 등 중국에서 들어온 것들이 많이 팔린다.

유엔에서 지원한 아동용 겨울 옷과 설사약, 결핵약을 비롯하여 다른 이름 모를 약들도 많다.

청진시 각 구역마다 있는 장마당 어느 곳에서나 유엔에서 들어온 식량, 의류품, 약품들을 볼 수 있다. 유엔에서는 조선의 탁아소와 유치원 아이들을 대상으로 각종 의약품과 비누, 사탕과자, 영양가루 등의 지원품을 들여보낸다. 하지만 이들 지원품들은 탁아소와 유치원에는 조금씩만 차려지고 대부분은 장사꾼들의 손을 거쳐 장마당에서 비싼 값에 판매되고 있다. 유엔에서 조사를 온다고 하면 학교에서 아이들에게 빵을 몇 번 주고는 계속 먹어 왔다고 말하라고 시킨다.

그러면 철없는 아이들은 집에 와서 부모보고 유치원에서 빵을 3 – 4번 정도 먹었는데 유엔에서 오면 계속 먹는다고 하라고 선생님들이 시키더라고 이야기한다.

　장마당에서는 수매상점을 제외하고는 중국 제품을 팔지 못하도록 단속하고 있다. 또한 되거리 장사를 금지하고 있다. 하지만 장사꾼들은 단속 물건을 사려는 사람들을 자기 집이나 뒷골목으로 데리고 가서 몰래 판다. 그게 아니면 단속자들의 눈을 피해 물건을 감추고 있다가 요구자가 나타나면 돈을 받고 해당한 물건을 판다. 단속물품은 주로 중국 제품들 - 천, 담배, 술, 잡화류, 압착솜, 맛내기, 사카린 - 과 중국 인민폐, 달러 등이다.

　장마당에 농민시장 관리소라는 게 있다. 관리소에는 소장 이하 12명 정도의 관리원들이 있는데 그들이 장마당을 돌아다니면서 장사꾼들한테서 장세를 받는다. 또한 담당 안전원과 보위부, 로동자 규찰대 등 단속일꾼들이 장마당에 나와서 비정상적인 행위를 감시 통제한다.

고양이 한 마리 가져 오시오

　장마당 안전원들은 인민들을 착취해 먹는 수법이 매우 발전했다. 중국 상품을 못 팔도록 단속하지만 많은 장사꾼들이 그런 물건을 판다. 안전원들은 그 많은 장사꾼들을 다 단속하지 못하므로 한 줄에 가서 10명씩 단속하여 물건을 빼앗아 들여간다. 그리고는 물건 임자들에게 저녁 때쯤 담배나 술 같은 것을 가져오게 하여 그것을 받고 물건을 돌려준다. 이런 식으로 매일 10명씩 잡아들였다.

　수남장마당에서 이런 일이 있었다. 며느리가 장마당에서 공업품 장사를 하고 시어머니는 집을 지켰다. 그런데 하루는 며느리가 앓아 눕는 바람에 시어머니가 며느리 대신 장마당에 나왔다가 안전원한테 단속되어 관리소로 끌려갔다. 이 할머니는 집만 지키다나니 장마당 물세를 근본 몰랐다. 그저 남들이 파니 나도 팔아 보자는 생각으로 나왔다가 물건을 빼앗긴 것이다. 빈손으로 집에 가자니 며느리가 싫은 소리 하겠지 해서 할머니는 안전원한테 사실

대로 말하며 사정하였다. 그러자 안전원이 봐 줄 테니 대신 고양이 한 마리를 사 오라고 했다. 갑자기 고양이를 사자고 하니 장마당을 다 돌아다녀도 고양이 파는 것이 없어서 애를 쓰다가 할머니는 오후 5시경에 가까스로 고양이 새끼를 한 마리 살 수 있었다. 그걸 안고 안전원을 찾아가서 장마당에 고양이 파는 것이 없어서 오후 내내 기다리다가 간신히 새끼 한 놈을 350원 주고 사가지고 왔다고 말했다. 그 안전원은 어이없어 웃더니 짐을 가지고 나가라고 했다. 사실 안전원은 고양이 대가리가 그려진 담배를 사 오라고 한 것인데 장마당에 처음 나온 할머니는 그런 소리를 모르니 진짜 고양이를 샀던 것이다. 장마당에 나가서 장사하자 해도 안전원들의 말을 알아들을 줄 알아야 한다.

장마당 사람들

수남장마당에는 음식을 덮쳐 먹는 꽃제비 아이들과 소매치기들이 많다. 꽃제비 아이들은 얼굴이 탄을 칠한 것처럼 새까만데 덮쳐 먹기에 불이 달려 두 눈만 반짝거린다. 그들은 사람들이 음식 사 먹는 것을 지켜 보다가 갑자기 달려들어 덮쳐 먹는다. 그래서 사람들은 제 돈을 내고 음식을 먹으면서도 몰래 숨어 먹거나 사방을 살피면서 먹는 버릇들이 생겼다.

소매치기들은 손에 안전면도칼을 가지고 다니면서 사람들의 돈 주머니와 들가방, 배낭 등을 째고 돈이나 물건들을 도적질한다. 수남장마당에는 특이하게 벙어리 소매치기들이 많다. 그들은 쌍쌍이 패를 쳐서 소매치기를 한다. 따라서 장마당에 들어오는 사람들은 물건 사는 것보다 도둑을 주의해야 한다. 이래저래 조선 사람들은 안정된 생활을 하지 못하고 공포와 절망에 시달리고 있다.

매음을 전업으로 사는 여자들도 많다. 수남장마당은 크고 돈 있는 장사꾼들이 다 모이는 곳이므로 매음하는 여자들의 한 대상이 되는 것이다. 그들은 남자를 꼬여서 장마당 앞에 거처로 잡은 집에 데리고 가서는 마시고 놀고 한다. 그 대가로 집 주인에게 조금씩 돈을 준다. 그런데 이런 여자들 중에는 돈 있는 남자들을 홀려서는 외지 남자인 경우 모략을 꾸며서 돈과 물건을 훔치든가 아니면 자기를 돌봐 주는 남자들을 시켜 빼앗는 일도 있다.

라진 선봉 개방 도시

나는 기본문으로 들어가지 않고 개구멍을 통해서 장마당 안으로 들어갔다. 점심을 사 먹으러 음식 매대 안으로 들어가다가 잘 알고 지내는 장사꾼 여자와 마주쳤다. 그가 웃으면서 먼저 인사를 하였다. 나도 인사한 후 점심을 먹으러 왔는가고 물었다. 그는 아는 사람을 대접시키려고 음식을 주문하러 왔다고 말하고는 서둘러 갔다.

여자는 내가 수남장마당에 자주 드나들면서 알게 된 장사꾼이었다. 그는 나이가 30살인데 시집을 함흥으로 갔다가 남편이 술을 많이 먹고 자꾸 때리고 해서 두 살 되는 아이를 남편한테 주고 친정인 청진으로 와서 장사하면서 살아가고 있었다. 그는 본가집으로 온 후 집에서 돼지를 길러서 판 돈으로 장사를 시작하였다고 한다. 처음에는 중국 화교들한테서 물건을 외상으로 받아다 팔아서는 본전은 돌려 주고 떨어지는 돈을 자기가 챙기는 식으로 장사를 했다. 여자가 장사를 잘 하므로 후에는 장마당에서 인민폐 아니면 달러를 바꿔 가지고 라진, 선봉으로 가서 공업품을 사다가 팔았다. 그는 인물이 잘생겼는데 라진, 선봉으로 자주 가는 운전수를 사귀어서 장사 물건을 운반했다. 운전수는 가정이 있는 사람이었다. 그런데 그 여자와 운전수는 장사를 하러 갈 때면 부부 생활을 하고, 돌아와서는 그런 티를 내지 않았다.

그 여자는 나보고 라진, 선봉은 조선이 아닌 것 같은 감을 주었다고 말했다. 내가 왜서 그런가고 물었더니 라진, 선봉의 장마당에 가면 보이는 물건이 전부 외제품이고 간판도 외국 글로 썼다는 것이다. 그는 라진, 선봉이 개방 도시로 된 후로 사람들의 생활 수준도 달라졌다고 하면서 청진도 언제면

라진, 선봉만한 수준이 되겠는가고 부러워했다.

도색칠을 하면서 살아가는 한 여성도 그런 얘기를 했다. 그 여성은 나이가 34살인데 전 직업은 교원이었다. 그는 학교에서 미술을 배워 주었는데 남편이 교화소에 잡혀 간 다음 살기가 어려워져 아이들을 친정 어머니한테 맡기고 라진, 선봉으로 돌아다니며 이불장, 양복장, 차대, 텔레비 받치개, 밥상, 식장 등을 도색칠해 주고 살아가고 있었다. 그 아주머니는 역시 라진, 선봉 개방 도시가 다르다고 말했다. 그는 함북도 내는 돌아다니지 않은 데가 없는데 생활 수준이 제일 높은 데가 라진, 선봉이라고 했다. 라진, 선봉 사람들은 도색할 때 비싼 것으로 해 달라고 하고, 또 매끼 식사도 푸짐하게 대접하며, 부른 값을 깎지 않고 수고했다고 오히려 돈을 더 준다는 것이었다. 라진, 선봉에서는 중국 텔레비도 마음대로 볼 수 있고 남조선 록음 테이프도 마음대로 듣는다고 했다. 그러면서 개방이라는 것이 좋긴 좋더라고 말했다.

여 자 장 사 꾼 들

지금 공화국 전 지역에서 남자보다 여자들이 장사하는 경우가 더 많다. 남자들은 장사하러 가면 술과 담배, 돈이 들고 또 군인 강도들을 만나 털리기가 쉽기 때문이다. 하지만 강도들이 여자들은 좀 덜 다치는 편이므로 여자들이 장사하기에 더 유리하다. 장사하는 여자들 중에는 가정 주부나 남편하고 이혼한 여성들이 많다. 돈이 적은 여자들은 몸치장을 잘 하고 운전수를 사귀어 장사 물건을 운반하는데 장사를 갔다 오는 동안 운전수의 담배, 술, 도중식사를 대접하며 심지어는 몸까지 준다. 그러기에 장사하는 여성들은 대개 집에서 같이 사는 남편이 있고, 장사하면서 같이 지내는 남편이 있다. 남편들은 이런 사정을 뻔히 알면서도 식구들이 굶어 죽는 형편이므로 모른 체하고 안해를 장사길에 보낸다.

장사하는 여성들은 23 – 35살 정도의 여성들이 많은데 그들은 대부분 피임을 했다. 또한 열 명에 4, 5명 정도가 이혼한 사람들이다. 그들은 장사길에서 남자와 그때 그때 눈이 맞아 사는 일들이 많다. 그들은 하나같이 말하기를 남편이 있을 때에는 술 걱정, 담배 걱정을 해야 하고 먹을 것을 바쳐야 했는데 갈라져 혼자 살아가니 자기 마음대로 할 수 있어 좋다고 하였다. 남자가 생각나면 장사길에서 만난 모를 남자와 성관계를 하면 되고 술과 담배 돈도 나가지 않아서 좋다고 말했다.

수 성 역

나는 장마당에서 나와, 송평 정류소에서 버스를 타고 포항에서 내려 수성역까지 걸어갔다.

수성역은 그리 크지 않은 1층짜리 건물이다. 대합실에도 두 벽면에만 긴 의자가 놓여있다. 역전 오른쪽에 출입구가 있고 왼쪽으로는 공동변소가 있다. 수성역 앞에는 어디나처럼 음식 매대들이 줄을 서 있다. 구루마꾼들도 10명 정도 모여 있다. 수성역은 회령 방면과 무산 방면으로 가는 장사꾼들이 많이 모이는 곳이다. 그들은 주로 공업품이나 물고기 같은 것을 가지고 농촌에 나가 장사해서 살아간다.

수성역에는 청진철도총국 산하 검열대 안전원들이 질서를 유지한다는 명목으로 나와 있다.

그들은 배낭을 가졌거나 무슨 먹을 만한 것이 있어 보이는 사람들을 골라 단속해서는 벌금을 50 - 100원까지 물린다. 그렇게 벌금으로 받은 돈은 국가에 바치지 않고 검열대 안전원들이 공동으로 소비한다.

청 진 - 회 령 화 물 차

저녁 7시경에 화물차가 왔다. 기차가 오자 많은 사람들이 몰려들어 화물방 통에 올라탔다. 화물차 맨 뒤에는 차장칸이 있는데 그 곳에도 장사꾼들이 돈을 내고 탄다. 그렇지만 화차에 탔다 해서 돈을 안 내는 것이 아니다. 차장이 다니면서 매사람한테서 5원씩 거둔다. 나는 춥고 해서 100원 주고 기관차 대가리에 탔다. 기관차 안에는 회령까지 가는 여자 장사꾼들도 7, 8명 정도 탔는데 그들은 전부 물고기 배낭을 가지고 있었다. 화물방통에는 사람들이 100명 정도 탔다.

그들은 추위에 떨면서도 돈이 없으니 방통 우에서 참으며 가는 것이었다.

수성에서 떠난 기차는 밤 11시경에 고무산에 도착했다. 화물차는 더 이상 가지 않고 기관차만 다시 청진으로 짐을 실러 간다고 하였다. 나는 할 수 없이 기차에서 내려 고무산역 대합실에 들어갔다. 회령까지 가는 사람들과 함께 대합실에서 떨면서 다른 화물차가 오기를 기다렸다. 몇몇 사람들은 추위를 견디기 힘들어 대기숙박 손님을 데리러 온 아주머니들을 따라가기도 했다. 날이 밝을 무렵이 되어서야 회령으로 가는 화물차가 왔다. 나는 이번에도 100원을 주고 기관차 대가리에 탔다.

2 | 회령 10월

탄을 채는 아이들

　아침에 회령에 도착했다. 기차에서 내리면서 보니 남자아이들과 여자아이들이 석탄 실은 기차에 올라가서 탄을 채고 있었다. 그들은 형제 아니면 동무들끼리 짝패를 지어 탄을 챘다. 그들 중 한 명이 기차에 올라가 있다가 기차가 떠날 때 주머니에 탄을 넣어서 차량 아래로 굴리자 아래에서 대기하고 있던 아이들이 그것을 가지고 달아났다. 그리고 열차에 있던 아이는 달리는 차에서 뛰어내렸다. 하지만 그 아이는 맥이 없어 뛰어내리자마자 그 자리에 쓰러지는 것이었다. 한창 배워야 할 나이의 아이들이 생명을 걸고 하루하루 살아가는 모습을 볼 때마다 참으로 안타깝고 마음이 아팠다.

회령 장사꾼

　나는 회령역에서 곧장 내가 거래하는 장사꾼 집으로 갔다. 내가 집 문을 두드리자 그 집 나그네가 누구인가고 물었다. 내가 청진 조카라고 말하자 그는 제꺽 문을 열어 주었다. 주인이 어디서 오는 길인가고 물었다. 나는 어제 저

녘에 청진에서 화물차를 타고 오는 길이라고 대답했다. 주인은 그러면 아직 아침을 먹지 않았겠다고 하면서 아주머니보고 밥을 해 오라고 하였다. 그 집 식구들은 이미 아침을 먹었으나 아주머니는 나를 위해 아침밥을 또다시 차려 주었다.

나는 밥을 먹고 나서 집주인과 담배를 피우며 그 동안 어떻게 지냈는지 이야기를 나누었다.

주인은 요즘도 숙박 검열이 잦다고 하였다. 중국으로 넘나드는 사람이 여전히 많은 데다 중국과 송이버섯 밀수를 하는 자들도 많아서 단속과 검열이 세다는 것이었다.

두만강을 사이에 두고 중국 연변과 마주하고 있는 국경 연선지대는 중국과 장사를 하는 장사꾼이나 밀수를 하는 사람들, 중국에서 들어온 양식과 공업품 등을 사려고 오는 장사꾼들, 중국으로 넘어가는 바닷고기나 약초 등을 팔려고 오는 장사꾼들이 많다. 또한 중국에 사는 친척들의 지원을 받으려고 그들을 만나려는 기대를 갖고 조선 각지에서 모여든 사람들, 중국으로 몰래 넘어가고자 하는 사람들도 많다. 국경 연선지역인 무산, 회령, 온성 등에는 장사꾼과 방랑자, 꽃제비들이 많이 몰리는 곳이므로 숙박 검열이 잦고, 신분증이나 통행증이 없어서 잡혀가는 사람도 많다. 나는 장사를 하면서 회령의 한 장사꾼을 알게 되어 회령에 갈 때면 그의 집에서 머물렀다. 숙박 검열이 오면 장사꾼 나그네는 나를 자기 집에 놀러온 조카라고 말했다.

1 0 월   1 0 일   명   절

10월 10일은 조선로동당 창건 기념일로서 명절날이다. 회령집 아주머니가 가내반에서 오산덕으로 들놀이를 간다기에 회령집 나그네와 나도 따라갔다. 명절치고는 사람들이 붐비지 않았다.

사람들이 군데군데 모여서 춤을 추고 노래를 불렀다. 그런데 춤을 추는 것을 보니 사교무를 추는 것이었다. 부부간도 아닌 남녀가 사교무를 추며 보는 사람이 다 짜릿할 정도로 서로 안고 붙었다 떼어졌다 하면서 즐기고 있었다. 또한 노래도 내가 잘 모르는 노래이기에 회령집 나그네에게 무슨 노래인가고 물으니 남조선 노래라는 것이었다.

　이전에 김일성수령이 살아 계실 때에는 오직 조선 노래만 부르고 조선 민요춤만 추게 하였다. 약간만 디스코를 추어도 무조건 붙잡아 법적 제재를 가했다. 그런데 지금은 사람들이 버젓이 사교무를 추고 남조선 노래까지 부르는 것이 아닌가! 우에서는 아무리 황색 바람이요, 날라리 풍이요 하면서 금지시키지만 사람들은 더 그런 것을 요구하고 접촉하는 것이 현실이었다.

　이런 것을 볼 때면 나는 우리도 이제 문화 개방으로 나아간다는 생각을 하였다.

협 동 식 당

　점심은 회령집 주인하고 나하고 회령시에서 음식을 제일 잘 한다고 소문이 난 '협동식당' 으로 가서 먹었다. 회령집 나그네가 말하기를 내가 왔기 때문에 잘 하는 식당으로 데리고 왔다는 것이었다. 식당에 들어가니 몇 사람들을 빼고는 손님들 대부분이 국경 경비대 군인들이었다.

　식당에 들어서면서 처음 내 눈에 띈 것은 식당에서 주방일과 접대일을 보는 여자들의 옷차림이었다. 그들은 한결같이 속바지만 입고 우에는 속이 다 들여다보이는 얇은 블라우스를 입고 있었다. 웃옷이 어찌나 야한지 안의 가슴띠가 다 보였다.

　나는 식당에서 운영하는 식품 목록을 살펴보았다. 녹말국수 1그릇에 50원, 강냉이술 1병 25원, 중국 빙천맥주 1병 120원, 돼지고기 요리 100원, 닭알 1알 15원, 마른명태 50원, 개고기국밥 50원, 돼지고기국밥 50원, 문어회 100원, 조개회 100원, 낙지회 100원이었다. 우리는 녹말국수 2그릇과 강냉이술 1병, 닭알 2알, 마른명태 1접시를 주문했다. 결국 우리 두 사람이 먹을 음식으로 205원어치를 시킨 것이다. 하지만 식당에 온 군인들은 대부분 군관과 사병들이었는데 3, 4명이 모여서 무려 1,500원어치씩 먹어댔다. 그들을 보자 5원짜리 빵도 못 먹어 굶주리는 길거리와 장마당 꽃제비들이 생각났다. 대다수 인민들은 굶주리는데 권력을 가진 자들은 진탕치며 먹어대고 있으니 참으로 불공평한 사회로구나 하고 생각했다.

우리가 음식을 기다리는데 30살 정도 되어 보이는 국경 경비대 군인이 주방에 내려가서 삶은 닭알을 하나 집어 먹었다. 그런데 이상하게도 주방에 있는 어느 누구도 그에 대해 아무런 말도 하지 않았다. 보아하니 단골 손님인 것 같았다. 하지만 나를 더욱 놀라게 한 것은 그 군인이 많은 사람들이 보는 데서 주방 아주머니의 웃옷 안에 손을 넣고 젖가슴을 만지는 것이었다. 아주머니가 웃으면서 사람들이 보는 데서 무슨 일인가고 말하자 군인은 "일없어" 라고 대수롭지 않게 말하고는 물러났다. 나는 그 때 속에서 피가 끓어번지고 주먹이 떨리는 것을 겨우 참았다. 생각하면 부아통이 터질 지경이었다. 인민들은 굶어 죽으면서도 나라를 지키라고 군대에 쌀을 주고 하루 세 끼 밥을 먹이는데, 군인 녀석들은 대낮에 술을 먹고 남의 유부녀 가슴을 쥐고 놀고 있으니 정말 나라가 썩긴 썩었구나 하는 생각이 들었다.

앞에서는 그저 "예"하고 대답해야

저녁에 주인 나그네가 다니는 공장의 간부와 보위부에 있는 동무가 찾아왔다. 술을 마시면서 공장 간부가 지금 공장 사람들이 중국으로 너무 많이 달아나서 머리가 쏜다고 말했다. 보위부에 있는 동무도 자기들도 비법 월경자들 때문에 힘들어 죽겠다고 불평했다. 비법 월경자들을 보위부에서 취급하므로 그렇게 말하는 것이었다. 주인집 나그네가 요즘 중국에 비법으로 갔다가 잡혀 오면 어떻게 하는가고 물었다. 보위부에 있는 동무는 지금 중국에 가서 잡혀 오는 사람이 너무 많기 때문에 죄가 심한 사람은 교화소에 보내고 나머지는 단련대에 보내서 교양한다고 이야기했다.

다음날 아침에는 주인 동무 3명이 집에 왔다. 그들은 술상에서 이번 10월 10일 명절은 명절답게 쇠지 못했다고 이야기들을 했다. 그러면서 지난 7월 선거 때는 누가 주석이 되겠는가 궁금해서 사람들이 많이 나와 춤을 추고 분위기가 좋았는데 김정일이 국방위원회 위원장으로 다시 추대되었다는 정령을 듣고 사람들이 기분이 나빠서 명절날에도 춤추러 나오지 않으니 애매한 가두 아주머니들만 강제로 모이게 해서 춤을 추게 했다고 말했다. 그들은 우에서 누가 뭐라고 하면 그저 "예" 하고 대답하고 뒤에서 자기 할 일을 하면서 살아가는 게 현명하다고 말들 했다. 이들은 술자리에서 당에 대한 불만을 묘한 방법으로 표현했다.

오 산 덕   김 정 숙   사 적 관

하루는 혼자서 오산덕에 있는 김정숙 어머니 고향집을 비롯해서 사적관과 사적비를 돌아보았다. 그것을 보노라니 정말 어처구니가 없었다. 혁명을 했다 하여 막대한 돈을 들여 자기 부인이나 어머니 고향을 사적지로 꾸미고 3층짜리 사적관까지 지어 놓은 김일성, 김정일 부자에 대한 반항심이 일어났다. 저희들은 진탕치듯 먹고 쓰고 살면서 인민들은 굶기고, 또 먹고 살려고 하는 장사까지 못 하게 하는 정치는 천하에 썩은 정치라고!

나는 사적관을 둘러본 후 다리쉼을 할 겸 중국이 잘 바라보이는 곳에 앉아 담배를 피웠다.

중국 쪽 삼합에 있는 정각과 그 앞으로 흘러가는 두만강을 보노라니 식량난으로 살 길을 찾아 중국으로 건너간 불쌍한 누이가 생각났다. 누이뿐만 아니라 얼마나 많은 조선 여성들과 사나이들이 목숨을 걸고 중국으로 넘어갔는가!

중국으로 도강하려는 여인들

그들의 불우한 운명을 그리며 생각에 잠기어 있는데 뒤에서 인기척 소리가 났다. 돌아보니 여자 3명이 다가오고 있었다. 그들은 내 옆에 서더니 중국 쪽을 하염없이 바라보았다. 그들의 옷차림은 남루하기 짝이 없었다. 우에 입고 있는 옷은 때가 묻어 더러웠다. 웃옷과 바지는 군데군데 기웠으며, 신발은 다 해져 있었다. 그래도 얼굴은 진하게 화장을 했다. 나는 첫눈에 그녀들이 방랑자 아니면 중국으로 도주하려는 여자들이라는 것을 알았다. 그들의 행동과 눈길이 그것을 말해 주고 있었다. 그들은 안타깝고도 허전한 눈길로 중국 쪽을 하염없이 바라보았다.

나는 그들보고 집이 어디인가고 물었다. 한 명은 평양이고 한 명은 함경북도 김책이며 한 명은 함경남도 단천이라고 대답했다. 나는 다시 그들보고 회령에 장사하러 왔는가고 물었다. 그들은 힘없이 웃으면서 장사할 돈이 있으면 좋겠다고 말했다. 그리고는 나보고 회령에 사는가고 물었다. 내가 그렇다고 하자 이번에는 직장은 어디며 일은 나가는가고 물었다. 나는 직장이 신발공장인데 공장이 돌아가지 않아서 놀고 있다고 적당히 둘러쳤다.

나는 그들보고 회령에는 왜 왔는가고 물었다. 그들은 생활난 때문에 남편과 아이들은 굶어 죽고 이렇게 꽃제비 신세가 됐다며 몰래 중국으로 가려고 한다고 말했다. 나는 그 소리에 뭘 믿고 나한테 속에 있는 소리를 막 하는가, 내가 안전부나 보위부에 알리면 어쩌려고 그러는가고 했다. 그러자 평양 여자가 자기네는 사람들을 많이 다루어 봤기 때문에 얼굴만 봐도 나쁜 사람인가 좋은 사람인가 안다고 말했다. 그러면서 나를 처음 보는 순간 좋은 사람이라고 여겨졌기 때문에 말하는데 요즘 회령에 여자들을 중국에 데려가 주는 사람들이 있다는 말을 들었다며 자기들한테도 소개시켜 달라고 부탁했다. 그들은 공짜로 부탁하는 게 아니라고 하면서 자기네는 돈이 없기 때문에 몸을 달라면 그 대가로 몸을 주겠다고까지 거리낌 없이 말하는 것이었다. 나는 나한테는 그런 선이 없으며 또 그럴 생각도 없다고 말했다. 그리고는 들리는 소리에 조선 여자들이 중국에 가면 돈을 벌어 올 것 같아서 목숨을 걸고서라도 가지만 실지로는 가서 중국 사람들의 노리개로 된다고 하더라는 말까지 해 주었다. 그러자 그들은 한결같이 이래도 죽고 저래도 죽는 바에는 차라리 중국에 가서 몸을 주고 배불리 먹는 편이 낫다고 말했다. 나는 그러지 말고 빌어먹어도 제 땅에서 빌어먹고 몸을 팔아도 제 땅에서 팔라고 말한 후 사람들이 올라오기에 서둘러 그 자리를 떠났다.

회 령 장 마 당

오산덕에서 내려온 뒤 회령장마당으로 갔다. 회령시에는 장마당이 망양동에 한 개가 있다.

장마당의 두 면에는 수매상점과 농민시장 관리소가 있고, 나머지 두 면은 담장으로 되어 있다.

회령장마당에는 앞문과 뒷문이 있는데 각 문들에 농민시장 관리원들이 앉아 물건을 팔러 오는 사람들한테서 5-20원까지의 장세를 받는다. 또한 보위부와 안전부, 사로청 불량소조, 927 상무대, 시안전부 감찰과 소속 로동자규찰대 등에서 나와 불량 행위와 비사회주의 현상, 화폐 장사, 단속 물건 거래 행위들을 단속한다. 조선은 5월과 9월이 농촌동원 기간이다. 이 기간에는 장마당을 오전에는 보지 못하고 오후에 보게 하는데, 농촌동원을 갔다 왔다는 확인서가 있는 사람만 장사할 수 있도록 통제한다. 또한 장마당 앞 강변에서 공개처형할 때에는 장마당을 보지 못하게 하고 공개처형하는 것을 보게끔 사람들을 모이게 한다.

회령장마당에는 사람들이 많이 모이는 편인데, 주로 회령시 사람들과 청진 이남 장사꾼들이 많이 이용한다. 청진 장사꾼들은 회령이 강냉이가 싸므로 회령장마당에서 강냉이를 사 가지고 청진에 가서 1킬로그램에 5원씩 붙여 판다.

회령장마당에도 역시 중국 상품들이 많다. 천, 옷, 신발, 시계, 과일, 장판지, 된장, 맛내기, 사카린, 쌀 등이 대부분 중국에서 들어온 것들이다. 그밖에 잡화류, 사탕과자, 전지, 학습장, 조선 쌀, 강냉이, 콩, 물고기류, 육류, 남새류, 사탕과자, 엿, 단물, 각종 빵류, 떡류가 판매된다. 음식 매대에서는 각종 음식들을 가공하여 끓여 준다. 회령장마당에도 유엔 밀가루, 유엔 영양가루, 유엔 아이들 옷이 돌아다닌다. 또한 단속물품들은 장사꾼들이 요구자들을 집에 데려가서 팔거나 단속자들의 눈을 피해 조금씩 감추어 가지고 나와서 판다.

98년 10월에 회령장마당에서 팔린 식량값은 1킬로그램에 중국 입쌀 68 - 70원, 강냉이 20원, 콩 23원이었다. 전에 비해 값이 싼 편이었다. 옷들은 그 가치에 따라 가격이 다르긴 한데 대체로 겉옷은 250 - 1,800원, 속내의류는 100 - 250원 사이에 팔리고 있었다. 이제는 국가에서 옷을 팔아 주는 것이 없으므로 장마당에서 중국 옷 아니면 개인들이 만든 옷을 사 입는다. 전에 국가상점에서 팔던 옷보다 지금 개인들이 만들어서 장마당에 내다 파는 옷들이 질과 형태에서 모두 더 좋다.

회령장마당에는 중국에서 들어온 중고품들이 많다. 중고품은 주로 속옷과 양복 바지와 동복 등이다. 회령의 장사꾼들은 중국에서 조선으로 나와 장사하는 사람들이나 조교들로부터 천을 사서 집에서 재봉틀로 직접 옷을 만든다. 또는 그들한테서 부탁을 받고 그들이 가져온 동복감으로 어른 동복과 아이들 동복을 만들어 주기도 한다. 돈이 없는 사람들은 주로 중국 장사꾼한테서 외상으로 천 등을 가져다가 옷을 만들어 장마당에서 팔기도 한다.

외화는 중국 인민폐가 100위안당 조선돈 2,200원, 미국 달러는 100달러당 19,500 - 20,000원에 거래되고 있었다. 중국과의 변경지대에서는 대부분 중국 인민폐와 달러를 장마당에서 암거래한다. 국경 연선지대인 함경북도의 회령, 온성, 무산, 청진, 량강도의 혜산, 평안북도의 신의주에서는 인민폐를 쓸 수 있어도 나머지 지방에서는 인민폐가 통하지 않는다. 달러와 일본돈 엔은 전국의 큰 시의 외화상점에서 바꿀 수 있으며 상점 앞에서 암거래도 할 수 있다. 달러와 엔이 정식으로 거래되거나 암거래되는 장소는 신의주에서는 역 앞에 있는 외화상점과 장마당이고, 평양시는 락원상점, 평천구역 각조직 매점, 광복상점, 고려호텔 앞, 문수 완구상점 등이다. 함흥시에서는 함흥시 외화상점, 신흥산호텔, 신흥관 외화식당 분점에서 바꿀 수 있다. 청진시 외화상점, 해주시 광장 앞에 있는 해주 외화상점, 사리원시 외화상점, 평성 외화상점 등에서도 외화를 거래할 수 있다. 환율은 변경지대에서는 인민폐 1위안 당 조선돈 22.5원, 달러는 100달러당 19,500원이다. 평양, 원산, 함흥, 해주에서는 달러가 거의 공통된 값인데 100달러당 17,500 - 18,500원 사이다.

매 맞으면서 팥죽을 먹는 꽃제비

회령장마당에도 음식을 만들어서 내다 파는 사람들이 많았다. 그리고 꽃제비 아이들도 많이 모여 음식과 마른국수를 도둑질하고 있었다. 꽃제비들은 서로 누가 더 많이 채 먹는가 경쟁이라도 하듯이 장사군 여자들이 사 먹는 음식을 채 먹었다. 한 여자가 팥죽을 먹고 있는데 꽃제비 아이가 기회를 보다가 갑자기 덮쳐들어 사발째 훔쳤다. 아이는 뜨거운 팥죽을 허겁지겁 먹어댔다. 여자는 기절 초풍하면서 사발을 빼앗으려고 아이에게 매질을 하였다. 꽃제비는 사발을 뺏기지 않으려고 꽉 끌어안고 매를 맞으면서도 끝까지 먹어댔다. 아이는 12살 정도 되어 보였는데 얼굴은 까맣다 못해 검은 천과도 같고 옷은 다 해진 것을 입고 있었다. 그 모습이 하도 보기에 딱해서 옆의 사람들이 여자보고 그냥 두라고 말렸다. 여자는 할 수 없이 꽃제비보고 다 먹은 다음 사발은 주인한테 갖다 주라고 말하고 자리에 앉았다. 꽃제비는 죽을 다 먹더니 잘 먹었다고 인사까지 하고는 그릇을 주인에게 돌려 주었다.

또 다른 쪽에서는 덮치개들이 음식과 국수 타래를 채고 달아나자 주인이 쫓아가느라고 난리를 피우고 있었다. 음식 주인은 쫓아가면서 누가 좀 잡아 달라고 소리를 쳤다. 하지만 누구 하나 잡으려 하지 않고 못 본 척했다. 전에는 사람들이 부정을 반대하여 서로 투쟁했는데 지금은 세월이 어려우니 자기 일이 아니면 모른 척하는 것이 특징이다.

회령장마당에는 15－21살까지의 소매치기들이 많았다. 그들은 주로 여성들을 노렸는데, 무리를 지어 다니면서 안전면도칼로 여자들의 들가방 또는 배낭을 째고 돈이나 물건을 도적질했다.

그리하여 '아이구, 아이구' 하는 소리가 장마당 여기저기서 터져 나왔다.

매대를 차려 놓고 술과 음식을 파는 곳에서는 더 볼 만한 광경들이 벌어지고 있었다. 음식 매대 앞에 남자가 나타나면 얼굴에 화장을 진하게 한 장사꾼 여인들이 서로 남자의 팔을 잡고 자기 매대로 들어가자고 승벽내기로 끌었다. 아마 자기 남편에게도 그렇게 하지는 않을 것이다. 살아가자니 정조고 뭐고 상관없이 음식과 몸을 섞어 파는 그들의 모습은 혐오스럽다기보다 측은한 마음을 불러일으켰다.

3 회령 고원열차

열 차 연 결 짬 에 대 소 변 을 보 다

　나는 회령에서 일주일 정도 머물다가 고원으로 가기 위하여 회령역으로 갔다. 기차는 예정된 시간에서 하루가 지나서야 회령역에 들어서었다. 기차는 10월 15일 저녁 6시경에 회령역을 떠났다. 사람이 어찌나 많은지 열차 안은 움직일 틈도 없었다. 열차 안에 타지 못한 사람들은 방통 우에 아니면 승강대 발판에 붙어서 갔다.

　열차 방통마다 변소가 있지만 그 안에도 사람이 꽉 차 있어 사용을 못 하므로 사람들은 열차 연결짬에다 대소변을 보았다. 가려 주는 것이 아무것도 없는 그 곳에서, 여자들도 남자가 옆에 있는데 대범하게 바지를 벗고 대소변을 보았다. 정말 미공급 전에는 여자들이 남자와 눈길만 마주쳐도 얼굴이 달아올라 어쩔줄을 몰라했는데 지금은 도덕이고 예절이고가 없어졌다.

　연결짬 주위에 있는 사람들은 냄새가 지독스럽게 나지단 어디 다른 곳으로 움직일 형편이 못 되니 그대로 대소변 냄새를 맡을 수밖에 없었다. 어떤 남자들은 농담 소리로 이 여자 속통이 못됐는지 똥내가 지독스럽다고 하면서 웃었다. 그러자 대변을 보던 여자가 요즘 식량난 때문에 낟알을 못 먹고 전부 풀만 먹어서 냄새가 역할 수밖에 없다고 말대꾸했다. 그 소리에 모든 사람들이 와 하고 웃었다.

침대 대상 할아버지

나는 일반칸이 너무 복잡하여 단속칸으로 갔다. 단속칸 복도에서 단속칸 담당 열차원이 차표와 증명서를 확인하면서 일반칸으로 사람들을 쫓아내고 있었다. 단속칸 복도가 좁아서 공무를 집행하는 데 지장을 준다는 것이었다. 복도에는 늙은 할아버지 한 분이 앉아 있었다. 그 열차원이 늙은이보고 도덕도 없이 "아바이, 일어나 다른 칸으로 가라요!" 하고 쌀쌀맞게 말했다. 할아버지는 "내 늙은 몸이 저렇게 사람이 많은데 어떻게 나가는가. 그래도 여기가 사람이 좀 적으니 여기서 가자요." 하고 사정했다. 열차원은 들은 척도 않고 오히려 차표를 보자고 하였다.

할아버지가 자기는 원래 '침대 대상'인데 표가 다 나가서 못 떼고 올랐다고 말했다. 그러자 열차원은 "표 못 뗀 것이 우리 탓인가요? 역전에다 말하라요." 하면서 기어이 다른 칸으로 가라고 다그쳤다. 정말 어처구니가 없는 노릇이었다. 보아하니 일반 사람이, 더구나 늙은이가 침대 대상이면 전쟁에 참가했던 영웅이 아니면 공로자다. 이런 분들은 응당 대우를 받아야 하나 지금은 그렇지 않다.

열차원이 너무 소리치면서 악을 쓰니 할아버지가 나도 너 같은 손녀가 있는데 너무한다고 하였다. 그러자 열차원이 "나한테는 할아버지가 없시요." 하고 말대꾸하는 것이었다. 나는 참고 지켜 보다가 지내 격분해서 "열차원 처녀, 이건 너무하지 않소. 동무도 부모가 있을 텐데 이 북새통에 늙은이가 가면 어데 가겠소. 청진에 가서 좀 조용해지면 옮겨 가면 되지 않소." 라고 참견하였다. 열차원은 나보고 "손님은 왜서 남의 일에 간섭하는 거야요. 단속

받는 주제에 무슨 할 소리가 있시요." 하고 쏘아붙였다. 열차원은 내가 단속 칸 복도에 있으니 표나 증명서가 없어 단속 받은 줄로 알았던 모양이다. 이때 내가 어떻게 내 자신을 억제했는지 모르겠다. 나는 주먹이 떨리는 것을 겨우 참고 말했다. "열차원, 나는 단속된 사람이 아니오. 나는 증명서, 차표 다 있는 사람이오." 열차원은 어디 보자고 했다. 나는 증명서와 차표를 꺼내 보여 주었다.

그러자 열차원이 이번에는 나보고 단속칸 밖으로 나가라고 성화를 부렸다. 나는 악이 났으나 꾹 참았다. 화를 내 봤자 나에게 이로울 게 없었다. 나는 주머니에서 200원을 꺼내 열차원에게 슬쩍 건네 주었다. 그리고 할아버지와 같이 단속칸 복도에서 갈 수 있도록 해 달라고 부탁했다. 열차원은 제격 돈을 집어 넣더니 아무 말 없이 가 버렸다.

나는 할아버지 옆에 가서 앉았다. 할아버지는 나보고 "젊은이, 고맙소." 하고 말하였다. 그러고 나서 할아버지는 가방에서 비닐 주머니를 꺼내더니 숟가락으로 그 안의 음식물을 퍼 먹었다. 고소한 냄새가 나는 걸로 보아서 변성가루인 것 같은데, 그 마른 것을 반찬도 없이 먹는 것이었다. 할아버지는 조금 먹다가 목이 메는지 청진에 가서 물을 사서 이겨 먹겠다면서 도로 가방에 넣었다. 나는 담배 한 대를 꺼내서 할아버지에게 권하였다. 그리고 라이타를 꺼내 불을 붙여 주었다.

할아버지는 담배를 피우면서 자기 이야기를 하였다. 수령님이 살아 계실 때에는 이렇지 않았는데 왜 사회가 점점 이 모양이 돼 가는지 모르겠다고 한탄했다. 할아버지는 집이 평안북도 철산인데 회령에 있는 딸이 사망되어 딸네 집에 다녀오는 길이라고 말했다. 딸네 집에 가 보니 사위와 손자, 손녀가 하루 세 끼 죽이나 겨우 먹는 처지로 한심하게 살더라고 하였다. 그래도 자기가 집으로 돌아가겠다니까 변성가루 2킬로그램을 사서 주었다고 한다. 할아버지는 자기는 전쟁 시기 대전까지 갔다왔으며 공로를 세운 영웅인데, 지금은 영웅이고 뭐고 다 쓸데 없고 돈이 많아야 사람값에 든다며 한숨을 쉬었다. 내가 왜 회령에서 차표를 못 사 가지고 올랐는가고 묻자 침대표가 다 나가고 없어서 일반표라도 사자고 했는데 일반표도 다 나가고 없어서 그냥 올라탔다고 말했다. 하긴 할아버지가 차표를 못 뗄 만도 하였다. 나 자신도 웃돈을 주고 안면으로 차표를 끊었는데 타도에 사는 늙은이가 영웅인들 어떻게 차표를 살 수 있었겠는가.

늦은 밤의 기차칸

밤 12시가 넘어서 열차가 고무산에 도착했다. 기차가 어찌나 맥을 못 추는지 회령에서 저녁 6시경에 떠난 것이 겨우 밤 12시 30분이 되어서야 고무산에 도착한 것이다. 고무산에서도 열차를 타려는 사람들이 많았다. 열차가 이미 승객으로 꽉 차 있던 터라 지붕 우에도 타고 발판에까지 매달렸으나 못 탄 사람들이 많았다. 열차는 고무산에서 15분 정도 있다가 다시 출발하였다.

열차가 고무산을 떠나 한참 달리니 웅성웅성하던 것이 조금 조용해졌다. 늦은 밤의 기차 안은 차마 눈 뜨고 못 볼 광경들이 벌어졌다. 서로 모르는 남녀가 껴안고 앉아서 남자가 여자의 가슴을 만지는 것, 손이 여자 몸 아래를 더듬는 것, 서로 키스하는 것 등 별의별 해괴한 일들이 벌어지고 있었다. 마치 텔레비에서 본 '세계 여러 나라 동물들'에 나오는 동물 세계에 온 것 같은 기분이었다. 서로 그러다가는 씩씩거리기까지 하는 것이었다. 옆에 늙은이들이 있는데도 그들은 전혀 신경쓰지 않았다. 나는 이것을 보며 예로부터 동방예의지국으로 불리웠던 나라가 삼 년째 계속되는 식량난으로 사람들을 다 못쓰게 만들었구나 하는 생각이 뼈에 사무치도록 들었다.

장군님 찬 눈비 맞지 마시라

아침 7시경에 열차가 청진역에 도착했다. 열차가 도착하자 꽃제비들이 방통 주위에 모여와서 서로 노래를 부르고 요술을 할 터이니 돈 아니면 먹을 것을 달라고 졸랐다. 나는 돈을 그냥이라도 주고 싶었으나 남들이 이상하게 생각할 것 같아서 진짜 노래와 요술을 멋있게 하면 먹을 것을 주겠다고 말했다. 그 아이는 진짜냐고 물었다. 내가 진짜라고 하면서 남자는 일구 이언하지 않는다고 했더니 그는 약속하자고 했다. 아이가 처음 부른 노래는 김정일에 대한 노래였다. 아이들이 얼마나 천진 난만한가. 노래와 요술을 팔아 빌어먹으면서도 김정일에 대한 노래를 부르는 것이었다. 내가 노래 가사를 다 모르지만 아는대로 적어 보겠다.

창가에 비바람이 사납다 해도 아이들아 걱정을 마라.
온나라 아이들을 보살피시는 아버지가 계신단다.
김정일 장군님은 우리 아버지, 아~ 아버지.
눈 오는 이 아침 우리 장군님 그 어데 가시옵니까.
찬 눈을 맞으며 가시는 길에 이 마음 따라 섭니다.
이 땅의 눈비를 우리가 다 맞으려니
장군님 장군님 찬 눈비 맞지 마시라.
우리를 잘 살게 하여 주시려 수령님 한생 걸으시는
오늘의 장군님 가시는 길에 이 마음 따라 섭니다.
충효를 다하여 맡은 일 더 잘 하려니
장군님 장군님 찬 눈비 맞지 마시라.

이 얼마나 가슴 아프고 통분할 일인가! 십대의 어린 나이에 이렇게 나와서 빌어먹으면서도 오직 자기 운명은 김정일의 품에 있는 것으로 생각하고, 자기가 저렇게 고생하면서도 김정일이 찬 눈비 맞지 말기를 노래로나마 부르고, 힘든 '고난의 행군'을 하면서도 김정일을 숭배한다.

그런데 김정일은 저 어린 아이들에게 단돈 100원이나 쌀 1킬로그램이라도 주었는가! 생각하면 가슴이 아프다.

노래를 마친 아이는 다음으로 요술을 하였다. 귀에다 손바늘을 꽂아 뒤로 빼는 요술과 팔목에 끈을 매고 다시 시계를 걸고 끈을 맨 다음 시계를 빼내는 요술이었다. 그런데 아이의 귀를 보니 온통 바늘 구멍 투성이인데다 헐어서 피가 나고 있었다. 자기의 생살에다가 바늘을 꽂아서 통과시키는 바람에 그 여린 귀에서 피가 흐르는 것이었다. 한창 어머니 품에서 응석을 부리며 재롱을 부릴 나이에 먹고 살아가기 위해 조금이나마 먹을 것과 돈을 바라고 아픔을 참는 아이를 보고 있자니 눈물이 나고 가슴이 찢어지는 것 같았다. 하지만 더 가슴 아픈 것은 몇 십 명이 요술을 구경하고도 아이한테 돈이나 먹을 것을 주는 사람들이 몇 안 되는 것이었다. 그것도 전부 여성들뿐이었다. 세 명의 아주머니들이 먹던 밥과 빵 두 개를 아이에게 주었다.

아이가 나한테 와서 "삼촌, 삼촌, 아무것도 안 주나요? 사나이 거짓말을 안 한다고 하시지 않았어요?"라고 말했다. 나는 아이가 내 조카처럼 보였고 불쌍하였다. 아이는 다 해진 양복과 무릎과 엉덩이가 째진 바지를 입고 있었다. 신발도 없어 한쪽 발은 다 해진 신발을 신고 한쪽 발은 비닐 주머니로 동여매고 있었다. 아이는 먹을 것을 달라고 때가 새까맣게 묻은 손을 내밀었다. 나는 속으로 '야, 생각 같아서는 많이 주고 싶지만은 그렇게 할 수가 없는 세월이 아니냐.' 하고 말했다. 나는 아이에게 도중식사로 마련한 쌀밥 한 봉지와 이면수 반찬 한 봉지를 내밀었다. 그리고 사람들이 다르게 생각하지 못하게 "야, 삼촌은 시시하게 빈말하지 않는다. 너 신발을 못 신었는데 내 그걸 보고 어쩌겠니. 내 여비 좀 적게 쓰더라도 신발 한 켤레 사 신어라." 하며 돈 150원을 주었다. 아이는 눈물을 흘리며 고맙다고 인사했다. 나는 얼굴이 뜨거워오르는 것을 느끼면서 "죽지 말고 앞으로 잘 살 때 삼촌 보면 값을 내라." 하고 농소리로 말했다.

내 옆에서 싸움하던 아바이와 열차원이 이 광경을 지켜 보고 있었다. 내가 다시 앉으니 할아버지가 "옛날부터 빈민 구제는 나라 왕도 못 한다고 했는데 그렇게 먹을거나 돈을 준다고 이 생활이 되겠소?" 하고 달하였다. 나는 "할아버지, 나도 어려운 사람입니다. 내가 잘살아서 저 아이를 도와줬겠습니까? 저 어린 나이에 다 해진 옷을 입고 신발도 못 신고 나와서 빌어먹는 걸 보니 속이 내려가지 않아서 그랬습니다."라고 말했다. 할아버지는 "저런 아이들이 어디 한둘인가. 정말 이 사회가 어떻게 되겠는지 근심이 되오."라고 말하며 한숨을 쉬었다.

단속칸 담당 열차원 처녀

청진에 정차한 열차는 기관차 견인기가 없어서 떠나지 못하고 있었다. 할아버지가 다시 변성가루를 꺼내 먹으려고 하였다. 나는 보기가 딱해서 나랑 같이 식사하자고 권했다. 나는 쌀밥 한 봉지와 이면수 반찬, 닭알을 꺼내고 술도 한 병 꺼냈다. 할아버지는 내 식사를 보더니 놀라면서 한사코 사양했으나 내가 고집을 부리자 결국에는 그러자고 하였다.

식사가 끝난 후에 복도에 앉아 담배를 피우는데 단속칸 담당 열차원이 나보고 어디까지 가는가고 말을 걸어왔다. 나는 억지로 고원까지 간다고 대답했다. 열차원은 어제 저녁에 있었던 일 때문에 자기를 쓴 오이 보듯 하는 건가고 물었다. 나는 아니라고 말했다. 그러자 열차원은 나더러 자기 좌석에 가서 앉으라고 권하는 것이었다. 열차 방통마다 열차원 좌석이 마련되어 있다. 내가 일없다고 하는데도 그는 기어코 가서 앉으라고 했다. 할 수 없이 나는 열차원 자리에 앉았다.

열차원이 물을 떠 가지고 와서 마시라고 주었다. 내가 물을 마시는데 열차원이 나의 옆에 앉는 것이었다. 나는 별수없이 열차원에게 집이 어디인가고 물었다. 열차원은 평양 형제산구역에 있다고 대답했다. 내가 형제산구역이면 서평양 쪽이 아닌가고 물었더니 열차원은 웃으며 옳다고 말했다. 그는 나에게 평양에 와 본 적이 있는가고 물었다. 나는 학교 때 공차를 타고 몇 번 가 본 적이 있다고 둘러댔다. 그러자 열차원은 나보고 학교 때 꽤 망나니질 했겠다고 놀려 댔다. 나는 농담 소리로 그렇다고 했다. 내가 조금 자겠다고 하자 열차원은 그렇게 하라고 하면서 자리에서 일어나 주었다. 나는 자리에 길게 누운 뒤 열차원에게 신발을 좀 봐 달라고 부탁했다. 열차원은 그러자면서 앞자리에 앉아 책을 보았다.

한참 잠을 자다 일어나 시계를 보니 오후 1시 정도 되었다. 나는 이번에는 열차원과 함께 점심 식사를 하였다. 열차원들은 한 번 승무하면 며칠씩 걸리는가고 묻자 빠르면 7 - 10일 정도 걸린다고 말했다. 열차를 탈 때 철도에서 승무 비용을 주느냐고 물었더니 그는 웃으면서 지금이 어느 때인데 그런 소리를 하느냐며 지금은 자체 부담이라고 했다. 자체 비용은 어떻게 마련하는가고 물으니 열차원들도 장사를 한다고 대답했다. 본전은 그냥 두고 떨어진 돈으로 식사 비용을 댄다고 했다. 그리고 손님들한테서 벌금 받은 것으로도 좀 쓰거나 손님들한테 자리를 내 주고 도중식사를 받아 먹기도 한다고 했다.

밤 8시경에 드디어 기차가 청진역을 출발했다. 내가 앉아서 끄떡끄떡 조는데 열차원이 내 몸에 기대어 왔다. 나는 팔꿈치로 살며시 그녀를 밀쳐 놓았다. 그런데 조금 있다가 또다시 기대는 것이었다. 내가 다시 밀쳐도 그는 계속 기댔다. 이 때 내 머리속에 낮부터 별스레 자리를 준다, 물을 떠다 준다 하며 아양을 떨던 열차원의 모습이 퍼뜩 떠올랐다. 나는 전에 열차원 여자들은 하나도 쓸 것이 없다는 소리를 들은 적이 있었다. 이들은 열차 승무시에 남자를 구슬려서 얼러 먹는다는 것이었다. 열차원이 계속 기대기 때문에 어쩌는가 보려고 그의 몸을 끌어안고 같이 기대었다. 그런데 가만히 있는 것이었다. 여자가 아무리 잠이 많기로서니 이럴 수가 있는가! 다음에는 한 손은 열차원의 목을 감고 다른 한 손은 허리를 감고 더러 얼굴을 마주대고 앉아 자는 척해 보았다. 그랬더니 여자의 손이 나의 허벅지로 오는 것이었다. 나는 비로소 열차원이 자지 않는다는 것을 알았다.

이 때 무엇이 계속 물어 주는지 간지러워 못 견딜 지경이었다. 라이타를 켜서 살펴보니 의자짬에 빈대가 득실거렸다. 소름이 끼쳤다. 내가 다시 종이에 불을 붙여서 살펴보니 여기저기서 못마땅한 눈길이 나에게로 날아왔다. 나는 제꺽 불을 껐다. 실수했구나 하는 생각에 얼굴이 뜨거워났다. 밤이 되어 서로 부둥켜안고 한창 재미를 볼 때 내가 불을 켰으니 저주 대상이 될 만도 하였다. 내가 빈대가 많아서 못 앉아 있겠다고 하자 열차원이 제꺽 비닐 박막을 꺼내 깔아 주었다. 자리에 비닐 박막을 깔고 허리 우에도 덮으니 빈대가 무는 것이 좀 나았다. 열차가 한창 달리는데다 새벽이어서 깨진 창문으로 바람이 들어왔다. 추운 감이 나서 춥다고 하자 열차원이 박막을 덮어 쓰자고 했다. 열차원과 둘이서 박막을 덮고 그 안에 앉아 있으니 마치 집안에 들어온 것처럼 제법 훈훈했다. 잠을 자는데 열차원이 계속 내 몸을 비벼댔다. 나는 신경질이 나서 혼 좀 내 주어야겠다고 생각했다. 나는 자는 척하면서 그의 가슴을 쥐었다. 그래도 열차원은 까딱하지 않고 앉아 자는 척하는 것이었다. 이 얼마나 부끄럽고 한심한 일인가. 조선 여성의 절개와 처녀의 정조는 어디에 갔는가!

도 중 식 사

새벽에 기차가 여해진에 도착했는데 견인기가 없어서 또 대피를 먹었다. 기차가 선 지 30분 정도 되니까 장사꾼들이 몰려왔다. 국수, 빵, 밥, 두부, 술, 담배, 사탕, 명태, 낙지, 사과, 배, 반찬 등 없는 것이 없었다. 심지어 마실 물과 세수할 물까지도 떠 가지고 와서 팔았다. 물 한 고뿌에 1원, 세면 물 한 소래에 비누와 수건을 포함해서 5원에 팔았다. 여기저기에서 음식을 사 먹느라고 야단이었다. 열차 손님들 중에는 더러 차에서 내려 도중식사를 먹는 사람들도 있었다. 도중식사로 입쌀밥을 싸 온 사람들도 있었고, 밀가루 빵 아니면 강냉이가루 짝떡을 먹거나 혹은 변성가루를 가지고 내려 물을 사서 이겨 먹는 사람들도 있었다. 도중식사를 준비하지 못한 사람들은 제일 눅은 5원짜리 빵 두 개에 5원짜리 두부 한 모를 사 먹었다. 이러지도 저러지도 못한 사람들은 기차 안에서 굶고 있었는데, 그런 사람들이 제법 많았다.

여해진은 작은 역전이 되어서 그런지 꽃제비들은 얼마 없었다. 있는 꽃제비들이래야 열차를 타고 온 아이들뿐이었다. 꽃제비 아이들은 사람들이 국수를 사 먹는 데 가서 지켜 섰다가 손님이 국수를 다 먹고 국수물을 남기면 달래서 마셨다.

제일 불쌍한 것은 자식들한테서 천대받고 몰려다니는 늙은이들이다. 그들은 거진 먹을 것이 없이 승차한다. 좋은 사람 만나서 밥 한 술 아니면 빵이라도 한 개 얻어 먹으면 그만이고 그렇지 못하면 아예 굶는다. 지금처럼 미공급 세월에 누가 누구를 생각해 주겠는가.

한 할머니가 기차칸에서 울면서 신세 타령을 하였다. 자기는 집은 청진시 송평구역에 있는데 며느리가 너무 구박해서 강원도 딸네 집에 가는 길이라고 했다. 며느리가 장마당에 나갔다가 좀 늦으면 집에 있던 할머니는 저녁 준비를 하느라고 국수를 데쳐서 칼도마 우에다가 건져 놓고 가마에 남은 몇 오리 안 되는 국수 오리는 건져 먹었다고 한다. 그런데 며느리가 들어오다가 그걸 보고는 늙어빠져 가지고 집에 사람이 들어오기 전에 먼저 입질을 한다고 국수 데친 물을 소래째 머리 우에다가 부어 놓곤 했다는 것이다. 그러면서 청진에서 옹근 하루 동안 차가 묶여서 세 끼를 굶었다며 울었다. 할머니는 평시에 잘 먹지 못했는지 입술이 초들초들 말라 터져 있었다. 나는 할머니가 너무 불쌍하고 또 돌아가신 어머님 생각이 나서 몰래 열차에서 내려 5원짜리 빵 10개를 50원 주고 사서 할머니보고 잡수라고 드렸다. 할머니는 고맙다면서 눈물을 흘렸다. 나는 자리를 피하느라고 제꺽 열차 밖으로 나갔다.

고난의 행군 시기의 불사조

기관차가 와서 열차는 다시 출발하였다. 열차가 단천역에 들어섰다. 단천역 역시 음식을 파는 장사꾼들이 많았다. 열차 봉사대에서도 음식을 가지고 나와 팔지만 장사꾼들이 파는 값보다 더 비싸다. 꽃제비들은 노래와 요술을 하겠는데 밥을 달라며 여기저기로 뛰어다녔다. 군인들이 장난으로 아이들을 불러 놓고 노래도 부르고 요술도 하게 하였다. 그래 놓고는 아무것도 주지 않자 꽃제비 아이가 울음을 터뜨렸다. 그래도 어려움을 겪는 인민 아주머니들이 먹던 밥과 빵 쪼각을 주었다. 그 아이는 고맙다고 허리를 굽혀 인사를 하고는 자기 패거리들과 한 덩이씩 나누어 먹었다. 나는 그 모습을 보면서 꽃제비라고 더럽다고 욕하고 얼굴을 찡그리는 사람들보다 오히려 더 장하게 여겨졌다. 배가 고파서 헐떡거리면서도 그래도 먹을 것이 조금이나마 생겼다고 똑같이 나누어 먹는 저 불쌍한 어린 것을 누가 아이라고 하겠는가. 어른들은 배고프면 자기밖에 모르지만 아이들은 비록 꽃제비지만 서로 뭉치고 의지하며 살아간다. 나는 이들이야말로 고난의 행군 시기의 불사조들이고 영웅들이라고 생각한다.

열차가 단천을 떠나면서 여행증 검열이 시작되었다. 여기저기서 사람들이 웅성대면서 술렁거렸다. 증명서가 없는 사람들은 어떻게 하나 잡히지 않으려고 이리갔다 저리갔다 했다. 하지만 양쪽에서 막으니 어디로 가겠는가. 신수가 좋은 사람은 피하고 나쁜 사람들은 잡혀서 짐을 지고 단속칸으로 들어갔다.

기차가 고원에 도착한 것은 10월 17일 낮 12시 좌우였다. 나는 배낭을 메고 열차에서 내렸다. 역전 검열대 안전원들이 기차에서 내린 사람들을 대상으로 증명서 검열을 하였다. 나는 증명서를 보여 주었는데 내 옆에서 같이 내린 아주머니 한 분이 증명서가 없었다. 안전원이 아주머니보고 어디에서 오는가고 물었다. 아주머니는 청진에서 온다고 대답했다. 그러자 안전원은 더 말하지 않고 걸으라고 했다. 아주머니는 배낭을 3개나 짊어지고 검열대 안전원을 따라갔다.
　그렇게 단속이 되면 돈이나 가지고 있는 물건 중 일부를 바치고서야 풀려날 수 있다.

4 고원 10월

고 원 동 무

 나는 오랜만에 고원에 사는 동무 집으로 갔다. 고원 덕치강 다리목에는 원산 방면과 함흥 방면으로 가는 장사꾼들이 짐을 가지고 차를 기다리고 있었다.
 내가 문을 두드리니 동무가 대답하면서 나왔다. 그는 나를 보더니 무척 반가워하였다. 동무는 내 손을 잡고 집안으로 들어서면서 아들보고 삼촌이 왔으니 인사를 하라고 했다. 동무의 아들은 일찍 어머니를 잃은 아이가 되어서 그런지 눈치만 보고 가만히 앉아 있었다. 동무의 안해는 몇 년 전 병으로 사망했기 때문에 동무와 아들 둘이서 살고 있었다. 여자가 없는 집이라 좀 서먹서먹한 감은 있었으나 집은 그런대로 대충 꾸려져 있었다. 동무는 저녁을 먹던 참이라면서 죽이라도 같이 먹자고 했다. 그리고는 내가 왔다고 그 마을 장사꾼네 집에 가서 술 두 병과 두부 세 모를 가지고 왔다. 식구가 두 명이니 죽이 두 사발밖에 안 되었다. 동무는 많이 먹어서 배부른가고 하면서 조금씩 나누어 먹자고 하였다. 죽이래야 통강냉이를 절구에 찧은 것에 가을 남새 배추를 썰어 넣고 쑨 것이었다. 아이는 죽이라도 맛있게 먹었다.

강 도 라 도 치 고 싶 다

내가 혼자 사느라고 수고한다면서 동무에게 술을 부어 주니 그도 나한테 술을 부어 주었다.

나는 술을 마시면서 지금껏 어떻게 살았는가고 물었다. 그는 원평에서 물고기를 넘겨다 팔면서 그럭저럭 산다고 말했다. 장사를 시작한 지 얼마 되지 않았는데, 요령이 없어서 그런지 그나마 몇 푼 안 되는 장사 밑천만 자꾸 까먹고 있다고 하였다. 그는 이렇게 힘들게 살아가노라면 강도라도 치고 싶은 생각이 문득 나지만 아들을 봐서 안 그런다고 말했다. 그러면서 전에 우리가 의형제를 맺을 때 어떻게 맹세를 했는가, 남을 해치거나 남한테 피해를 주지 말고 자기 힘으로 생활을 깨끗이 하자고 했지 않는가고 하면서 자기는 그 맹세를 지켜 지금까지 깨끗이 살아왔다고 말했다.

내 동무가 그렇게 말하는 데는 이유가 있다. 그는 아주 날래며 싸움 역시 전문적으로 훈련을 받은 사람 못지 않다. 동무는 어려서부터 무술을 잘 하던 아버지의 교육을 받으며 자기 자체로 무술을 익혔다. 그는 정말 남자답다. 내 동무라서 이렇게 말하는 것이 아니다. 그는 남을 먼저 건드리지 않으며, 힘센 놈이 힘 약한 사람을 깔보고 때리면 나서서 도리어 그 놈을 죽탕시킬 줄 아는 아주 정의감이 센 사람이다. 나와 몇몇 친우들은 학교 다닐 때 이 동무의 집에서 훈련하곤 했다. 가끔씩 우리가 훈련하는 모습을 동무 아버지가 보고는 "야, 사내새끼들이 그렇게 거미처럼 어질어질하고 맥없이 개다리질만 해 가지고 어디다 쓰겠니. 우리 동무들이랑 훈련할 때에는 그렇게 하지 않았다."고 말씀하시던 게 기억난다.

식사를 한 후 담배를 피우면서 동무보고 혼자 살기 어려운데 좋은 여자 하나 데려다 같이 살지 그러는가고 하였다. 그는 지금 자기하고 아들이 먹고 살기도 힘든데 여자를 데려와서 어쩌는가고 하면서 세월이 좋아지면 그 때 다시 살림을 꾸리겠다고 말했다. 이 얼마나 가슴 아픈 일인가! 부인이 사망되었으면 젊은 나이에 새 가정을 다시 꾸리는 게 당연한 일이건만 식량난 때문에 살림을 포기하는 것이다. 이것만 보더라도 조선의 생활이 어느 정도로 어려운가 알 수 있을 것이다.

동무는 나보고 지금은 무슨 장사를 하는가고 물었다. 나는 그럭저럭 회령과 함흥, 사리원 방면으로 다니면서 장사를 해 먹고 산다고 대답했다. 그가 나보고 이제는 결혼을 하라고 했다.

나보고 지내 눈을 높이다가는 다리병신 아니면 꼽새가 차려진다고 말하여 우리는 호탕하게 웃었다. 내가 "나도 부모 없이 혼자니까 장가가고 싶은 생각도 나고 고운 처녀 끼고 잠을 자고 싶은 생각도 있다. 하지만 세월이 마땅찮고 경제적으로 어려운데 장가를 가서 뭘 하겠는가. 통일이 되고 세월이 좋아지면 그 때 가서 통일 잔치 하겠다."고 말하니 그도 웃었다. 우리는 이렇게 어려우면서도 서로 의지하고 난국을 자기 힘으로 타개해 나가는 낙천가들이었다.

나는 서둘러 오는데 빈손으로 오기가 그래서 회령에서 중고품 옷이라도 사왔다면서 배낭에서 물건을 꺼냈다. 동무한테는 겨울 솜동복 한 벌, 겨울용 속내의 한 벌을 주고, 동무 아들한테는 동복 한 벌, 양말 두 켤레, 신발 한 켤레를 주었다. 동무는 나를 잡고 울면서 정말 고맙다고 말했다. 그러면서 앞으로 잘사는 날까지 죽지 말고 서로 살아서 좋은 날을 보자고 손을 잡고 맹세했다. 나는 동무보고 "친구끼리 서로 도와 주고 신세지는 것은 너무도 당연하고 마땅한 일인데 고맙다는 말을 하지 말자. 나는 그저 우리가 맹세한 대로 의리를 지켰을 뿐이다. 사람이나 동무 호상간에도 좋을 때 좋은 게 동무가 아니고 어려울 때 서로 나누어 먹고 힘든 일도 손잡고 하는 게 동무다." 라고 말했다. 그는 웃으면서 사람은 어려울 때 그 사람의 진짜 속을 안다고 말했다.

우리는 오랜만에 만난 친우이므로 그 날 밤 서로의 손을 꼭 잡고 순간이나마 행복하게 잠을 잤다.

5 살 난 동 무 아 들

다음날 아침에 일어나 세면을 하고 담배를 피웠다. 내 동무가 아침을 하는데 내가 왔다고 강냉이죽을 먹이지 않으려고 옆집 아주머니한테서 입쌀 1킬로그램을 꾸어 왔다. 내가 입쌀을 보고 이거 어데서 가져왔는가고 묻자 그는 오래간만에 친우가 왔는데 입쌀밥 한 끼 대접 못 하면 자기가 동무가 아니라고 하는 것이었다. 정말 생각하면 눈물이 난다. 제일 재미가 있을 때 사랑하는 안해를 잃고 홀로 아이를 키우면서 남한테 추잡히지 않으려고 아글타글 노력하는 내 동무. 그래도 동무가 왔다고 남한테 빚을 지면서도 쌀밥을 해 주려는 그 마음. 정말 비단이면 이런 비단이 또 어디 있겠는가!

밥이 되어 밥상을 차리고 보니 상 우에 오른 것이 밥 세 그릇에 소금물 한 공기와 풋조리김치 한 사발이었다. 말이 김치지 고춧가루 한 알 섞지 않고 소금에 절인 것이었다. 나는 동무보고 두부를 사 오라고 50원을 꺼내 주었다. 우리는 두부 세 모를 사 와서 한 모씩 먹었다. 동무의 아들은 어쩌다 입쌀밥을 먹는지 정신없이 먹어댔다. 저녁에 먹다 남은 술 한 병을 동무와 같이 마시는 사이에 아들이 밥을 다 먹었다. 나는 서둘러 나의 밥그릇을 들고 밥을 덜어 주자고 하니 동무가 말렸다. 아이들은 이런 버릇을 붙이면 나쁘다는 것이었다. 동무 아들의 나이는 5살이다. 어찌나 똑똑한지 아버지가 이런 소리를 하니 제꺽 숟가락을 놓고 상에서 물러나 앉았다. 동무의 아들을 보노라니 눈물이 나고 가슴이 터져오는 느낌이었다. 제 어머니가 있으면 밥을 다 먹고 성이 차지 않으면 더 먹겠다고 떼를 쓰련만 어머니 없이 아버지와 있으니 너무도 눈치가 빨랐다. 내가 가슴이 아파 동무 아들 이름을 부르면서 오라고 하자 아버지의 눈치를 보는 것이었다. 나는 동무보고 아들더러 오라고 말하라고 했다. 아버지가 오라고 하니 아들은 그제야 밥상으로 왔다. 내가 아들의 밥그릇에 밥을 절반 정도 갈라 주자 또다시 아버지 눈치를 보았다. 내가 다시 동무한테 눈짓을 하였다. 아버지가 삼촌이 주는 밥을 먹으라고 하니 마침내 밥을 먹는 것이었다.

고 원 장 마 당

 식사를 끝내고 담배를 피우다가 동무와 같이 장마당으로 갔다. 고원장마당에는 쌀, 강냉이, 콩, 수산물, 육고기류, 남새류, 공업품, 화장품 등이 많았다. 또한 로동자 규찰대와 꽃제비 상무대 사람들이 나와 돌아다녔다. 그들은 주로 도둑과 방랑자들을 잡거나 외지 사람들이 공업품이나 담배 등을 장마당 장사꾼들에게 넘겨 주는 것을 감시했다.
 하지만 고원장마당에는 꽃제비 아이들이 많았다. 그들은 추위를 막으려고 수건이나 모자로 머리와 얼굴을 두르고 눈만 내놓고 다녔는데 마치 강도하는 괴물들을 방불케 했다. 손은 씻지 않아 새까맸는데 그 손으로 사정없이 음식을 덮쳐 먹었다. 꽃제비 아이들이 겨울에 한지에서 하루 종일 있어도 얼어 죽지 않는 비결은 부지런히 움직이면서 덮쳐 먹는 데 있는 것 같다. 그들은 잠시라도 가만히 있지 않고 여기저기로 왔다갔다 하면서 기회가 얻어지면 맹수와 같이 음식을 덮쳐 먹는다. 몸이 허약한 꽃제비들은 잘 뛰지 못하므로 무슨 음식이든지간에 덮치면 먼저 입에 넣는 것이 특징이다. 그들은 주인이 때려도 결코 음식을 손에서 놓지 않다가 먹을 것을 다 먹고 난 후에야 비명을 지르면서 쓰러진다. 그러면 사람들은 더 때리지 않는다. 꽃제비 아이들은 채 먹다가 잡혀 맞아도 또다시 덮친다. 그렇게 하지 않으면 하루하루 살아갈 수 없으며 또 보잘것없는 생명도 유지하지 못하기 때문이다.
 나는 동무를 따라 쌀 매대에 갔다. 내가 장사꾼에게 입쌀 1킬로그램에 얼마인가 묻자 60원이라고 말했다. 조선 입쌀이었다. 동무가 옆에서 갑자기

쌀값은 왜 물어 보는가고 하였다. 나는 내 먹을 쌀을 사려고 한다고 대답하고는 쌀 20킬로그램을 1,200원, 쌀 주머니를 15원 주고 사서 동무한테 주었다. 그리고 돼지고기 1킬로그램을 150원을 주고 사고 가자미와 닭알 10알, 동무 아들한테 줄 사탕과자를 사 가지고 동무 집으로 왔다.

집에 오니 동무 아들이 집안에서 혼자 놀고 있었다. 혼자서 고독하게 있는 동무 아들이 참으로 불쌍했다. 내가 사 가지고 온 사탕과자를 주니 아들은 너무 좋아 웃었다. 그 날 저녁은 쌀밥과 고깃국으로 맛있게 먹고 일찍 잠을 잤다. 다음날 아침에 떠날 계획이었기 때문이다.

한 생을 같이 살자 정을 맺은 벗

다음날 아침에 식사하면서 동무와 술을 마셨다. 우리는 죽지 말고 좋은 날이 올 때까지 오래 살아서 이 날을 추억하자고 서로 손을 잡고 맹세를 하면서 노래를 불렀다. 우리가 가장 사랑하는 노래를, 내가 사랑하고 내 동무도 사랑하는 노래를 적으려 한다.

한생을 같이 살자 정을 맺은 벗들아
우리가 만날 길은 하늘 아래 있건만
그 누구도 못 가르는 우리 사이 아니더냐.
이 세상 끝에 가도 아, 못 잊어.
이별의 언덕 넘어 우리 다시 만나도
한생에 잊지 못할 정은 굳게 맺었네.
내 죽어서 너를 살릴 우리 사이 아니더냐.
목숨과 바꾼 의리 아-아, 못 잊어.

노래를 부르면서 나와 동무는 서로 부둥켜안고 울었다. 나는 나를 홀로 두고 가신 부모님들 생각을 하면서, 동무는 부인 없이 혼자 아들을 데리고 살아갈 기막힌 세상살이를 저주하면서 울었다. 그렇지만 우리한테는 부모도 안해도 대신 못하는 뜨겁고 진실한 우정이 있었다. 둘이서 실컷 울고 나니 한결 마음이 가벼워졌다. 그래도 나한테는 진정한 동무가 아직도 있구나 하는 생각에 위안이 되었다.

나는 서둘러 옷을 입고 동무와 아들에게 잘 있으라고 인사를 하였다. 동무보고 집에서 나오지 말라고 하는데도 그는 가는 것을 보겠다며 기어이 따라나섰다. 동무와 나는 자동차가 오고 가는 고원역으로 걸어갔다. 점심 때가 되도록 차가 오지 않았다. 역전 앞 오른쪽에 있는 아파트 밑에서 장사꾼들이 앉아서 음식을 파는 것이 보였다. 우리는 거기에 가서 한 그릇에 15원 하는 밥 두 그릇, 모두부 2모, 20원짜리 낙지순대 4개를 사서 먹었다. 정말 역전 앞 장사꾼들이 음식 파는 데는 없는 것이 없었다. 밥을 끓여 주는 사람, 두부를 끓여서 파는 사람, 빵 장사, 떡 장사, 술 장사, 물고기 반찬 장사, 담배 장사, 물 장사, 얼음 장사……. 장사꾼들은 하루하루 살기 위해 돈을 벌려고 손님이 나타나면 서로 자기한테 앉아 먹으라고 소리쳤다. 그들은 부끄러울 정도로 친절했다.

고 원 - 함 흥   자 동 차

우리는 고원 역전 앞 체신소 앞에서 자동차를 기다렸다. 원산 방면으로 가는 차들이 여러 대 지나갔는데 전부 사람들을 꽉 실어가고 있었다. 함흥 방면 차도 2, 3대 지나갔으나 이미 사람을 많이 태웠으므로 세우지 않는 것이었다. 조선에서는 정말 자동차 한번 타기가 힘들다. 돈이 있어도 자기가 가고자 하는 목적지까지 가는 차도 별반 없거니와 그 전에 사람을 많이 태워 오기에 어떤 곳에서는 잘 세우지 않는다.

우리가 3시간 반 정도 기다렸을 때 멀리로부터 사람을 가득 태운 트럭(일제차 후소)이 왔다.

나는 밑져야 본전이라고 손에 돈을 들고 흔들어 댔는데 자동차가 생각 외로 서는 것이었다. 내가 배낭을 지고 운전칸으로 달려가자 해군복을 입은 군인 운전수가 어디까지 가는가고 물었다.

내가 함흥까지 간다니까 150원을 내라고 했다. 나는 얼른 150원을 주었다. 나는 자동차에 오르기 전에 동무한테 떠나면서 도와 줄 건 이것밖에 없으니 장사하는 데 보태 쓰라고 500원짜리 돈 4장 2,000원을 주었다. 차가 떠나자 동무가 손을 흔들었다. 멀어져 가는 동무의 모습을 보면서 나는 그가 이 시련을 이기고 행복하기를 바랐다. 나는 동무의 모습이 나의 시야에서 보이지 않을 때까지 오래도록 바라보았다. 마치 혼이 나간 사람마냥. 동무라기보다도 나의 한 부분인 살점이라도 떨어진 듯한 감정과 같이 너무도 쓸쓸하고 허전했다.

차가 굽이돌이를 돌면서 나의 몸이 옆으로 쏠리는 바람에 나는 몸의 균형을 바로잡았다. 이 때 32살 정도 되는 한 여자가 무슨 생각을 하면서 그리 멍하니 바라보는가, 마치 애인하고 이별하는 사람 같다고 하면서 정신없이 가다가 떨어지면 어쩌냐고 하였다. 그제야 나는 머리를 들어 주위를 둘러보았다. 자동차에 탄 사람들은 군인들과 사민들을 합해서 30명 정도였다. 사민들은 대부분이 장사꾼들이었는데 차에 실은 짐들은 물고기통과 강냉이 배낭과 마대였다. 차를 타고 달리며 보니 길 여기저기에 여자들과 남자들이 강냉이 마대를 쌓아 놓고 손에 돈을 들고 흔들고 있었다. 그러나 차는 그냥 통과했다.

정 평 군   문 창 리   농 촌 집

정평군 문창리에 들어서서 차가 고장이 났다. 운전수와 운전 조수가 내려

차 수리를 했다.

　밤 늦도록 차가 고쳐지지 않아 할 수 없이 근처 농촌집에서 하루 동안 대기 숙박을 하였다. 그 집 할머니와 아들은 농장원이었다. 내가 올해 농사는 잘 되었는가고 물었더니 할머니가 올해 농사는 망했다고 대답했다. 논과 강냉이 밭에 비료를 주어야 하는데 비료가 없어 제대로 주지 못한데다 여름에 수해 피해까지 입었으니 농사가 어떻게 잘 될 수 있는가고 하였다. 지난 여름 수해로 문창리에 저수지가 물에 잠기고 살림집도 절반 물에 잠긴 모습을 나도 보았다. 할머니는 농사꾼한테 제일 요구되는 것이 비료라며 비료만 있으면 농사가 되지 말라고 해도 된다고 말했다. 식량난 전에는 그런대로 밭에 비료를 주었는데 식량난과 함께 비료 공급이 되지 않는다고 했다. 그러면서 식량난 이전에 자란 곡식은 그래도 비료와 거름을 먹고 자랐지만 지금은 곡식도 비료를 먹지 못하고 자라니 요즘 세월에 사는 사람이나 요즘 자라는 곡식이나 불쌍한 것은 매한가지라고 말했다.

　나는 할머니보고 집에서 개인적으로 관리하는 텃밭이 얼마인가고 물었다. 할머니는 농장에서 개인이 300평 이상을 가지지 못하게 한다고 말했다. 농장에 나가서 일을 해도 분배는 40 - 50프로밖에 주지 않고 나머지는 자체 해결하라고 하기 때문에 대부분의 농민들은 농장밭보다 개인밭을 관리하는 데 힘을 쏟다고 말했다.

　내가 황해남도 해주에 갔을 때 보니 황해남도는 대부분이 벼농사를 지었고 강냉이와 콩농사도 했다. 황해남도 역시 농사꾼들이 개인밭을 200 - 300평씩 가지고 있었는데 밭에다가 주로 강냉이와 콩, 팥, 감자, 무, 배추, 마늘 등을 심었다.

　다음날 오후 늦게 차가 다 수리되었다. 차는 사람들을 다시 태우고 함흥으로 내달렸다.

5 | 함흥 10월

덕성초소

10월 20일 저녁 6시경에 자동차가 함흥시 동흥산구역 덕성초소 앞에 도착했다. 그 주위에는 고원이나 원산 방면으로 가는 장사꾼들이 많이 모여 자동차를 기다리고 있었다. 경무관이 자동차로 다가와서 증명서를 보고 확인한 후 차를 통과시켜 주었다. 운전수에게 함흥동상 앞에서 내리겠다고 하자 그곳에 세워 주었다.

내가 차에서 내리자 구루마꾼들이 몰려왔다. 내가 내릴 때 몇 명이 물고기 통과 강냉이 마대 등을 챙겨 같이 내렸다. 그들은 손구루마에 짐을 싣고 사라졌다. 함흥도 예전에 비해 많이 달라졌다. 사람들이 살아가는 수법도 달라졌는데 무엇보다 생활 방식이 한층 발전했다. 전에는 구루마 짐꾼들이 많지 않았다. 구루마도 예전에 보이던 것들은 자그마한 손구루마였는데 이제는 승용차 다이야로 구루마를 크게 만들어서 짐을 나른다. 구루마 짐꾼들은 한결같이 옷이 말이 아니었다. 그들 중에는 여자들도 있지만 대부분이 남자들이다. 그들도 날쌘 놈이 먼저 손님을 잡아서 짐을 싣는다. 아무래도 여자들은 남자들한테 손님을 빼앗기게 마련이다. 하지만 그들도 만만치 않다. 아무 차가 와서 서면 먼저 가서 손님을 잡으려고 악착같이 군다. 그렇게 먼저 일단 잡은 손님은 남자들도 와서 가로채지 않는다.

사 촌 형

　사촌 형네 집에 저녁 8시경에 도착했다. 문을 두드리자 사촌 형수가 나왔다. 사촌 형은 이모의 아들로 나보다 한 살이 많다. 형은 군대를 갔다 오느라고 결혼이 늦었다. 그는 집이 구차하니 결혼식상도 못 차리고 여자를 데리고 와서 함흥시 회상구역에서 동거살이를 하고 있었다.
　형수는 30살인데 신혼이어서 아직 아이가 없어 아가씨 같았다.
　형수는 나를 보고 몹시 반가워하면서 들어오라고 하였다. 집안으로 들어가니 사촌 형은 없고 형수 혼자였다. 형은 어디 갔는가고 물으니 금야군에서 장사하는 어머니한테 장사 물건을 가져다 주러 갔다는 것이다. 원래 어제 오게 되어 있었는데 늦어도 오늘 밤에는 올 것이라고 했다.
　저녁은 먹었는가고 묻기에 못 먹었다고 하자 형수는 서둘러 부엌에서 밥을 지었다. 나는 잠깐 나갔다 오겠다고 하고 나가서 술 20원짜리 한 병, 50원 하는 가자미구이 한 마리, 두부 3모, 닭알 6알을 샀다. 함흥에도 일반 가정집들에서 자그마한 매대를 하는 데가 많은데 전부 음식과 술, 담배, 반찬 등을 판다.
　집으로 돌아와 보니 형수가 밥상을 놓고 밥을 차리고 있었다. 밥상에 올라온 것을 보니 강냉이밥과 소금만 넣은 멀건 배춧국 한 그릇과 소금물 한 공기가 전부였다. 내가 형수보고 식사를 같이 하자고 했더니 이미 저녁을 먹었다고 사양했다. 이 때 문이 열리면서 형수를 부르는 소리가 났다. 사촌 형의 목소리였다. 형수가 사촌 형을 맞으면서 내가 왔다고 하자 달려들어오는 것이었다. 나는 일어나 기쁜 김에 형의 이름을 부르면서 끌어안았다. 사촌 형은 배낭 2개를 짊어지고 왔는데, 100킬로그램어치 강냉이였다. 우리는 서둘러 배낭을 집에 들여놓은 뒤 술을 마시면서 이야기를 나누었다. 형이 나보고 언제 왔는가고 물었다. 나도 조금 전에 왔다고 하자 자기는 혼자서 배낭을 2개씩 가져오느라고 이렇게 늦어졌다고 말했다. 내가 형한테 술을 붓고 형수한테도 술을 부었다. 형수도 나한테 술을 부어 주었다.

식사를 끝내고 담배를 피우면서 사촌 형과 내가 이야기하자 사촌 형수가 슬그머니 옆집으로 갔다. 조선에서는 남자들이 이야기를 나눌 때 여자가 앉아서 말참견하는 것을 제일 미워하고 증오한다. 사촌 형과 나 둘만 있으니 남의 눈치를 보는 것 없이 할 소리를 다 할 수 있어 한결 자유로웠다. 사촌 형역시 나보고 이제는 가정을 갖고 안착된 생활을 해야 하지 않겠는가고 하였다. 나는 그 소리를 듣고 큰 소리로 웃으면서 "결혼? 내가 지금 혼자 살기도 바쁜데 결혼하면 여자와 자식을 어떻게 봐 주는가."고 하자 형도 따라 웃었다. 사촌 형도 나한테 그런 말을 하는 데는 이유가 있다. 자기는 그래도 어머니와 형제가 있으며 부인도 있는데 내가 부모도 없이 장사를 한답시고 혼자 방랑아처럼 돌아다니는 것이 가슴이 아프고, 장가도 가지 않고 이렇게 고독하게 지내는 것이 미안하고 가슴에 맺힌다고 하였다. 나는 그 소리를 듣고 형이 내 걱정을 해 주는 마음은 알지만 다시는 내 앞에서 결혼 문제를 꺼내지 말아 달라고 부탁했다. 나는 돈을 벌어서 지금처럼 생활이 어려워도 자립적으로 살 만큼 될 때까지 장가를 가지 않을 것이라고 말했다. 형은 "고집쟁이 뱁을 누가 꺾겠니." 하며 한숨을 쉬었다.

결 혼   풍 속

조선에서는 식량난이 있기 전에는 여자는 25살 이상, 남자는 27살 이상부터 결혼하게 되어 있었다. 여자가 결혼 상대를 고를 때는 일반적으로 군대에 갔다 오고 당원인 남자를 많이 선호하였다. 가정 환경과 성분도 고려했다.

그러나 지금은 여자들이 제대 군인이나 당원보다는 나이 차이에 관계없이 망나니라도 돈을 잘 버는 사람에게 시집가고 싶어한다. 또한 식량난 전에는 대개 중매꾼을 통해 선을 보거나 연애를 하여도 부모의 승인을 받고 결혼했지만 지금은 연애라는 것도 달리 필요 없이 서로 눈만 맞으면 사는 형편이다. 학생 시절에 좋아하다가 졸업하여 사는 경우도 있지만, 요즘은 장사 다니다가 눈 맞아 사는 일이 많아졌다.

지금 조선에서는 여자들도 그렇지만 특히 남자들이 장가를 가려고 하지 않는다. 그러므로 여자들이 남자를 친하기가 쉽지 않아 남자에게 술과 담배, 먹을 것 등을 사 주면서 연애를 하는 분위기다. 또한 '리챤의 시대' 라는 말이 유행일 정도로 나이 어린 남자들이 나이가 훨씬 많은 여자들과 결혼하지 않고 살림을 사는 일들이 많다. 남자보다 나이가 어리거나 같은 여자들은 철이 없고 지금같이 어려운 생활을 극복하기 어려워하므로 생활 경험이 풍부한 나이 많은 여자들과 사는 것이 하나의 추세다.

결혼 잔치는 생활이 어려운 만치 대부분 하지 않는다. 전에는 결혼할 때 먼저 남자 집에서 여자 첫날 옷감과 화장품, 속내의류 등을 준비하고 약혼할 때 술과 떡, 음식을 해 가지고 여자 집에 갔다. 결혼식 때는 떡, 국수, 지짐, 과일, 술, 닭, 물고기, 돼지고기, 사탕과자 등으로 상을 차리고 동네 사람들을 불러모아 대접했다. 하지만 지금은 대부분이 먹을 것이 없기 때문에 서로 마음이 맞으면 한 이불 속에 드는 것으로 결혼식을 대신하고 남자 집이나 여자 집에 가서 대충 같이 산다. 결혼해서는 대부분의 부부들이 아이를 낳으려 하지 않는다. 두 부부가 먹고 살기도 힘든데 아이까지 생기면 생활이 더 어려워지기 때문이다.

사 촌   형   가 정

나는 사촌 형보고 어떻게 가정과 집을 운영해 나가는가고 물었다. 사촌 형이 하는 소리가 집에 장사 밑천이 4,000 - 5,000원 정도 되는데 자기 가정과 어머니가 함께 살아가려니 힘들다고 했다. 그리하여 가정에서 토론해서 그 돈으로 양잿물, 서슬, 소다, 잡화류를 사서 어머니와 누이동생이 고정 금야군의 농촌 마을을 다니면서 물건을 팔기로 했다고 한다. 그래서 어머니가 지금 누이동생이 사는 금야에 같이 가서 살고 있다고 했다. 사촌 형과 누이동생 나그네가 순번제로 물건을 날라다 주고 거기에서 떨어지는 것으로 형네 가정과 누이동생네 부부가 먹고 산다고 했다.

이것이야말로 비극에 비극인 것이다. 예로부터 조선은 강도 하나 산도 하나 땅도 하나 핏줄도 하나이건만 민족 분열의 상징인 콘크리트 장벽과 38선 철조망이 가로 놓여 한핏줄이 둘로 갈라졌다. 아버지와 자식이 갈라지고 형과 동생이 갈라져 분열의 아픔으로 몸부림치는 것만으로도 가슴이 터져오고 분통하고 원통한데, 조선이라는 자그마한 절반 땅 안에서 또 이렇게 부모와 자식, 형제와 형제가 갈라져 살아야 하는가! 정말 생각할수록 눈물이 앞을 막고 가슴이 터져온다. 식량난이라는 이 분열이, 철조망도 아니고 콘크리트 장벽도 아닌 식량난이라는 이 분열이 얼마나 많은 조선의 부모들과 자식들을 갈라 놓고 청춘 남녀들을 죽였던가. 채 피어 보지도 못한 어린것들이 역전 대합실이나 장마당에서 굶주림과 추위에 허덕이다가 굶어 죽고 얼어 죽었다. 그들의 고사리 같은 손에 누군가 사탕을 쥐어 주어도 먹을 기력이 없어 입에 넣지도 못하고 손에 꼭 쥔 채 죽어 갈 때 그들이 이 식량난이라는 철천지 원수를 얼마나 증오하고 저주했겠는가. 세계의 양심이여, 심장에 손을 대고 생각해 보라! 총폭탄도, 비행기의 폭격도 없는 이 식량난이라는 전쟁이 얼마나 많은 조선의 목숨을 앗아갔는가. 나는 심장으로 외친다.

이 세상에서 가장 포악하고 잔인한 것은 남녀 노소를 가리지 않고 잔인하게 학살한 90년대 조선의 식량난이라고!

나의 이모네 가족 역시 단란한 가정에서 온가족이 함께 생활하면 좋으련만 가만히 앉아 한데 모여 살면 떼죽음이 날 것 같아 갈라져 사는 것이었다. 내가 사촌 형보고 앞으로 어떻게 살아갈 계획인가고 물으니 지금처럼 생활하면서 살아가겠다고 말했다.
　한 시간 정도 있다가 형수가 돌아왔다. 나는 형님이 뒤늦게 가정을 꾸렸는데 동생으로서 결혼 선물을 주고 싶다고 했다. 나는 배낭에서 사촌 형 양복 한 벌과 동복 한 벌, 양말 두 켤레, 형수 동복 한 벌과 신발 한 켤레와 속옷들을 꺼내 놓았다. 형 부부는 아무 말도 없이 한동안 나를 쳐다보았다. 형수가 너무 고마워하기에 나는 친척끼리인데 뭘 자꾸 그러는가고 말했다.
　그러면서 농담 소리로 앞으로 내가 장사하다 거지가 되면 형수님이 못 본 척하지 말고 강냉이죽이라도 한 그릇 떠 주면 감사하겠다고 말하면서 웃었다.

　나는 자기 전에 형보고 평양으로 갈 일이 있는데 평양으로 가는 통행증이 없어서 곤란하다고 말하고는 아는 사람이 없는가고 물었다. 사촌 형은 자기 동무의 삼촌이 함흥철도역 부문에서 일하므로 부탁하면 가능하다고 말했다. 그러면서 요즘은 돈만 있으면 증명서 없이도 아무데나 다 갈 수 있으므로 걱정 없을 거라고 하였다.

삼 일 장 마 당

　아침에 일어나니 7시경이었다. 나는 일어나 세면을 하고 담배를 피웠다. 형수가 옆집에서 입쌀 2킬로그램을 꾸어다가 아침밥을 짓고 있었다. 아침으로 두부에 입쌀밥을 먹고 나서 10시경에 사촌 형의 동무가 양식을 판다는 성천강구역에 있는 삼일시장으로 갔다.
　함흥 역시 사람들이 살아가는 방식은 다른 지역과 크게 다를 바 없었다. 함흥에서 사는 사람들은 황해북도, 황해남도, 함경남도 금야 등으로 장사를 다니는 사람들이 많다. 개인들이 만드는 양잿물이나 소다, 서슬, 식초, 수산물, 중국 장판지, 중국 옷, 잡화류를 장마당에서 현금을 주고 사서는 농촌으로 가져가서 식량 또는 돈을 받고 판다. 양잿물의 경우에는 1킬로그램에 20원씩 붙여서 판다. 물건 운반은 자동차 아니면 화물 열차를 이용한다.

　장마당에 들어서니 장사꾼들이 많이 나와 있었다. 입쌀, 강냉이, 돼지고기, 물고기, 중국 담배, 술, 잡화류, 화장품, 손목시계, 중국 신발, 임가공 신발, 중국 중고옷, 중국 공업품, 가구류, 전기 제품, 과일류, 남새류, 당과류, 닭, 개, 염소, 토끼 등 없는 것이 없었다. 그 곳에도 주변에 많은 음식 장사꾼들이 있었다. 생활이 더 어려운 사람들은 입던 옷을 내다 팔면서 생계를 유지하고 있었다. 학교에 가지 않고 빵이나 꽈배기, 물, 사탕 등을 파는 아이들도 많았다.

최고　봉사

　나와 사촌 형은 같이 술 한 잔 나누려고 음식을 끓여 파는 곳으로 갔다. 그 곳에 다가가자마자 화장을 진하게 한 아주머니들과 아가씨들이 서로 자기네 한테서 사 먹으라고 잡아끌었다. 우리가 당황하여 우물쭈물하는데 옷을 곱게 차려 입고 옷단장을 잘 한 31살 되어 보이는 아주머니가 다가와 조용한 집에 들어가 식사하지 않겠는가고 물었다. 집에는 없는 요리가 없이 아무것이나 다 있다고 하였다. 사촌 형이 집이 먼가고 물으니 가찹다고 하길래 우리는 그 여자를 따라갔다. 아주머니 집에 들어서니 집안에 6살 정도 된 남자아이와 아가씨 한 명이 있었다. 보아하니 아가씨는 같이 음식 장사를 하는 여자고, 아이는 그 집 아들인 것 같았다. 우리가 방에 올라가 앉으니 아주머니가 상을 놓으며 무엇을 먹겠는가고 물었다. 나는 먼저 술 한 병과 맥주 두 병을 시키고 요리로 오징어회 한 접시(50원)와 돼지고기 요리 한 접시(50원), 닭알 4알 (60원), 마른명태 4마리(140원)를 시켰다.

우리가 술을 마시면서 아주머니에게 왜 장마당에서 음식을 팔지 않고 집에서 파는가고 물었다. 주인 여자는 원래 깨끗한 손님들이나 돈주들은 장마당 음식을 먹지 않고 집에서 먹는 것을 좋아하기 때문에 집에서 한다고 말했다. 그러면서 우리를 보니 깨끗한 손님들 같아서 자기가 말을 시켰다는 것이다. 이 때 여섯 살 난 그 집 아이가 우리 음식상을 건너보았다. 내가 닭알 한 알을 아이에게 주자 주인 여자가 아이를 쏘아보았다. 그러자 아이가 닭알을 받지 않고 쭈뼛쭈뼛거렸다. 내가 아주머니보고 일없다고 하면서 아이에게 삼촌이 주는 것을 받으라고 하자 그제야 아이가 닭알을 받아 쥐었다. 사촌 형도 명태를 꺾어서 절반짜리를 쥐어 주었다. 주인 아주머니가 아이에게 눈짓을 하자 아이가 밖에 나가 놀겠다면서 나갔다. 아이가 나가자 주인 여자는 문을 걸었다. 그리고는 바깥 사람들의 눈시야에 들면서 먹을 것이 있는가, 집안에 조용히 앉아 마시는 것이 좋지 않는가고 말했다.

내가 술 한 잔을 부어서 주인 아주머니한테 권했다. 주인 아주머니는 자기 혼자서 어떻게 마시는가고 하였다. 그러면서 옆에 같이 장사하는 아가씨도 술을 잘 마신다고 말했다. 그리하여 사촌 형이 잔에 술을 부어 그 아가씨에게 주었다. 아가씨는 거리낌 없이 술잔을 받아들더니 술을 단숨에 들이켰다. 내가 집주인은 어디에 다니는가고 물었더니 주인 여자는 나그네가 식량 구입하러 황해도로 갔다고 말하면서 정말 살아가기가 어렵다고 했다. 그러더니 술 한 병을 상에 올려오면서 같이 술을 마시자고 하였다. 그리하여 사촌 형과 나, 음식 장사꾼 여자 둘 이렇게 4명이 한상에 앉아 술을 마셨다. 주인 여자는 우리보고 무슨 장사를 하는가고 물었다. 우리가 양잿물을 배낭에 넣어 다니는 등짐 장사를 한다고 했더니 그런 장사 할 사람 같지 않다는 것이었다. 우리가 웃으면서 그럼 무슨 장사를 하는 사람들 같은가고 묻자 어느 외화벌이 단위에서 장사하는 돈주들 같다고 말했다. 사촌 형이 이 집에서 하루에 얼마

만한 돈을 벌고 손님은 얼마나 오느냐고 물었다. 주인 여자는 열 사람 백 사람을 접대하는 것보다 돈주들 3, 4명 접대하는 것이 낫다고 했다. 일리 있는 소리였다. 국수 한 사발이 10원인데 30명을 접대해야 300원을 벌 수 있지만 우리가 한 번에 350원분을 샀으니 그럴 만도 했다.

  주인 여자가 자기네는 일단 집에 온 손님에게는 최고 봉사를 한다고 말을 했다. 최고 봉사는 어떻게 하는 것인가고 묻자 그 아주머니는 우리보고 다 알면서도 모르는 척한다며 웃었다. 아주머니 보기에는 우리가 음탕한 생활을 즐기는 남자들 같았나 보다. 최고 봉사란 남자들이 음식을 먹은 후 여자를 요구하면 여자를 들여보내 성만족을 주는 매음 행위를 말한다. 보아하니 그 집에서 같이 장사하는 아가씨도 그런 종류의 일을 하는 여자인 것 같았다. 사촌 형은 나한테 눈을 꿈쩍하고는 주인 여자에게 한 번 노는 데 얼마인가고 물었다. 주인 여자는 물건 가치에 따라 다른데, 물건이 새것일 경우 200－300원이고, 쓰던 물건인 경우에는 100원이라고 말했다. 우리가 지금 세상에 새것이 어디 있는가고 웃었더니 처녀는 새것이 아닌가고 따져 물었다.

  우리는 지금 처녀들은 새것이 하나도 없다. 머저리 아니면 팔삭둥이가 새것이라고 말하고는 죽어라고 웃었다.

  이 얼마나 수치스러운 일인가! 얼굴을 아는 처지도 아니고 처음 대상하는 사람들 앞에서 체면이고 부끄러움도 없이 아주 자연스럽게 놀음식으로 남자들을 유혹한다. 북조선 여성들은 불쌍하다. 먹을 것이 없고 생활이 어려우니 자기의 귀중한 몸과 정조를 팔아 하루하루 살아가는 신세가 되어 버렸다. 사촌 형과 나는 기차를 타고 여행을 가야 한다고 핑계를 대고 서둘러 값을 처리하고 나왔다. 주인 여자는 앞으로 또 오라고 하였다.

  시계를 보니 12시 가까이 되었다. 나는 형보고 부탁한 일을 알아보라고 하고 나도 볼일이 있어 어디 좀 제꺽 갔다오겠다고 하였다. 나는 사촌 형과 헤어진 후 함흥상점으로 외화를 바꾸러 갔다.

외 화 상 점

　조선에서는 국가에서 운영하는 외화상점에서 외화를 바꾸도록 규정되어 있다. 하지만 그런 데서 돈을 바꾸면 차려지는 것이 적으므로 사람들은 대부분 개인 암거래 장사꾼을 통해 외화를 바꾼다. 조선에서 찍은 외화 바꾼돈표는 1대 60의 비율로 거래된다. 달러는 100달러당 17,500 - 18,500원 사이고, 일본돈은 1만엔당 13,500 - 14,500원 정도 한다. 암거래는 장마당이나 외화상점 앞에서 많이 이루어진다. 외화상점 앞에 가면 돈 장사 하는 여자들이 모여 있다. 그들 옷차림이 깨끗하고 돈 좀 있어 보이는 사람이 지나가면 "돈 바꿀 것이 없습니까?"라고 말을 건다. 그들은 외화 바꾼돈표나 달러, 일본 화폐 등을 조선 돈으로 바꿔 가지고 다시 돈을 덧붙여서 판다.

　그런데 외화상점 앞에는 사민 복장을 하고 감시하는 안전원들과 보위부가 있으므로 돈 바꿀 때 각별히 조심해야 한다. 그들에게 잡히면 무상 몰수를 당하거나 돈의 출처를 캐어 묻기 때문이다. 또한 안전원들과 보위부에서 여성들을 시켜 돈 장사를 하면서 수상한 사람들을 신고하게 만드는 경우가 많으므로 신중해야 한다.

　나는 암거래 장사꾼들한테서 돈을 바꾸다가 사기꾼들고 안전원들, 특무들한테 걸릴 위험이 있기 때문에 외화상점에서 바꾸려고 간 것이다. 함흥상점은 외화상점으로서 함흥역 앞 역전여관 옆에 있다. 내가 상점 앞으로 가는데 옷단장을 잘 하고 화장을 진하게 한 여자들이 "외화돈 바꿀 것이 없습니까?" 하면서 다가왔다. 나는 없다고 말하고 상점으로 들어갔다.

　함흥상점은 2층 건물이다. 문으로 들어가면서 좌측에는 식료품 매대가 있다. 직선으로 올라가서 왼쪽에는 기성옷, 내의류, 천, 전기 제품 매대들이 있고, 오른쪽에는 이불 천, 침대보 천, 선풍기, 록음기, 중고 제품 매대들이 있다. 돈은 2층 왼쪽 매대에 있는 출납칸에서 바꿔 준다.

나는 장사하면서 얻게 된 88년판 달러를 출납칸에 들이밀고 돈을 바꿔 달라고 했다. 돈 바꾸는 창문 앞에는 외화돈 환율이 적혀 있다. 아가씨가 돈을 받아 집사기에 넣었는데, 돈이 튀어나오는 것이었다. 나는 당황하여 이것은 바꾼돈인데 물건을 사러 왔다고 말했다. 그 아가씨는 돈을 도로 내 주면서 가딸라(가짜돈)라고 했다. 나는 돈을 다시 받아서 밖으로 나왔다. 내가 거듭 주의해서 살펴보고 받은 돈이었는데 결국 가딸라라고 하니 기가 막히고 악이 났다.

딸 라   장 사 꾼

내가 상점 앞 외화식당 앞에서 담배를 피우는데 55살 정도의 아주머니가 다가와서 돈 바꿀 것이 없는가고 물었다. 나는 없다고 말하고 그냥 담배를 피우면서 다른 사람이 눈치 못 채게 그 아주머니를 살폈다. 그 중년 아주머니는 돈을 바꾸려고 계속 서성거렸다. 암거래 장사꾼들도 돈 장사를 해서 하루하루 떨어지는 것으로 연명한다. 아주머니가 외화식당 옆 골목으로 들어갔다. 아주머니 뒤에 꼬리가 달린 것이 없는가고 살폈는데 아무도 없었다. 다시 한번 확인하고 아주머니가 간 쪽으로 자연스럽게 걸어가니 공동변소가 나타났다. 그런데 아주머니가 어디로 갔는지 보이지 않았다. 공동변소 쪽으로 걸으면서 사방을 살피는데 변소에서 아주머니가 나오는 것이었다. 나도 볼일 보러 온 것처럼 변소로 가는데 그 아주머니가 나를 힐끔 처다보았다.

나는 아주머니를 부르면서 지금 딸라가 암거래로 얼마 하는가고 물었다. 아주머니는 나보고 딸라가 있는가고 물었다. 나는 그냥 딸라 시세를 좀 알려고 그런다고 말했다. 아주머니는 자기는 솔직히 말하는데 자기네한테서 딸라를 가지는 경우는 18,500원이고 자기네가 딸라를 가지는 경우에는 17,000 – 17,500원이라고 하였다. 나는 지금 바꿔 줄 돈이 있는가고 물었다. 아주머니는 지금 돈이 있으니 집으로 가자고 했다. 내가 그럴 것 없이 아파트 골목에 들어가서 바꾸자고 하자 아주머니는 그러다가 잡히면 다 빼앗긴다면서 자기는 나쁜 여자가 아니므로 자기 집에 가자고 했다. 내가 집에 누가 있는가고 물으니 영감하고 둘만 있으니 안심하라고 하였다. 나는 아주머니를 따라 한 아파트로 갔다. 집안에는 61살 정도 되는 집주인 할아버지가 있었다. 내가 달러를 내놓자 아주머니가 좋아하면서 조선돈 17,200원을 주었다. 그러면서 앞으로도 바꿀 일이 있으면 집으로 찾아오라고 하였다.

그 집에서 나와 나는 서둘러 사촌 형네 집에 갔다. 사촌 형은 아직 돌아오지 않았다. 그리하여 형수하고 이야기하는데 한참 있다가 사촌 형이 돌아왔다. 저녁 식사를 끝내고 형한테 부탁했던 것에 대해 물었더니 일이 잘 되었다고 말했다. 동무 삼촌이 열차 승무안전원한테 부탁해서 보내 주기로 했는데 그러자면 도중식사와 그들한테 고일 것이 있어야 한다고 했다.

나는 사촌 형보고 이제 나에게 남은 혈육이라고는 이모네 식구밖에 없으므로 죽으나 사나 이모와 형한테 의지할 수밖에 없다고 말했다. 우리가 서로 의지해서 어떻게 하나 이 힘든 시기를 넘기자고 하였다. 그리고는 장사에 보태 쓰라고 3,000원을 내밀었다. 형은 한동안 말이 없었다. 형은 동생 볼 낯이 없다고 하면서 어머님을 잘 모시겠다고 말했다.

6 | 함흥평양 열차

열 차 승 무 안 전 원

 10월 28일 오후에 평양 가는 열차가 함흥역에 들어오기로 예정되어 있었다. 나는 아침에 장마당으로 가서 사촌 형 동무 삼촌과 열차 안전원에게 줄 중국 제트 담배 두 막대기를 1,400원 주고 샀다. 그리고 도중식사를 준비하기 위해 입쌀 4킬로그램과 돼지고기, 가자미, 송어, 닭알 20알, 마른오징어 10마리, 마른명태 10마리, 조갯살 말린 것 500그램, 가을 배추 2킬로그램을 샀다. 그리고 병술은 비싸므로 인삼술 3병만 사고 함흥술 5리터를 방통째로 샀다. 형수가 내가 사 온 물건들로 정성스럽게 음식을 만들어 주었다. 오후에 열차가 도착할 시간이 되어서 나는 서둘러 채비를 하고 사촌 형과 함께 동무 삼촌을 만나러 갔다. 열차 안전원에게 줄 도중식사만 배낭 하나와 술 한 방통이었다.

 저녁 6시 30분경에 '무산 – 평양행' 열차가 들어왔다. 동무 삼촌이 나를 열차 승무안전원 조장한테 데리고 가서 나를 자기 친척이라고 소개하고는 평양에 가는데 증명서가 없어서 그러니 좀 잘 데려가 달라고 부탁했다. 열차 안전원 조장은 안심하라면서 상급차칸 열차 안전원실로 나를 데리고 갔다. 나는 밖으로 나가 동무 삼촌보고 잘 갔다오겠다고 인사한 다음 다시 안전원실 칸으로 들어갔다.

상급 침대칸에는 단속실이 있는데 조장을 포함해서 안전원 3명과 그들이 데리고 가는 평양 여자 3명이 있었다. 그 여자들은 모두 장사꾼들이었다. 그들이 가지고 가는 짐은 10여개의 배낭과 마대였는데 그 안에는 두부콩, 마른 낙지, 줄당콩, 찹쌀 등이 들어 있었다. 여자들 중 2명은 30살 정도 되었고, 나머지 한 여자는 25 – 26살 정도의 처녀였다.

열 차 칸   유 흥 장

기차는 저녁 7시경에 함흥에서 떠나 9시경에 고원에 들어섰다. 그런데 견인기 사정으로 새벽 4시까지 고원에 서 있었다. 저녁 식사를 하는데 나도 섭섭치 않을 만큼 마련했지만 평양 장사꾼 여자들도 만만치 않게 준비해 왔다. 그들이 내놓은 음식들은 돼지고기볶음과 가자미식회, 닭알 튀운 것, 낙지 반찬, 명태볶음 등으로 정말 진수 성찬이었다. 식사하면서 술도 마셨는데 장사꾼 여자들 역시 술을 잘 마셨다. 여성이라는 것은 아예 찾아볼래야 찾아볼 수 없는 것이 안전원들이 술을 마시면 안주를 젓가락으로 집어 입에까지 넣어 주는 것이었다. 마치 열차칸이 아니라 어느 유흥장에서 아가씨들하고 술을 마시는 기분이었다.

식사 후에 다른 안전원 2명은 검차방에 가 있겠다면서 자리에서 일어섰다. 그리하여 안전원 조장과 여자 3명, 나만 자리에 남았다. 그 중에서 여성 한 명이 교태를 피우면서 조장을 녹였다. 젊은 처녀는 어디 가서 자겠다면서 나갔다. 나도 짐을 놓은 칸으로 가서 의자에 앉아 쉬었다.

밤 12시가 넘어 잠을 자려고 잠잘 곳을 찾아 일어서는데 안전원 조장이 내가 앉아 있는 의자에 누워서 자라고 했다. 안전원들이 있는 칸하고 내가 있는 칸은 원래 한 칸인데 사이에 칸막이를 해서 두 칸으로 만들어 놓았다. 두 칸 사이에는 서로 드나들 수 있도록 출입구가 있었다. 여자 두 명도 내가 있는 칸으로 들어와 한 명은 우에 있는 침대에 눕고 한 명은 아래 의자에서 잤다. 나는 안전원 조장실로 들어가서 중국 제트 담배 한 막대기와 인삼술 3병을 배낭에서 꺼내 주었다. 그는 좋아하면서 담배와 술을 자기 가방 안에 넣었다. 나는 안전원 조장보고 평양까지 잘 좀 데려다 달라고 다시 한 번 부탁했다. 그는 근심하지 말라고 하면서 이 열차에서는 자기가 제일이라고까지 하였다. 나는 다시 짐 있는 칸으로 가서 잠을 잤다.

한밤중에 자다가 오줌이 마려워서 눈을 뜨니 내 앞에 있는 의자에 누웠던 여자가 없었다. 방안은 불이 꺼져 있었는데 안전원 조장이 있는 칸에서 소곤소곤하는 남녀의 목소리가 들려 왔다. 그러더니 조금 있다가 그들이 열차 안에서 그짓을 하는 것이었다. 나는 오줌은 마려워서 눈을 떴으나 나갈 수가 없어서 참기로 했다. 하지만 너무 급해서 방광이 터질 것만 같았다. 나는 아래를 손으로 꼭 쥐고 빨리 끝나기만을 기다렸다. 40분 정도 지난 후 그 여자가 다시 들어와서 의자에 누웠다. 나는 제꺽 일어나면 여자가 눈치챌 것 같아서 20분 정도 더 있다가 자리에서 일어났다. 밖으로 급히 나와 소변을 보니 정말 시원했다. 마치 몸 안에서 무슨 불쾌한 것이 쑥 빠져나간 것 같은 기분이었다.

나는 안전원실로 다시 들어가지 않고 일반칸으로 갔다. 일반칸 역시 발을 옮길 데가 없었다.

서로 끌어안고 자는 사람, 무엇을 먹는 사람, 담배를 피우는 사람, 노래를 부르는 사람… 정말 기차 안은 수라장 같았다. 조금 있으니 기차 견인기가 와서 방통을 달기에 나는 서둘러 상급차칸으로 갔다.

증명서 단속

　기차가 떠나서 한참 달리니 날이 밝았다. 아침 7시경에 나는 밖으로 나와 승강기에서 바람을 쏘이며 담배를 피웠다. 조금 있으니 단속이 시작됐다. 남자들은 달리는 차의 문을 열고 연결짬으로 해서 방통 우에 올라갔다. 증명서가 없어서 안전원의 단속을 피하는 사람들이었다. 열차 안전원들은 주로 식사 시간 전에 증명서 검열을 해서 단속한 사람들의 돈 아니면 물건을 빼앗는다. 단속칸으로 10여 명 되는 여자와 남자가 배낭을 어깨에 메거나 손에 들고 들어가는 것이 보였다.

　나는 안전원실에 들어가 담배를 피우면서 단속 처리하는 모습을 지켜 보았다. 안전원이 단속된 사람들한테서 공민증을 거두고 나서 그들보고 짐은 단속칸에 놓고 다 나갔다가 이름을 부르면 한 사람씩 들어오라고 했다. 안전원은 한 사람씩 공민증을 보고 벌금을 100원씩 물렸다. 돈이 없는 사람들은 담배나 술 또는 다른 물건들을 내놓았다. 안전원들은 이런 식으로 인민들의 등을 벗겨 먹는다. 단속칸 안에는 명태와 오징어, 술과 담배들이 노획물로 남겨졌다. 나는 안전원들과 술도 마시면서 아침 식사를 했다.

신성천 꽃제비 남매

　식사를 하고 나니 신성천을 가까이 하고 있었다. 신성천역에 도착하자 안전원들이 밖으로 나갔다. 나도 세면을 할 겸해서 열차에서 내렸다. 역전에는 음식과 술, 담배 장사꾼들이 소래 아니면 주머니를 들고 서로 사라고 소리를 질러 대고 있었다. 꽃제비들은 열차 주위에 몰려들어 먹을 것을 달라고 손을 내밀었다. 그들은 모두 보기에도 처참할 정도로 여위었고 손과 얼굴은 새까맣다 못해 검은 색칠을 한 것 같았다. 어떤 아이들은 열차에 탄 사람들이 먹고 버린 음식 비닐 주머니를 주워서 그것에 묻은 밥알과 찌꺼기를 빨아 먹었다.

그들 중에서도 더욱 불쌍하여 눈에 띄는 꽃제비들이 있었다. 5살 정도의 남자아이와 7살 정도의 여자아이였는데, 손을 잡고 다니는 것으로 보아 남매인 것 같았다. 남자아이는 신발도 신지 못한 채 무릎이 해지고 까맣게 때가 끼어 반들반들한 바지를 입고 오들오들 떨고 있었다.

때가 끼어 새까만 손에는 누가 먹다가 버린 염장무 쪼가리가 몇 개 들어 있는 자그마한 비닐 봉지를 쥐고 있었다. 보기에 하도 불쌍해서 열차 안에서 여자들이 먹다 남긴 빵을 조금씩 주었다. 그러자 여자아이가 받아서 자기는 조금 먹고 동생에게 더 많이 나누어 주었다. 차마 눈 뜨고 보지 못할 광경이었다. 사람들은 하도 딱해서 아이들을 보고 혀를 쯧쯧 차지만 그들도 별수가 있는가. 세월이 이렇게 만들었는데. 장사꾼들 또한 그런 아이들이 부지기수니 빵 한 조각 줄 생각도 안 하고 물건을 팔려고 정신없이 뛰어다니기에 바빴다. 그들도 그렇게 해야 먹고 살아갈 수 있기 때문이다.

나는 세면을 하고 나서 그 남매에게 다가가 집이 어디냐고 물었다. 그들은 집이 신성천이라고 대답했다. 내가 다시 부모가 없는가고 하자 여자아이가 하는 말이 엄마는 죽고 아버지는 자기들을 버리고 달아났다고 했다. 정말 한심하였다. 개도 제 새끼가 곱다고 핥아 주고 끼고 있는데 하물며 인간이 어떻게 제 자식을 버릴 수 있는가! 하지만 아이들 부모의 탓이라고만 할 수도 없었다. 식량난이 조선의 수많은 인민들을 도덕과 의리와 인정이 없는 사람들로 만들어 버린 것이다. 나는 한 장사꾼한테 가서 5원짜리 빵 20개를 100원 주고 사서 비닐 봉지에 넣어 남매에게 주었다. 그리고 이걸 먹고 죽지 말고 살라고 말했다. 아이 두 명은 나한테 고맙다고 연신 인사를 했다.

인민군이 아니라 괴뢰군

나는 사람들의 시선을 피해 서둘러 역전 밖으로 나갔다. 신성천역 건물은 2층으로 되어 있다. 역전 앞에는 '음식물 가공 매대'라고 쓴 간판들이 수없이 많았다. 음식 장사꾼들이 하루하루 연명해 가는 생활 모습은 처참하기 그지없었다. 그들은 군인들이나 열차 손님들이 갖은 희롱을 해도 애써 웃음을 지으면서 봉사하고 있었다.

나는 남자 3명이 앉아 술을 마시는 음식 매대에 들어갔다. 내가 오징어 한 마리를 시켜서 술과 함께 먹는데 군인 4명이 들어왔다. 그들은 들어서자마자 곧바로 사민 3명이 있는 데 가더니 "형님, 술 한 잔 같이 하자요."하는 것이었다. 사민 중 한 명이 술 한 잔을 부어 군인에게 주었다. 그 군인은 받아든 술잔을 자기 사람한테 주고 한 잔 더 달라고 했다. 사민들도 금방 술을 마시기 시작했는지 한 병은 그대로 있고 다른 한 병은 반쯤 비어 있었다. 사민들은 아무 말 없이 또다시 술을 부어 주었다. 그런데 군인들은 다시 또 달라고 하였다. 그러자 사민들 중에서 사내다운 사람이 "우리도 마셔야 하지 않겠는가."라고 말했다. 그 말에 군인이 "장군님 군대가 좀 마시자 하는데 의견 있는가?" 하고 언치를 걸었다. 사내는 "장군님 군대가 인민들 술 먹는 것을 빼앗아 마시라고 했는가?"라고 대꾸했다. 그러자 군인은 그 사민을 구타하려고 덤벼들었다. 같이 술을 마시던 사민의 동무들이 어쩔바를 모르면서 싸움을 말리려 했다. 그러나 군인은 먼저 사민을 구타했다. 얻어맞은 사민이 "너네 나를 먼저 주먹질했지!" 하면서 싸울 준비를 했다. 그랬더니 이번에는 군인들 4명이 한꺼번에 그 사민한테 달려들었다. 사민도 가만히 있지 않고 같이 주먹질을 했다. 보아하니 그도 어지간히 주먹을 놀렸다. 매대 안은 순식간에 수라장이 되었다. 군인들이 술병을 들어 사민한테 던졌다. 병이 사민의 머리에 맞아 깨지면서 피가 나왔다. 피를 본 사내는 흥분하여 죽을지 말지 모르고 덤볐다.

수많은 사람들이 주위로 몰려들었다. 하지만 그 누구도 싸움을 말리지 못했다. 군인들이 날치니 그들을 말릴 사람이 누가 있겠는가. 사람들은 다만 "저 개새끼를 죽여 버려라!" "괴뢰군 같은 새끼들!" 하고 소리쳤다. 56살 정도 되는 한 아주머니가 "군대가 인민을 때리면 되는가. 이것이야말로 괴뢰군들이 하는 짓이다."라고 말했다. 이 소리를 들은 군인 한 명이 "이 간나 노친네, 뭐라고 악질질인가!" 하면서 발로 그 아주머니의 복부를 걷어찼다. 아주머니는 비명을 지르면서 앞으로 푹 고꾸라졌다. 정말 속에서 불이 일었다. 군인 4명이 한 사람한테 달려드니 사회 사람이 무슨 힘으로 그들을 당하겠는가. 군인들은 마치 자기네가 왕이나 높은 장군이나 되는 것처럼 행세했다. 싸움을 말리는 사람은 오직 얻어맞는 일행 중 2명뿐이었다.

이 때 젊은 사람 한 명이 나서서 그러지 말라고 군인들을 말렸다. 군인들은 "너는 뭐야! 죽고 싶지 않으면 꺼져!" 하고 말했다. 그런데도 젊은 사람은 물러서지 않고 그러지 말라며 인내성 있게 싸움을 말렸다. 그러자 군인이 이번에는 싸움을 말리는 사람에게 주먹질을 했다. 젊은 사람은 날쌔게 몸을 피하면서 그 군인에게 주먹을 한 대 선물했다. 군인은 맥없이 거꾸러졌.

나머지 군인 3명이 자기 동료가 쓰러진 것을 보고는 동시에 덤벼들었다. 그런데 젊은 사람은 그들도 제압해 버렸다. 이 때 매를 맞던 사민이 가세하여 돌로 군인 한 명의 머리를 깠다. 그 군인도 푹 하고 쓰러지면서 머리에서 피가 터졌다. 이렇게 순식간에 군인 4명이 쓰러지자 싸움을 구경하던 군인들이 여기저기서 덤벼들었다. 젊은 사람은 달려드는 군인들을 몇 명 거꾸러뜨리더니 품 속에서 권총을 꺼냈다. 그는 덤벼드는 놈은 쏘아 죽이겠다고 소리쳤다: 군인들이 더 이상 덤비지 못하고 주춤거렸다. 총구 앞에서 누가 감히 나서랴.

이 때 안전원들과 경무관들이 달려왔다. 젊은 사람이 자기 신분증을 꺼내 보이더니 경무관보고 군인들 4명을 모두 묶어서 끌고 가라고 말했다. 경무관이 어떻게 된 일인가고 묻자 매대 주인 아주머니와 싸움을 목격한 사람들이 처음부터 사실대로 이야기해 주었다. 사람들은 싸움을 말리는 여성을 배를 걷어차서 쓰러뜨렸다고 하면서 저 새끼들은 날강도고 괴뢰군들이라고 외쳐

댔다. 그리하여 군인 4명은 모두 묶여 경무관 손에 끌려갔다. 이 얼마나 한심한 일인가. 김정일은 군민일치 미풍을 높이 발휘하라고 교시하지만 승냥이질을 하는 군대를 누가 도와 주겠는가.

내 나라 제일로 좋아

나는 열차로 돌아와 있다가 속이 답답하여 다시 열차에서 내렸다. 그런데 열차 안에서 노래소리가 들려 왔다. 열차 안에서 오락회를 벌이는 소리였다. 조선 사람들은 먹을 것이 없어서 장사를 다니는 고단한 신세면서도 노래를 불러도 김정일이 위대하다는 노래만 부르고 내 나라 제일로 좋아만 부른다. 이 얼마나 순진한 인민들인가! 다른 나라들 같으면 이렇게 식량 사정으로 국가에서 배급을 주지 않고 일해도 돈을 주지 않으면 대무 같은 시위 투쟁이 일어났을 것이다. 하지만 순진한 조선 인민은 부모와 자식, 형제들을 잃은 가슴 아픈 사연들이 있는데도 이렇게 낙천적으로 살아간다.

새벽 1시 좌우에 열차가 신성천에서 떠났다.

7 평양

평 양 역

평양에 도착한 것은 10월 30일 새벽 5시가 조금 지나서였다. 평양역에 도착해 보니 안전원들이 역전 둘레를 지키고 서서 매우 심하게 검열했다. 나는 열차 승무안전원들을 따라 그들이 나가는 곳으로 같이 나갔다. 평양역 앞에 나오니 사람들이 다니고 아침의 시원한 바람이 불어와 기분이 매우 상쾌하였다.

아침 7시경에 나는 평양역 앞에서 궤도전차를 탔다. 출근 시간이어서 사람들이 많았으나 궤도전차가 자주 왔기 때문에 그런대로 탈 만했다. 궤도전차를 타고 가면서 보니 평양은 미공급 세월 같지 않게 사람들이 하나같이 웃음이 넘치고 패기 있어 보였다.

사 동 구 역   형 님

나는 먼저 사동구역에 있는 옛날 친구의 집으로 갔다. 그의 집은 7층짜리 아파트에 있었다.

내가 집에 도착하니 그는 방금 일어나서 식사를 하려던 참이었다. 나는 웃으면서 "형님, 오래간만이오." 하고 인사했다. 그는 처음에는 나를 몰라보았다. 하긴 우리가 93년도에 보고 여직까지 못 본 채 5년 만에 다시 상봉하는 것이니 몰라볼 만도 했다. 그는 모르겠다는 얼굴로 누군가고 물었다. 내가 별명을 대니 그제야 알아보았다. 그는 반가워서 얼른 안으로 들어오라고 했다. 그는 부인을 부르더니 인사를 시켰다. 나도 "형수님, 처음 뵙겠습니다." 하고 절을 했다.

그가 나보고 지금껏 어떻게 살았는가고 물었다. 나는 어머니와 아버지가 돌아가셔서 그럭저럭 혼자 산다고 했다. 평양에는 무슨 일로 왔는가고 묻길래 형님도 볼 겸 옥류관 짜장면 생각도 나고 해서 평양 구경하러 왔다고 대답했다. 그는 나보고 "옛날 그 성미 그대로구나." 하면서 웃었다. 내가 그보고 어떻게 지내는가고 묻자 자기도 대동강에서 물고기를 잡아 팔기도 하면서 그럭저럭 산다고 했다. 그 집에는 딸아이가 한 명 있는데 아침에 학교에 가고 없었다.

그는 마침 아침을 먹으려던 참인데 같이 식사하자고 하였다. 그는 아주머니한테 내가 자기의 오래 전 친구인데 자기를 형님처럼 따르는 친한 동무라고 이야기했다. 그러면서 술을 좀 가져오라고 하였다. 그런데 아주머니가 대답은 하였지만 선뜻 나서지 못하는 것이었다. 돈이 없기 때문인 것 같았다. 내가 서둘러 100원을 꺼내 놓으면서 술을 사 오라고 하자 아주머니는 나가서 술 2병을 가지고 왔다. 평양은 술이 평양술(병술) 한 병에 50원이었다. 아침밥은 강냉이쌀을 섞은 밥에 배춧국과 무오가리 말린 반찬, 두부국이었다. 나는 식사를 마친 후 담배를 피우면서 형님에게 지금 무슨 일을 하는가고 물었다. 그는 막노동을 한다고 했다. 배급은 한 달에 보름 정도 준다고 했다.

만경대구역 광복거리

동무가 아침에 출근하므로 나는 나가서 시내 구경하고 오후에 오겠다고 했다. 나는 궤도전차를 타고 만경대구역 광복거리로 갔다. 광복거리는 고층 건물들이 줄지어 있고 도로가 매우 좋았다. 광복백화점 역시 볼 만하였다. 10시에 문을 열자 기다렸던 사람들이 물건을 사려고 들어갔다. 상점에서 물건을 사려면 1일 전에 예비표를 끊어야만 한다. 광복상점에 진열된 것들은 전부 중국 상품과 조선 대성무역회사에서 만든 옷과 평양방직공장 물건들이었다. 사람들은 광복상점에서 물건을 사서는 다른 지방 농촌에 가져가 팔거나 곡식으로 바꾼다. 혹은 상점문 앞에서 덧돈을 받고 되거리 장사를 한다.

청춘관

점심을 먹으려고 광복거리에서 이름 있는 식당인 '향만루식당'으로 갔다. 하지만 안내표가 없어서 먹지 못했다. 안내표는 간부용 아니면 장사꾼들이 한 장에 80 – 100원씩에 판다. 나는 다시 '청춘관'에 갔으나 역시 안내표가 없어서 먹지 못하고 서성거렸다. 이 때 대학생복을 입은 여자가 식당문 밖에서 서성거리고 있었다. 나는 여기에서 못 먹으면 점심을 굶는다는 생각에 부끄러운 것도 잊고 그 아가씨에게 다가가 평양 말투로 안내표 팔 것이 없는가고 물었다. 아가씨는 싱글벙글 웃으면서 없다고 대답했다. 나는 담배를 피우면서 혹시 표를 팔 손님이 없을까 하고 은근히 기대를 걸고 기다렸다. 대학생 아가씨가 누군가를 기다리는지 자꾸 손목시계를 들여다보았다. 나는 그녀에게 애인을 기다리는가고 물었다. 그는 아니라고 하면서 자기하고 한반 학생이 오기로 되어 있는데 오지 않아서 그런다고 속상해했다. 나는 동무가 오지 않으면 표를 나한테 팔아 달라고 부탁했다. 그는 30분 정도 더 기다려 보고 나서 팔겠다고 말했다. 30분 정도 기다렸으나 그 아가씨의 동무는 오지 않았다. 그는 더 기다리는 것을 단념하고 나보고 같이 식사하자고 했다. 나는 흔

쾌히 그러겠다고 했다. 나도 혼자이므로 속으로 잘됐다고 생각했다. 우리 둘이는 마치 연인처럼 다정히 앉아 표를 끊었다.

　우리가 먹은 것은 량표를 첨부해서 12원 하는 쟁반국수였는데, 38프로짜리 중국 술 한 컵과 무김치 한 접시, 두부 요리 한 접시, 명태 반찬 한 접시가 같이 나왔다. 내가 량표가 없다고 하자 그 아가씨가 자기한테 있다면서 량표 2장을 내놓았다. 음식값을 계산하니 30원 정도였다.

　다른 데 가서 먹자면 200원은 주어야 먹을 수 있는 음식이었다. 그 아가씨가 술은 나보고 다 마시라고 주었다. 나는 그래도 우리가 이렇게 만나는 것이 쉽지 않은데 기념으로 한 잔씩 하자고 하니 그도 응했다. 생각 밖으로 그 아가씨는 술을 곧잘 마셨다. 술을 마시고 나니 아가씨의 얼굴이 붉어졌다. 내가 국수를 덜어 주려니까 그가 사양했다. 나도 국수 한 그릇 가지고 갔다왔다 하기 싫어서 그냥 먹었다.

　식사를 하면서 내가 아가씨보고 대학생인 것 같은데 어느 대학에 다니는가고 물었다. 그는 중구역에 있는 김책공대 2학년이라고 대답했다. 집이 평양인가고 물으니 평성인데 기숙사 생활을 한다고 했다. 내가 기숙사 생활하는 것이 힘들지 않은가고 하니까 그는 웃으면서 좀 힘들지만 그런대로 생활한다고 말했다. 집에서 한 달에 돈을 얼마 정도 부쳐 주는가고 물었더니 집이 잘 살지 못하므로 몇 달에 한 번씩 500 – 700원 정도 보내 준다고 했다. 내가 다시 실력만 있으면 대학 생활이 일없지 않는가고 묻자 그는 "실력?" 하고 웃더니 대학 생활을 하려면 실력보다 돈이 많아야 된다고 말했다. 그는 계속해서 평양 시내 간부집 자식들은 머리는 돌대가리지만 돈이 많기 때문에 선생들에게 돈을 찔러 주고 한 학년씩 올라가고, 또 여자도 3명, 4명씩 된다고 이야기했다. 그러므로 실력보다도 돈만 많으면 된다는 것이었다.

만 경 대

식사 후에 식당을 나서면서 내가 식사값으로 돈을 주었지만 그는 받지 않았다. 오늘 학교에 가지 않는가고 물었더니 그는 시간을 받아서 일없다고 했다. 동무 집에 빨리 들어가기도 그렇고 해서 내가 좀 같이 걷지 않겠는가고 제의하자 그도 순순히 응했다. 나는 서둘러 광복상점 앞에 가서 봉학맥주 2병과 마른오징어 2마리, 마른명태 2마리, 사탕 1봉지, 과자 1봉지를 사 가지고 그와 함께 궤도전차를 타고 만경대로 갔다.

정말 만경대는 잘 꾸며져 있었다. 무엇보다 나무를 많이 심고 꽃도 많이 심어서 환경이 아주 깨끗했다. 종점에서 내려 만경대 고향집으로 가려면 자그마한 야산들이 있다. 우리는 그 풀밭에 앉아서 맥주를 마셨다. 만경대 김일성수령 고향집에 사람들이 많이 모여 오는 것이 보였다.

평 양 여 대 생

나는 대학생 처녀하고 맥주를 마시면서 대학 기숙사에서는 먹을 것으로 무엇을 주는가고 물었다. 그는 외국에서 들어온 안남미 쌀밥을 한 끼에 150그램 정도 주는데 공부하자면 배가 고파서 머리에 글이 들어가지 않는다고 말했다. 먹을 생각만 나고 눈앞에서 음식이 아물거리기 때문에 글이 머리에 들어갈 리가 없다는 것이었다. 그러면서 그는 자기네 대학 앞에 장마당이 있고 음식점들도 있지만 돈이 없는 대부분의 학생들은 들어가서 사 먹어 보지도 못한다고 했다. 그들은 돈 많은 부잣집 자식들이 고급 음식을 먹을 때 강냉이와 콩을 섞어 닦은 것 아니면 강냉이가루를 물에 타서 먹는다고 했다.

그러다나니 웬만하게 생긴 아이들은 먹는 것 때문에 자기의 정조를 짓밟히거나 판다고 했다.

돈 많은 부잣집 자식들이 돈을 흔들면서 매일 식당에 데리고 가서 먹여 주고는 그 대가로 몸을 요구하는데, 연약한 여자들은 먹을 것이 생기니 할 수 없이 몸을 준다고 했다. 또한 대학의 잘사는 집 자식들이 자기들 말을 듣지 않고 순종을 하지 않는 여자들은 자기들 사이에서 이리저리 몰아 준다는 것이었다. 그러니 여자들은 그 시달림을 받지 않기 위해 몸을 즈기도 한다는 것이다. 그러다가 자기도 모르게 몸에 아이가 들어서면 몰래 병원에 가서 지운다고 이야기했다.

슬슬 집으로 돌아갈 시간이 되어 그에게 그만 일어나자고 하였다. 나는 그에게 오늘 동무해 줘서 정말 감사하다고 인사했다. 그리고 앞으로 또 만날 기회가 있겠지 하면서 남은 사탕과자와 아까 식당에서 먹은 음식의 표값하고 량표값을 계산해서 돈을 주었다. 우리는 궤도전차를 탔다. 그는 가다가 평양역 앞에서 먼저 내리면서 잘 가라고 인사했다.

나는 음식물식당에 들러 물고기 반찬과 술 2병, 명태, 마른오징어를 사 가지고 동무의 집에 갔다. 동무가 벌써 와 있었다. 나는 동무 부인에게 200원을 주면서 쌀을 사 오라고 하였다.

저녁은 입쌀밥에 물고기 반찬을 해서 먹었다.

다음날 아침에 식사를 한 후, 나는 동무보고 이제 그만 가겠다고 했다. 동무가 더 놀다 가라고 했지만 바쁜일이 있어 가야 한다고 말했다. 나는 동무가 출근할 때 같이 나와서 그와 헤어졌다.

락 랑 구 역　옛　친 구

나는 다시 궤도전차를 타고 평양역에서 내려 락랑구역까지 가는 버스를 탔다. 친구의 집은 락랑구역에 있었다. 그도 나와 헤어진 지 7년이나 되었다. 그의 집은 예전의 단층집 그대로였는데 허술하였다. 그도 처음에는 나를 잘 몰라보았다. 내가 청진에 사는 누구라고 나의 별명을 말했더니 깜짝 놀라면서 이게 몇 해 만인가고 몹시 반가워했다. 내가 어머님 안부를 묻자 병으로

95년도에 사망했다고 말했다. 자식은 아들 둘이 있는데 학교에 갔다고 했다. 나는 동무와 함께 흘러간 그 옛날을 추억하며 평양 대성산 유원지와 1백화점, 대동강 등에서 재미나게 놀던 소리를 했다. 그가 부인보고 뭘 좀 준비하라고 하자 부인은 반찬이 맞갛지 않다며 머뭇거렸다.

주인이 있는 대로 격식 없이 가지고 오라고 하자 술 한 병과 배추김치, 무채, 밥을 차려왔다.

나는 밥을 먹었다고 하고 술을 마셨다.

그도 역시 살림살이가 매우 어려웠다. 배급은 한 달에 15일분만 받는데, 일하러 나가서는 하루 종일 잡담만 한다고 했다. 동무는 평양은 돈이 없으면 사람값에도 못 든다면서 차라리 지방에서 사는 것이 낫다고 말했다. 그는 나보고 장가를 갔는가고 물었다. 나는 부모가 죽고 혼자인데 먹고 살기가 어려워서 장가를 가지 않았다고 말했다. 그는 장가를 가서 부부가 받들며 사는 것이 그래도 한결 나으니 장가를 가라고 했다. 그는 오늘 반가운 동무가 왔으니 직장을 하루 나가지 않겠다면서 부인보고 직장에서 자기를 찾으러 오면 몸이 아파 병원에 갔다고 말하라고 했다.

중 구 역   영 광 장 마 당

아침 10시경에 우리 둘이는 집을 나섰다. 우리는 먼저 중구역에 있는 영광장마당으로 갔다.

중구역 장마당에서는 공업품을 단속하므로 사람들이 몰래 암거래를 하고 있었다. 장마당에서 파는 것이래야 쌀과 강냉이, 민물고기, 바닷고기, 육류, 닭알, 사탕과자, 음식물, 남새류, 자전거 부속, 잡화류가 전부였다. 그 날은 마침 장날이어서 평양 시외 농촌들에서 가축류와 남새류를 판매하러 사람들이 많이 모였다. 평양 김책공대 학생들도 음식을 사 먹으러 많이 와 있었다.

평양시내 구경

다음으로 우리는 고려호텔로 갔다. 호텔 앞에 이르니 택시가 많았다. 그때가 11시 30분 정도였다. 나는 동무보고 호텔 앞에 무슨 자가용 승용차들과 택시가 이렇게 많은가고 물었다. 그는 택시는 고려호텔 외국인 접대용이라고 말했다. 그리고 자가용 승용차나 다른 승용차들은 당간부 아니면 체육인, 예술인, 재포들의 것인데 그들이 점심 식사를 하러 타고 온 것들이라고 이야기하였다. 식사값은 얼마인가고 물어 보니 얼마짜리인지는 딱히 알 수 없는데 외화 바꾼돈 50원 상과 100원 상, 200원 상과 500원 상, 최고 1,000원 상까지 있다는 말을 들었다고 했다.

외화 바꾼돈 1원이면 조선돈 60원쯤 된다. 동무는 외화돈 100원이면 조선돈으로 계산해서 6,000원이니 일반 사람들은 엄두도 못 낸다고 말했다. 하지만 평양은 대부분 잘사는 놈들이 모여 있으니 한 끼에 바꾼돈 1,000원 상까지 먹는 놈들이 있다고 했다. 바꾼돈 1,000원이면 조선돈 60,000원이다. 정말 평양은 수도라 하지만 다른 도시보다 빈부 차이가 너무 심하고, 돈 있는 자들만이 거들먹거리는 사람 못 살 데였다.

이어 우리는 음식거리로 갔다. 점심 시간인데 우리도 식사를 하자고 하니 동무가 안내표가 있어야 먹을 수 있다고 하였다. 안내표는 암거래로 사야 되는데 80 - 100원이라고 했다. 나는 그에게 안내표를 구하자고 말했다. 그가 왔다갔다 하다가 한참 지나서 한 남자를 데려왔다. 그는 안내표 한 장당 100원을 달라고 했다. 내가 나서서 지내 비싸다고 하자 그는 눈을 흘기면서 싫으면 그만두라고 했다. 나는 그를 돌려보낼까 하다가 수고스럽게 뛰어다닌 형님을 생각해서 그럼 2장을 달라고 했다. 그가 표를 꺼내는 걸 보니 저녁표까지 합해서 30 - 40장 정도 되었다. 그 남자 역시 표를 암거래하는 장사꾼 같았다. 우리가 한 식당에 들어가니 밥을 하고 있었다. 동무가 주머니에서 량표 2장을 내고 식사표를 끊었다. 한참 후에 식사가 들어왔다. 밥 한 공기와 두부국 한 사발, 무김치 한 접시, 바닷물고기 한 접시, 돼지고기볶음 한 접시, 소고기와 개고기를 섞어서 볶은 것 한 접시, 중국 술 38프로짜리 한 컵씩이 각자에게 차려졌다.

식사를 마친 뒤 우리는 평양 련못동까지 가는 전기 버스를 타고 1백화점 앞에서 내렸다. 우리는 곧바로 1백화점을 구경하러 들어갔다. 1백화점 안에는 계단뿐만 아니라 승강기도 있었다.

건물은 5층짜리인데 5층에는 식당이 있었다. 상점 안에는 옷들과 여러 가지 상품들이 진열되어 있었다. 그러나 그것들은 팔지 않는 장식품들이었다.

이어서 우리는 학생소년궁전을 돌아보고 그 뒤에 있는 만수대 예술극장도 구경했다. 그 이후에 나와 동무는 대동강 숭어국집 앞으로 해서 대동강변을 거닐었다. 우리는 대동강변 유보도 의자에 앉아 잠시 쉬다가 동무의 집으로 돌아갔다.

대 동 강   숭 어 국 집

다음날에는 동무가 직장에 나가야 했으므로 나 혼자 시내 구경을 하기로 했다. 아침에 동무가 출근한 후 9시경에 집을 나와서 버스로 대동강구역 문수거리에 있는 완구상점으로 갔다. 완구상점은 외화상점으로 바뀌어 있었다. 나는 다시 버스를 타고 평양산원 앞에서 내려 도보로 주체사상탑을 관람하였다. 하늘 높이 솟은 주체탑과 높이 쏘아올리는 2개의 분수 줄기는 참으로 볼 만했다. 여기저기에 사진기를 메고 사진을 찍으려는 사진사들, 서로가 웃고 떠들면서 대동강 유보도를 거니는 사람들의 행렬은 보기만 해도 정말 신났다.

점심 시간이 되었으므로 나는 버스를 타고 1백화점 앞에서 내려 대동강 숭어국집에 가서 점심을 사 먹었다. 간판은 숭어국을 달았지만 실제로 파는 것은 명태국이었다. 식사 후에 운동삼아 동대원구역으로 가서 천리마동상을 관람한 후 김일성경기장 개선문을 돌아보았다. 그리고 대성산 유원지도 돌아보았다. 그렇게 하루 종일 시내에서 놀다가 저녁 무렵에 동무의 집에 갔다. 그날은 피곤해서 저녁을 먹고 인차 잠을 잤다.

나는 동무 집에서 일주일 동안 지내다가 동무에게 가겠다면서 덕분에 평양 구경을 잘 했다고 인사했다. 동무는 아쉬워하면서 기회가 되면 또 오라고 하였다. 우리는 저녁을 먹으면서 이별술을 한 잔 했다.

다음날 아침 동무가 출근한 다음 나는 조금 자다가 10시경에 동무의 집에서 나와 시내를 좀더 둘러보았다. 그러다가 점심 시간이 되어 중구역 장마당으로 가서 국수 한 그릇을 사 먹었다.

평 양 - 사 리 원   자 동 차

나는 사리원 가는 자동차를 타기 위해 궤도전차를 타고 사동구역 송신교 있는 데로 갔다. 송신에서 미림 가는 길과 사리원으로 가는 갈림길이 있다. 거기에 인민무력부 경무초소가 있으므로 군인차는 검문을 받고 간다. 저녁 6시 30분경에 군대차(소련제 지르트럭)가 검문을 받기 위해 섰다. 차 위에 앉아 있는 여자보고 어디까지 가는 차인가고 물었더니 사리원까지 가는 차라고 알려 주었다. 자동차가 검문이 끝난 뒤에 나는 운전수 군인한테 다가가 혼자인데 사리원까지 같이 가자고 말했다. 운전수는 못 탄다고 거절했다. 나는 매부가 사망되어서 그러는데 돈을 내겠으니 좀 같이 가자그 사정했다. 그러자 운전수는 경무원 몰래 타라고 했다.

나는 자동차가 떠날 때 얼른 올라탔다. 경무단속초소를 지나 5분 정도 달리다가 차가 서더니 운전수가 나보고 차비로 250원을 내라고 하였다. 자동차에는 강냉이 마대가 25마대쯤 실려 있었는데 겉에 영어 글자가 써 있었다. 호송 군인 1명을 제외한 10명 정도의 남자들과 여자들은 모두 장사꾼들이었다.

그들이 가지고 가는 물건은 쌀 배낭과 소금 마대들이었다. 내가 한 여자보고 소금을 실어다가 뭘 하는가고 물었더니 평양에서 소금 1킬로그램에 4원에 사다가 농촌에 가서 20원씩 받고 팔거나 강냉이 아니면 쌀하고 바꾼다고 말했다. 자동차가 가다가 고장이 나서 수리하는 바람에 2시간 정도 서 있다가 다시 떠났다.

8 사리원

사 리 원 역

 사리원역 앞에 내린 시각은 11월 7일 새벽 2-3시쯤이었다. 새벽인데도 역전 주변에는 음식 장사꾼들이 불을 밝힌 채 음식들을 팔고 있었다. 그들이 파는 음식은 주로 밥, 국수, 팥죽, 빵, 꽈배기, 떡류, 지짐, 콩비지, 비지국, 사탕과자, 명태, 낙지, 물고기 반찬, 돼지고기 반찬, 물, 술, 담배 등이었다.

 나는 추위를 피하려고 역전 대합실로 들어갔다. 대합실 안에는 꽃제비들이 어찌나 많은지 통로가 미어질 지경이었고 담배내와 썩은내, 악취가 코를 찔렀다. 꽃제비들은 대부분이 아이들이었는데, 늙은이들과 중년의 사람들도 제법 많았다. 여기저기 구석구석 심지어 계단에까지 꼬부리고 앉아서 몸을 벅벅 긁어 대는 꽃제비들과 방랑자들의 비참한 모습은 참으로 눈 뜨고 못 볼 지경이었다. 그들이 입은 옷 우로 이가 벌렁벌렁 기어다니는 게 보일 정도였다.

 사리원역은 2층 건물이다. 1층에는 일반손님 기다림칸과 물음칸이 있다.

2층에는 군인칸과 영예군인 좌석이 있고 아기 어머니칸도 있다. 사리원역은 해주 방면, 신의주 방면, 만포 방면, 함흥 방면, 개성 방면을 연결시키는 분기점이어서 사람이 매우 많다.

상급도둑   일반도둑

　대합실에는 또한 방랑자와 꽃제비, 도둑들도 욱실거린다. 여자들은 대부분 매음을 하거나 남의 짐을 칼로 째서 배낭 안에 있는 물건 또는 쌀을 훔치지 않으면 통째로 도적질한다. 무엇보다 도둑들과 소매치기들이 어찌나 극성인지 사람들이 잠을 못 잘 정도다. 조금만 정신을 다른 데 팔면 어느 새 짐이 없어진다. 사리원역은 워낙 사람들이 많아서 들어오는 출입문과 오르내리는 층계가 복잡하다. 소매치기들은 그 점을 이용하여 마치 문지기처럼 지켜 서서 출입문으로 들어오고 나가는 사람과 층계를 오르내리는 사람들의 주머니를 뒤져 돈과 귀중품을 쓰리한다.

　매음하는 여자들은 역전 밖에 있는 음식 장사꾼들이 있는 곳 아니면 역전 출입문과 대합실에서 군인들이나 출장원들, 돈이 좀 있어 보이는 사람들을 상대로 몸을 팔기도 하고 그들을 유혹하여 자기가 아는 집에 데려가서 숙박하는 식으로 몸을 판다. 사리원의 매음하는 여자들은 강도질하는 것으로 특히 유명하다. 그들은 남자들하고 짜고 출장원이나 돈 있는 사람들을 유혹해서 집에 데리고 간다. 그러면 남자와 여자가 관계하는 순간에 남자들이 들어와서 그 사람을 두들기고 돈과 짐을 빼앗는다. 그렇게 하지 못하는 여자들은 남자들과 술을 같이 마시자고 하고는 남자가 성관계를 하고 깊이 잠든 사이에 옷을 뒤져 돈과 귀중품, 짐을 도적질해 가지고 도망친다.

　아침 7시경에 역전 대합실에서 청소원들이 나와서 청소를 하기 시작했다.

그 때 역전 안내원들이 나와서 방랑자들과 꽃제비들을 쫓아냈다. 역에서 쫓겨난 꽃제비들은 맨 먼저 음식 장사들이 모인 곳으로 간다. 그 곳에서 덮쳐 먹거나 빌어먹으며 아침 식사를 해결한다. 10시경부터는 장마당으로 가서 음식을 도적질해 먹거나 남이 먹다 남은 것을 달라고 해서 먹는다. 그리고 저녁이 되면 잠을 자러 역전으로 온다.

도둑들이나 소매치기들은 밤새 훔친 것으로 아침 식사를 사 먹는다. 10시 경부터 장마당을 돌면서 장보러 온 사람들이나 장사꾼들이 조금이라도 헛눈을 파는 틈을 타서 짐을 도적질한다.

특히 소매치기들은 장마당에 사람이 제일 많은 시간인 오전 10시 - 12시 30분 사이와 오후 4시 - 6시 사이를 노려 소매치기를 한다. 그 때 훔친 돈으로 저녁을 사 먹고 조금 자다가 밤 11시부터 새벽 4시 30분까지 역전에 나와 도둑질을 한다. 소매치기들이나 짐을 채는 도둑을 '상급 도둑', 장마당에서 좀 도둑질하는 자들을 '일반 도둑' 이라고 부른다.

사리원역에서 오른쪽으로 100미터쯤 올라가면 답사여관이 있는데 나는 그 앞에 있는 식당에서 아침밥을 사 먹었다. 식사를 하면서 보니 이 식당은 도둑놈들이나 매음하는 여자들이 와서 음식을 사 먹는 곳이었다. 도둑들이 식당에 들어와서 300 - 400원어치의 음식을 외상으로 먹고는 저녁에 물어 주겠다고 하였다. 그들은 식당 접대원들과 전부 알고 지내는 사이 같았다. 도둑들은 접대원들을 술 마시는 좌석에 앉히고는 술을 마시라고 권하면서 가슴을 만지는 것이었다. 또한 밤에 대기숙박 집으로 들어가서 매음한 여자들은 아침에 그 식당에 와서 남자와 부부 사이인 것처럼 오순도순 음식을 먹고 헤어졌다. 한편 어린 꽃제비들은 손님들이 음식을 먹을 때 밖에서 지켜 보고 있다가 손님이 일어나면 남은 국물이나 음식 찌꺼기를 얻어 먹었다.

정방장마당

나는 식사 후 역전 앞에 있는 사리원각 앞 공원을 둘러보다가 11시경에 사리원시 정방장마당으로 갔다. 사리원에서는 정방장마당이 제일 크다. 장마당 앞길부터 장사꾼들이 줄을 지어 앉아서 물건을 팔고 있었다. 장마당 밖에 늘어선 장사꾼들은 주로 남새류, 가축류, 중고옷, 중고 가전 제품, 중고 전기 제품, 자전거 등을 팔고 있었다. 장마당 안에는 쌀, 강냉이, 콩, 물고기류, 육고기류, 산나물 말린 것, 사탕과자, 나무, 음식을 파는 장사꾼들이 많았다. 여기저기에서 돈과 물건을 잃어버리고 아이고데고 하며 야단 법석을 떠는 여자들, 사람들이 먹는 빵이나 떡을 채 가지고 달아나는 꽃제비 아이들, 싸구려 싸구려 하고 소리를 치는 장사꾼들로 장마당은 몹시 소란스러웠다.

너네 들 양 이 야?

나는 장마당에서 점심을 사 먹고 다시 역전으로 갔다. 지내 피곤하여 좀 쉬고 싶어서였다.

역전 대합실은 텅 비어 있었다. 그 많던 꽃제비들이 언제 있었는가 싶게 사라지고 여행 손님들만 몇 명 있었다. 낮에 역 안내원들이 쫓으니 밖으로 다 나가 버린 것이었다. 나는 2층으로 올라가 긴 의자에 앉아 잠시 눈을 붙이기로 했다. 그런데 밤새 한숨도 자지 못했으므로 그만 정신없이 자 버렸다.

한참 자다가 별나게 누가 몸을 만지는 감촉이 나서 깨어났다. 눈을 살며시 떠 보니 옆에 21살쯤 되는 여자 1명과 25-26살 정도의 여자 2명이 나를 중심으로 왼쪽에 1명이 앉고 오른쪽으로 2명이 앉아 있었다. 그런데 내가 입은 잠바의 자크가 한 뼘 가량 열려 있었다. 나는 대뜸 여자 소매치기꾼들이라는 것을 알았다. 나는 그들을 다그치지 않았다. 왜냐 하면 내가 주머니를 자연스레 만져 보니 안주머니에 넣은 현금이 그냥 있었고 또 그들을 보호해 주는 남자 도둑이 있을 것 같아 참고 모르는 체했다.

나는 담배를 피우려고 잠바 옆주머니를 뒤졌다. 그런데 점심에 장마당에서 산 담배와 라이타가 없었다. 나는 순간 뺄이 났다. 남자라는 자존심 때문이 아니었다. 나도 한때는 재느라고 동분 서주하면서 북조선 땅을 메주 밟듯이 다닌 남자인데 처음으로, 그것도 한갓 아가씨 소매치기꾼들한테 쓰리를 당했으니 얼마나 뺄이 났겠는가! 게다가 나는 대단한 애연가다. 담배가 없으면 잠시도 못 참는다. 그런데 내가 사랑하는 담배를 잃었으니 더 악이 났던 것이다. 하지만 나는 악이 난다고 여자들에게 손찌검을 할 만큼 수준이 어리지는 않다. 여자라는 물건은 손찌검보다 마음으로 울려야 한다.

나는 짐짓 담배가 없어진 것을 눈치챈 소리를 했다. 그러자 여자들 중에서 먼저 한 명이 일어서 나가려고 하였다. 나는 제꺽 웃으면서 "여, 처녀! 여기 좀 오라." 하고 불렀다. 그는 당황하여 "왜 그럽니까?"라고 수줍어하는 체하며 교태를 부렸다. 나는 "뭘 좀 물어 볼 일이 있어 그러는데, 여기 좀 앉아라."고 했다. 그 여자는 고분고분 내 옆에 다시 와 앉았다. 내가 옆에 앉아 있는 다른 여자들보고 같은 일행인가고 물었더니 그들은 아니라고 하면서 서로 모르는 것처럼 굴었다. 나는 왼쪽 옆에 앉은 여자보고 집이 어디 있는가고 물었다. 그는 해주에 있다고 대답했다. 내가 다시 오른쪽에 앉은 여자 2명보고 집이 어딘가고 물으니 자기네는 평산에 집이 있다면서 기차를 기다리는 중이라고 그럴 듯하게 꾸며댔다. 그런 소리에 속아 넘어갈 내가 아니었다. 이제는 직선돌입이 필요했다. 나는 웃으면서 "야, 내 보기에는 너희가 같은 일행이다."라고 말했다. 그들은 아니라고 부인했다. 나는 그들보고 "너네 계집들이 담도 크게서리 선생님도 몰라보구 지랄인가! 내가 이렇게 역전 대합실에 앉아 까딱까딱 졸고 있으니 어디 농로 같은가? 되먹지 않게 선생님 앞에서 책장을 번지다니!"라고 말했다. 그러자 그들이 놀라는 표정을 지었다. 그냥 일반 여행자였는가 했는데 내가 쓰는 술어가 고급술어라서 그들이 더욱 놀란 것이었다. 나는 다시 재차 공격했다. "오카내를 노렸으면 너네 사냥물을 뜨바이할 것이지 남자 음식은 왜 뜨바이하는가?"고 말했다. 여자들은 내가 점점 더 망나니들만 쓰는 말을 하자 나를 큰 도둑으로 여기는 것 같았다. 이쯤 되고 보니 그들도 외면할 수도 뻗댈 수도 없었다.

마침내 21살 된 여자가 "오빠, 내 몰라보고 그랬는데 잘못했시요." 하고 빌었다. 나는 빨리 담배를 내놓으라고 했다. 그 여자는 주머니에서 라이타와 담배를 꺼내 주었다. 나는 담배 한 대를 피우면서 그들보고 "야, 너네 들양이야?" 하고 물었다. 그들은 그렇다고 머리를 끄덕였다.

나는 하루에 얼마나 버는가고 물었다. 그들 중 한 여자가 말하기를 운수가 좋은 날은 200원을 받지만 그렇지 못한 날에는 그저 한 끼 식사로 몸을 준다고 하였다. 이제는 출장원들이나 군관들도 돈을 적게 주거나 한 끼 식사를 사주는 것으로 끝낸다면서 그렇기 때문에 할 수 없이 남자 도둑들과 같이 패를 치면서 도둑질하거나 아니면 남자 도둑들의 깔개가 되고 한 끼 한 끼 얻어 먹는다고 했다. 내가 남자들은 어디 있느냐니까 낮에는 장마당에 가서 소매치기하고 밤 11시가 되면 역으로 나온다고 했다. 남자들은 초저녁에 자기네가 보아 둔 대상을 습격하고, 자기들은 남자들이 도둑질할 때 카바를 서 준다고 했다.

나는 여자들보고 도둑질을 해도 상대방을 보고 도둑질해야지 아무 사람한테 막 접어들다가는 큰일난다고 충고했다. 그들은 나보고 집이 어디 있는가고 물었다. 나는 그들에게 집은 고원인데 전에 내가 놀던 해주로 바람 쏘이러 간다고 말했다. 그들은 놀라면서 그럼 오빠도 공격수인가고 물었다. 나는 옛 선배일 뿐 지금은 사람 구실을 한다면서 옛날에 같이 패를 치던 공격수네 집에 놀러가는 길이라고 말했다. 나는 한시기에는 황해북도, 황해남도, 평안남도를 비롯하여 개성을 제외한 여러 곳을 한참 돌아다녔고 동무들도 많았다.

배가 허전하기에 시계를 보니 저녁 때였다. 나는 여자들에게 식사하러 가겠으니 자리를 좀 보고 있으라고 말하면서 일어섰다. 그들은 오늘 선배님을 몰라보고 실수했는데 오해도 풀 겸 자기네가 한잔 내겠다고 했다. 나는 "싫다. 네년들이 나를 함정에 몰아넣고 승냥이 사냥을 하자는 게 아냐?" 하며 거절했다. 그들은 아니라고 하면서 자기네 단골집이 있는데 조용한 곳이니 같이 가자고 하였다. 나는 또 호기심이 났으므로 그들의 제의를 받아들였다. 나는 그들보고 먼저 걸으라고 했다. 여자 3명이 먼저 나간 후에 나는 담배를 피우면서 천천히 따라 나갔다.

　그들은 역전 밖에서 나를 기다리고 있었다. 나는 또다시 먼저 걸으라고 눈짓했다. 그들이 앞서고 내가 5미터 정도 떨어져 걸으면서 꼬리가 달린 것이 없는가 살폈으나 아무 일도 없었다.

　역전 앞으로 조금 나가다가 왼쪽으로 꺾어서 조금 가니 4-5층짜리 아파트들이 줄을 지어 선 곳이 나타났다. 그 여자들의 단골집이라는 한 아파트에 들어가니 늙은 노부부가 있었다. 자그마한 방이 2칸이었는데, 가구도 없는 살림집이지만 깨끗하였다. 여자들은 주인 할머니한테 "엄마, 저녁 먹으러 왔습니다."라고 마치 친엄마에게 하는 것처럼 말했다. 그들은 이미 전부터 이 집에 자주 드나드는 것 같았다. 그 집은 '두부'라는 간판을 걸었는데, 두부도 하고 국수도 하고 술과 반찬도 팔았다. 소매치기 여자들이 술 3병과 두부 4모, 이면수찜 한 접시, 배추김치를 상에 올려놓았다. 이어 술잔 5개가 올라왔다. 먼저 21살 된 여자가 술 한 잔을 부어 할아버지한테 권했다. 할아버지는 자기는 몸이 아파 술을 못 한다고 하면서 술을 조금 입에 대기만 하고 술잔을 내려놓았다. 늙은 노부부는 몸이 약했다. 이 집에서는 두부만 해서 팔고, 다른 술과 반찬, 국수 같은 것들은 다른 사람들이 팔아 달라고 하는 것을 받아다 1, 2원 보기로 팔고 있었다. 노부부는 두부를 하고 남은 두부찌끼로 끼니를 때우고, 여자들이 남자를 데리고 와서 매음을 할 때 방을 빌려 주는 값으로 하루하루 연명하고 있었다.

이렇게 살지 않으면 별수가 있는가요

　여자들이 나에게 술을 한 잔씩 붓겠다고 하였다. 이들이 나에게 한 잔씩 부으면 나는 석 잔을 마시게 된다. 술 한 병 반이 되는 양이다. 이렇게 남자들을 술이 만취되게 만들고는 돈과 짐을 채는 경우가 있으므로 나는 그러지 말고 똑같이 마시자면서 술 한 잔으로 조절하였다. 그러자 한 여자가 "오빠, 술 할 줄 모르는가? 남자답지 못하게시리." 하는 것이었다. 그런 말에 순간 감정을 살려 자존심 때문에 술을 홀짝홀짝 마실 내가 아니었다. 나는 술을 극력 자제한다.

　왜냐 하면 술과 계집 때문에 사람이 순간에 망하거나 실수하는 일이 많기 때문이다. 내가 이쯤 되고 보니 여자들도 나한테 술 권하는 것을 포기하고 저희들이 마셨다. 그들은 하나같이 술을 잘 마셨다. 술 3병이 금방 밑창이 났다. 그들이 2병을 더 요구하길래 나는 이젠 더 안 마실 거라고 했더니 그들은 자기들이 마신다고 했다. 내가 그러다 취하면 어쩌자고 그러는가고 하니까 그들은 요쯤한 것 가지구 뭘 고민하는가고 하면서 코웃음을 쳤다. 그들이 2병의 술도 다 내니 얼굴이 하나같이 빨개졌다. 그들은 서로 얼굴을 쳐다보면서 재미있다고 깔깔 웃어 댔다. 그들은 어지간히 취기가 오른 것 같았다.

　나는 서둘러 국수를 주문했다. 나는 국수를 먹고 상을 물린 후 담배를 피웠다. 여자 2명이 나보고 자기들도 담배를 피워도 되는가고 물었다. 나는 생각대로 하라고 했다. 내 말이 떨어지자마자 여자 2명이 담배를 피워 댔다. 내가 가만히 지켜 보다가 여자들보고 그렇게 타락한 생활을 해서 무슨 소용이 있는가고 하였다. 그들은 "타락? 이렇게 살지 않으면 별수가 있는가요." 라고 말했다. 자기들도 남들처럼 시집가서 아들딸 낳고 남편 공대 잘 하면서 살고 싶지만 세월이 이렇게 자기네를 망쳐 놓았다고 하였다. 그러면서 시집을 가자고 해도 어느 남자가 이 남자 저 남자하고 몸을 섞은 여자를 데려가겠는 가고 하였다. 그러더니 대뜸 나보고 "오빠 같으면 우리 같은 여자를 데리고 살겠시요?" 하고 물었다. 그 소리에 나는 대답을 못 하고 말았다.

   그러자 여자들은 하나같이 하하 웃으면서 "오빠도 새것을 좋아하는데 우리처럼 낡은 여자를 어느 남자가 데려가겠시요."라고 했다. 그들은 지금처럼 도둑질하거나 몸을 팔아 하루하루 살아가는 것이 자기네 몸에 딱 맞다고 말했다. 내가 마지막으로 왜 술을 그렇게 많이 마시는가고 물었다. 그들은 야간 작업하러 나갈 때 술을 마셔야 심장이 커져서 손이 떨리지 않아 이것저것 막 챌 수 있고 또 남자들과 말도 자연스레 하게 된다고 대답했다. 술이란 정말 신비한 물건이다. 여자들도 매음할 대상을 찾아나갈 때어는 술을 마셔야 부끄러움 없이 남자를 유혹하거나 상대할 수 있다는 것이었다.

   시계를 보니 11시가 넘었다. 시간이 퍼그나 흘렀다. 내가 일어나 가겠다고 했더니 21살 나는 여자가 이 집에서 숙박하고 내일 아침에 가라고 하였다. 내가 역전에 나가 자겠다니까 늙은 부부도 역 대합실은 꽃제비가 많아서 앉을 자리도 없고 이가 많으니 집에서 자라고 했다. 그 소리에 21살 된 여자가 또다시 "오빠, 여기서 자고 내일 아침에 가라요." 하면서 나의 팔을 잡고 애교를 부렸다. 나는 혹시 기차가 새벽에라도 있을 수 있으니 가서 보고 기차가 없으면 다시 들어오겠다고 말하고 그 집을 나왔다. 그러자 여자 3명도 나를 따라 역전으로 나오는 것이었다.

   기차가 잘 다니지 않으므로 역 대합실에는 여행자들과 방랑자들로 꽉 차서 밖에도 많은 사람들이 여기저기에 모여 있었다. 그들은 강냉이나 콩, 쌀 같은 식량 마대를 쌓아 놓고 도둑들 때문에 자지도 못하고 양 옆이나 우에 올라앉아 지키고 있었다. 내가 역전 출입문으로 가니 소매치기 여자들이 웃으면서 눈인사를 보냈다. 21살 나는 여자가 기본 주동적인 소매치기였다.

양 옆에서 여자 2명이 출입문으로 들어오고 나가는 사람들의 길을 막으면 21살 된 여자가 주머니에 손을 넣어서 돈이나 지갑을 꺼냈다. 또 그런 방법으로 묘향산 안전면도칼로 배낭을 째고 그 속의 물건을 훔쳐냈다.

해주 방면으로 나가는 기차가 있나 알아보았으나 예정된 열차가 없었다. 다시 늙은 노부부네 집으로 돌아갈까 하다가 께름칙한 생각이 들어서 대기손님을 찾으러 나온 아주머니를 따라갔다. 집에는 주인 나그네와 대기 손님 3명이 자고 있었다. 그 집도 두부와 국수, 술 등을 팔았다. 나는 피곤하여 인차 잠을 잤다. 나는 그 집에서 2일 간 대기숙박을 했다.

사 리 원 - 해 주   자 동 차

아침 7시경에 일어나 숙박집에서 국수 한 그릇을 시켜 먹은 후, 사리원각 앞 자동차 다니는 곳으로 나갔다. 9시경에 사회차(소련제 까마즈)가 해주까지 가는 사람들만 타라고 하였다. 나는 350원을 주고 차에 올라탔다. 차에는 군인 7명과 사회 사람으로 15명 정도가 타고 있었다. 그들 주위에는 양잿물과 소금 배낭, 3면 거울, 텔레비 등이 있었다.

9 해주

해 주 역

　차는 11월 9일 오후 5시경에 해주역 앞에 도착했다. 나와 사람들 몇을 내려 주고 차는 다시 떠났다. 황해남도는 서해지구이므로 겨울에 바람이 몹시 불고 저녁과 아침이 매우 추웠다. 역전 앞 여기저기에는 음식 장사들이 많이 모여 있었다.

　해주 역전은 1층짜리 건물이다. 들어가면서 좌우로 사람들이 기차를 기다리는 동안 앉아 있을 수 있는 방이 있다. 왼쪽 기다림칸에는 긴 나무 의자가 6줄이 있고, 오른쪽에는 3면과 가운데 2줄 해서 나무 의자가 5줄 있다. 물음칸과 차표를 판매하는 곳은 역전 출입문 정면에 있다.

　해주 역시 청단 연안과 서해주, 평양 방면을 이어 주는 분기점 역이어서 장사꾼들이 많았다.

　역 대합실은 여기저기 구석구석에 강냉이, 쌀, 콩을 넣은 마대와 배낭을 쌓아 놓고 기차를 기다리는 사람들로 북적거렸다. 대합실 안에 사람이 많아 자리를 차지하지 못한 사람들은 대합실 바깥 좌우에 짐을 쌓아 놓은 채 비닐 박막을 깔고 덮고 있었다. 역전 앞 장사꾼들이 파는 음식은 두부밥, 빵, 꽈배기, 밀가루 오구래 팥죽, 비지, 초두부, 모두부, 김밥, 사탕, 중국 담배, 술 등이었다. 반찬은 주로 물고기류들이었다. 또한 아이들도 나와 물, 사탕, 빵을 팔고 있었다. 나는 역전 간이식당에서 점심 겸 저녁 식사를 사 먹었다. 김밥 10원짜리 4개와 10원짜리 두부 한 모, 30원짜리 조갯살 반찬 한 접시를 시켜 먹었다. 식사를 하고 나니 날이 매우 컴컴하여 대합실로 갔다.

해주역에도 소매치기들과 도둑들이 많았다. 소매치기들은 여럿이 출입구에서 모여 서서 사람들이 드나들 때 우정 복잡하게 밀고 당기면서 그 틈에 주머니의 돈을 쓰리하거나 배낭을 칼로 째고 그 안의 물건을 훔쳐냈다. 또한 출입구 오른쪽에 음료수 나오는 곳이 있는데, 사람들이 방통이나 병을 들고 물을 받으려고 모여들 때를 이용하여 돈과 귀중품을 챘다.

해주역에도 매음하는 여자들이 많은데, 주로 외지에서 온 여자들이다. 그들은 장사꾼 남자들이나 군인, 출장원 남자들을 상대한다. 그들은 해주 역전 앞에 집을 잡고 숙박할 손님을 데리러 나온 것처럼 하고는 출장원이나 군인 등 대상자들을 유혹한다. 그들은 대상자들을 자기가 거처하는 집으로 데리고 가서 매음을 하고, 그 대가로 그 집을 먹여 살린다. 그렇지 못한 여자들은 역전 앞 공원의 한적한 곳 아니면 아파트 복도나 창고 뒤에서 매음을 한다.

대 기 숙 박 소

나는 몹시 피곤하여 대기숙박소에 가서 잠을 자려고 역전 밖으로 나왔다. 역전 앞에는 여기저기에서 대기숙박 손님을 찾는 여자들과 노인들의 목소리가 높이 울렸다. 사실 대기숙박 자체가 매음 장소인 만치 여행자들은 늙은 할머니가 나와서 숙박 손님을 찾으면 아예 거들떠보지도 않고 주로 젊은 여자들을 따라간다. 그러니 늙은이들은 하루 저녁에 손님을 2명 정도만 잡아도 운수가 좋은 편에 속했다. 내가 역전 앞에서 서성거리자 아가씨들이 다가와서 대기숙박 하지 않겠는가고 물었다. 내가 머리를 흔들자 그들은 다른 데로 갔다. 이 때 내 앞으로 65살 정도 나는 할머니가 지나가며 대기 손님을 찾았다. 내가 할머니보고 집이 먼가고 물으니 가찹다고 하였다. 내가 다시 집에 식구가 몇이 있는가고 묻자 늙은 부부와 대기 손님 부부가 있다고 대답했다. 내가 할머니를 따라 집에 가니 70살 정도 되는 할아버지가 있었는데 몹시 앓고 있었다. 대기 손님인 두 부부는 앉아서 무엇을 계산하는지 서로 말을 주고 받으면서 종이에다가 무엇인가 적고 있었다. 내가 방에 들어가면서 인사를 하자 그들도 인사를 하였다. 이어 나는 피곤했으므로 집주인 할머니가 자리를 마련해 주자 곧바로 누웠다. 장사꾼 부부도 자리에 누워서 잠을 자려고 불을 껐다.

아침에 눈을 뜨니 8시였다. 나는 서둘러 할머니가 떠 준 물로 세면을 하였다. 할머니는 식사를 어떻게 하겠는가고 물었다. 나는 아침 날씨가 쌀쌀하였으므로 할머니보고 좀 사다 달라고 부탁했다. 장사꾼 부부는 지난 저녁에 아침에 먹을 국수를 미리 사서 시켰으므로 할머니는 내가 부탁한 것만 사 가지고 왔다. 할머니는 장사꾼 부부와 내가 먹을 상만 차려 주고는 자기네는 부엌에서 먹겠다고 하였다. 나는 기어이 한상에서 같이 먹자고 우겨 댔다. 장사꾼 부부도 올라와서 식사를 같이 하자고 거들었다. 늙은 부부는 우리 고집에 못 이겨 그릇을 들고 방으로 올라왔다. 노친네들이 먹는 것은 국수에 배추를 썰어 넣고 만든 국수죽이었다. 그것도 한 그릇밖에 안 됐다. 나는 할머니가 사다 준 것에서 두부밥 4개와 김밥 2개를 나누어 드렸다. 장사꾼 부부도 국수 한 그릇 남은 것을 늙은이들에게 주었다. 이어 내가 식사라는 것은 여럿이 함께 모여 먹어야 맛나는 법인데 우리만 방안에서 먹고 늙은 주인들은 부엌에서 식사하니 어디 될 말인가고 하면서 아무리 세월이 박하기로서니 도덕이야 도덕이지 않는가고 말했다. 그러자 노친네들도 웃으며 머리를 끄덕이는 것이었다. 내가 술 한 병을 내놓으면서 하루 저녁이라도 한방에서 잤으니 술이나 한 잔 같이 하자고 하니 장사꾼 남자도 술 한 병을 꺼내 놓았다. 우리는 할아버지와 함께 기분좋게 술을 마셨다.

나는 며칠 동안 이 집에서 숙박하면서 노부부와 함께 아침, 저녁 식사를 같이 하였다.

양 사 장 마 당

나는 아침에 숙박집에서 나와 걸어서 양사동에 있는 양사장마당으로 갔다. 양사장마당은 작은 편이었다. 장마당 밖에는 길 양옆에 장사꾼들이 주런히 앉아 물건을 팔았는데, 장마당 안보다 사람들이 더 많았다. 양사장마당 밖에서는 입쌀, 강냉이, 콩, 찹쌀, 강냉이 변성가루, 자전거, 텔레비, 록음기, 이불장, 양복장, 공업품류, 남새류, 해어류, 사탕과자, 음식류, 술, 담배 등을 팔았다. 장마당 안에는 육고기류와 해어류 말린 것, 마늘, 고추, 생강, 닭알, 가축류, 잡화류 등이 있었다. 양사장마당에서는 입쌀 1킬로그램에 35원, 강냉이 1킬로그램에 10 - 12원에 팔고 있었다.

양사장마당에도 꽃제비들과 소매치기들이 많았다. 그들 대부분은 외지에서 왔다. 꽃제비들은 장마당에서 빌어먹거나 덮쳐 먹고, 소매치기들은 그 고장 망나니들의 보호를 받으면서 소매치기를 하고 노획물을 반씩 나눠 먹었다. 소매치기들은 보편적으로 장보러 오는 여자들이나 나이 많은 분들의 주머니를 털었다. 여럿이 패를 치는 경우에는 자전거 뒤에 물건을 싣고 가는 사람이 있으면 앞에서 몇 명이 빠져 못 나가게 막고 뒤에서 칼로 끈을 끊고 짐을 채 갔다. 양사장마당 밖에서 공업품을 파는 아주머니들은 물건이 든 배낭을 메고 거기서 물건을 조금씩 꺼내 놓고 팔았다. 사람들이 복잡한 틈을 이용해서 소매치기들은 안전면도날로 장사꾼 아주머니들의 배낭을 찢고 공업품을 조금씩 채기도 했다. 해주장마당에서는 남자가 혼자 술을 마시지 못할 형편이었다. 그 고장 본토박이 망나니들은 외지에서 온 장사꾼들이나 다른 남자들이 술 또는 음식을 사 먹으면 자기도 좀 먹자고 하면서 빼앗아 먹기 때문이었다. 음식을 주지 않으면 언치를 걸어 때려 놓고 돈과 물건을 빼앗았다.

또한 해주에는 군인 강도들이 많은 것이 보편적인 현상이었다. 군인 강도들은 조금만 날이 어두워지면 역전 모퉁이나 장마당 근처에서 사민들에게 담배를 달라고 언치를 걸고는 주머니 또는 배낭을 뒤져 돈이나 좋은 물건을 빼앗기 일쑤였다. 어찌나 행패가 심한지 안전원들도 말리지 못할 정도였다. 황해도 사람들 역시 군인들이 무서워서 말도 한 마디 못했다.

나는 청단으로 떠나는 날 아침 늦게까지 잠을 잤다. 세견을 한 후 나는 담배 한 대를 피우고 옷을 입었다. 대기숙박비를 물려고 얼마인가고 묻자 할머니가 4일 동안 묵었으니 80원인데 그 동안 자기들이 음식을 얻어 먹었으므로 40원만 내라고 하였다. 나는 그건 내가 도덕적으로 드린 것이므로 숙박비는 숙박비대로 받으라고 하면서 80원을 주고 나왔다.

남 조 선 은   우 리 보 다   몇   배 나   잘 산 다

나는 청단으로 가는 자동차를 타려고 해주역으로 갔다. 해주역에 거의 다 갔을 때 꽃제비 아이들 4명이 모여 앉아 있는 것을 보았다. 3명은 12-15살 정도고 한 아이는 7살 정도 되어 보였다. 그들은 맥없이 쪼그려 앉아 떨고 있었는데 옷은 다 해지고 추운 날씨에 신발도 없어 천으로 대충 발을 동여매 놓았다. 나는 아이들 곁으로 지나쳐서 역전 앞 음식 장사꾼들이 있는 데로 갔다. 아침을 먹지 않아 배가 고파서였다. 내가 두부밥과 닭알을 사 먹으면서 보니 아이들은 여전히 길거리에 앉아 있었다. 나는 두부밥 8개와 빵 8개를 사서 품 속에 넣고 아이들이 있는 곳으로 갔다.

나는 담배를 피워 물면서 아이들보고 집이 어딘가고 물었다. 제일 작은 아이와 큰 아이는 형제로 집이 강원도고 두 아이는 평산이라고 대답했다. 내가 밥은 먹었는가고 물었더니 어제부터 계속 굶었다고 하였다. 나는 아이들보고 저쪽에 아저씨가 먼저 가 있을 테니 조금 있다 따라오라고 하였다. 나는 사람들이 없는 한쪽 구석으로 걸어갔다. 아이들은 내 말대로 조금 있다가 맥없이 걸어왔다. 나는 품 속에서 먹을 것을 꺼내 아이들한테 주었다. 아이들은 너무 좋아하면서 고맙다고 인사한 후 먹을 것을 똑같이 나누어 먹었다. 그들은 무척이나 배가 고팠는지 정신없이 먹어댔다.

나는 아이들보고 부모님은 있는가고 물었다. 강원도 형제 아이들은 부모님이 다 죽었고, 평산 아이들 중 한 명은 어머니가 없고, 나머지 한 명은 둘 다 아직 살아 있다고 말했다. 내가 평산 아이들보고 부모님이 있는데 왜 이런 곳까지 와서 헤매 다니는가고 하였더니 집에 먹을 것이 없어 지내 배가 고파 집을 나왔다고 했다. 음식을 빌어먹는 것이 힘들지만 그래도 집에 있을 때 보다 낫다고 하였다. 나는 다시 그들보고 집을 나온 지 얼마나 됐는가고 물었다. 아이들은 하나같이 1년이 넘었다고 말했다. 집을 나온 후에는 안 다녀 본 곳이 없다고 하면서 신의주와 혜산에도 가 보았는데 거기서 중국에 몰래 갔다 온 꽃제비 아이들을 많이 만났다고 하였다. 그 아이들이 하는 소리가 중국에 가 보니 우리보다 훨씬 잘살고 먹을 것도 어찌나 많은지 길거리에 마구 버려져 있을 정도라고 했다고 한다. 그런데 중국 사람들이 그 아이들에게 말하길 남조선은 자기들보다 몇 배나 더 잘산다고 했다는 것이다. 그러면서 우리 나라는 어째서 중국과 남조선보다 못살고 먹을 것도 없는 건가고 하였다.

나는 아이들보고 우리가 지금 이렇게 어렵게 사는 것은 미국이 우리 나라의 경제를 봉쇄하고 또 농사가 잘 되지 않아서라고 말했다. 하지만 조금만 더 참으면 우리도 잘살게 될 것이므로 신심을 잃지 말라고 하였다. 그러자 아이들이 한결같이 미국이 우리 나라의 경제를 봉쇄한다면 왜 남조선과 미국에서 우리 나라에 쌀을 들여보내는가고 하였다. 그러면서 어른들이 하는 소리가 우리 나라가 빨리 통일이 되어야 잘 살 수 있다고 했다는 것이다. 나는 할말을 잃었다.

아이들은 신의주나 혜산에 갔을 때 중국에 갔다 온 아이들한테서 많은 이야기들을 들어서 누가 옳고 그른가를 알고도 남음이 있었다.

야, 빨리 통일이 됐으면 좋겠다

조선 사람들은 남조선이 통일을 바라지 않는 것으로 늘 선전을 받아 왔다. 하지만 지금은 몰래 라디오도 듣고 중국 또는 다른 외국에 갔다 온 사람들한테서 듣는 소리들이 많기 때문에 이제는 웬만한 실상들은 다 안다. 조선의 모든 사람들은 통일을 바라고 있다. 어디를 가도 "야, 빨리 통일이 됐으면 좋겠다."고 말하는 것이 특징적이다. 조선 사람들의 머리속에는 하루 빨리 통일이 되어 남북이 합쳐야 잘 살 수 있다는 인식이 배어 있다. 나도 그렇게 생각한다. 하루 빨리 남북이 통일되어 서로의 기술들을 배우고 경제 협력을 해서 경제를 살려야 우리 민족이 잘 살 수 있을 것으로 본다.

해주 - 청단 자동차

나는 아이들과 헤어지고 나서 낮 12시경에 250원을 주고 청단으로 가는 사회차를 탔다. 차에는 판자가 조금 실려 있었고, 남자와 여자 장사꾼들이 각각 3, 4명 정도 타고 있었다. 그들은 전부 장사꾼들이었다. 그들이 장사하러 가지고 가는 물품들은 3면 거울 2개와 텔레비 2대, 텔레티 받치개 3개, 공업품, 비료, 소금 배낭 등이었다. 청단으로 가면서 보니 길거리에 강냉이를 넣은 배낭과 마대를 쌓아 놓고 자동차를 기다리는 장사꾼들이 많았다.

10 청단

남 조 선   적 지   물 자

청단에는 11월 13일 오후 4시경에 도착했다. 황해남도 청단군은 조선에서 쌀고장으로 이름이 있다. 쌀농사를 위주로 하고 강냉이와 콩도 얼마씩 심는다.

청단군은 남조선과 가까운 연선지대다. 그러므로 이 지역 사람들은 다른 곳의 사람들보다 각성돼 있다. 그리고 산들에는 남조선에서 보낸 삐라와 각종 물건들 - 록음기, 반도체 라디오, 양말, 팬티, 가슴띠, 손목시계, 라이타, 담배, 사탕, 과자, 1회분용 봉지쌀, 맛내기, 록음 테이프 등 - 이 많이 떨어진다. 그런데 조선에서는 남조선에서 기구 등을 통해 보낸 음식물과 물건들에 약이 뿌려져 있기 때문에 옷이나 양말들을 만지거나 입으면 살이 썩어 들어가면서 죽고, 음식을 먹으면 시간이 지남에 따라 몸무게가 줄어들면서 말라 죽는다고 선전한다. 이 말을 곧이 곧대로 믿고 사람들이 무서워서 먹지도 사용하지도 못하기도 한다. 하지만 살아가기가 어려우니 산에 나무하러 갔다가 시계, 반도체 라디오, 록음기, 록음 테이프, 라이타 등을 주워서는

'대한민국'이라는 글자를 어지간히 지우고 파는 일들이 많다.

　남조선에서 기구로 떨어뜨린 물건을 파는 데는 황해북도 연탄군 장마당과 평산군 장마당, 사리원 장마당, 황해남도 해주시 양사장마당 등이다.

　내가 96년도에 해주장마당에 갔을 때 겪은 일이다. 32살 정도의 남자가 소형 록음기를 팔고 있었다. 나는 록음기가 하도 작고 깜찍하여 값도 물어 보고 만져도 봤다. 그런데 누가 신고했는지 사복한 사람이 와서 록음기를 뺏고 그 청년을 데리고 가는 것이었다. 내가 옆에 있던 전지와 전지약을 파는 장사꾼 보고 왜 저 록음기를 회수하는가고 물으니 남조선에서 기구로 떨군 적지 물자 록음기라서 그렇다고 알려 주었다.

남 조 선　삐 라

　내가 처음으로 남조선의 삐라를 본 것은 황해북도 평산군에서였다. 그 삐라에는 95년 5월에 남조선으로 귀순한 '리철수 군인'에 대한 자료가 적혀 있었다. 삐라 1면에는 리철수 군인의 사진과 함께 맨 위에 '와 보니 지상 락원'이라고 씌어져 있었다. 사진 밑에는 '서울 시내를 돌아보고 있는 리철수 대위'라고 설명을 달아 놓았다. 뒷면에는 '귀순 선배들과 상봉하는 리철수 대위'라고 씌어져 있고 80년대에 미그기를 몰고 귀순한 리웅평 대령과 만나 뜨겁게 포옹하는 장면들과 기자 회견에서 조선의 부패성을 말하는 리철수 군인의 사진이 있었다.

　나를 포함해서 조선 사람들은 남조선은 거지가 많고 집은 판잣집들뿐이며 강도가 판을 치는 세상이라고 들어 왔다. 그런데 삐라에 나온 사진들을 보니 서울에는 고층 건물들이 많았고 불 밝은 한강다리와 서울 시내 밤거리는 마치 햇빛 밝은 대낮 같았다. 농사도 기계로 하고 농약과 비료도 기계로 뿌리고 있었다. 나는 그 사진들을 보고 내가 그 동안 속히워 살았구나 하고 생각했다.

　또한 삐라에는 김정일과 김용순, 오극렬 등 3명이 모여 있는 사진과 함께 인민들이 굶어 죽는데 김정일은 호화로운 저택에서 고급 소파에 앉아 돼지다리를 뜯어 먹고 외국산 고급 담배를 피우며 비디오만 보는 그림이 그려져 있었다. 그리고 그 아래에는 '나라에 식량난을 조성하고 국민들을 무리로 굶겨 죽이면서도 수천만 원의 외화를 들여 평양시 강동군에 김일성 별장과 특각을 건설했다'는 내용이 적혀 있었다. 나는 그 순간 증오감과 복수심이 끓었다. 나도 식량 사정이 아니면 직장에 나가면서 주는 배급으로 살았으련만 이런 부정부패가 있으므로 내가 이렇게 열차 안전원들에게 쫓기우고 매맞으면서 힘들게 장사하여 하루하루 살아간다고 생각하니 정말이지 총이라도 있으면 쏘아 죽이고 싶은 생각이 났다.

청단역

나는 차에서 내리자마자 몸을 녹이려고 역전 대합실로 들어갔다. 청단 역전은 자그마했다.

대합실에는 해주 방면으로 나가려는 사람들이 20 - 25명 정도 있었는데, 그들은 쌀과 강냉이 배낭을 가지고 있었다.

청단장마당

나는 이어 청단장마당으로 갔다. 생각 밖으로 청단장마당에는 음식 장사꾼들과 잡화류, 물고기류 장사꾼들밖에 없었다. 매대에 있는 물건들은 주로 조선 입쌀, 강냉이, 고구마, 콩, 서해바다 특산물인 조갯살 말린 것, 맛굴, 서해바다 물고기류, 돼지고기, 과일류, 음식류 등이었다.

숙박집 아주머니와 세 딸

저녁쯤 되어 무엇을 먹을까 궁리하면서 장사꾼들이 음식 파는 데로 갔다. 비지밥을 파는 아주머니가 한 분 있었다. 나는 그 아주머니한테 가서 집이 어디인가고 물었다. 아주머니가 자기 집이 장마당 앞에 있다고 하길래 나는 밖에서 먹자니 아이들 성화에 먹지 못하므로 집에 들어가 뜨끈뜨끈한 음식을 먹고 싶다고 말했다. 아주머니는 자기가 음식을 해 주겠으니 조금 있다가 같이 가자고 말했다. 나는 아주머니가 조금 남은 비지밥을 다 팔 때까지 기다렸다. 내가 집에 가면 무엇이 있는가고 묻자 아주머니는 자기 딸이 밤에 역전 앞에 나가 음식과 술을 팔기 때문에 술과 두부밥이 있다고 대답했다. 나는 아주머니보고 장마당에서 부식물을 사 가지고 가자고 이야기했다. 우리는 조갯살 2사발, 굴 1사발, 통배추 3통, 무 2개, 파 1단, 고춧가루 1컵, 맛내기 30원 분, 닭알 5알을 사서 아주머니 집으로 갔다.

집은 방이 한 칸짜리였는데 몹시 허술하였다. 살림살이라고는 기껏해야 함통 하나와 그 우에 올려놓은 이불과 담요 몇 개뿐이었다. 자식은 3명이었는데 전부 딸이었다. 제일 큰딸이 24살이고, 둘째딸이 22살, 셋째딸이 19살이었다. 맏딸이 저녁에 역전 앞에서 술과 두부밥을 팔고 나머지 두 딸은 집에서 아주머니 일을 거들어 주거나 나무를 조금씩 긁어 온다고 하였다. 나는 조갯살 한 사발은 배추를 썰어 넣어 국을 끓이고, 한 사발은 무를 썰어서 반찬을 만들어 달라고 했다. 쌀 1킬로그램에 35원이므로 2킬로그램을 사라고 70원을 주었더니 둘째딸이 나가서 쌀을 사 왔다. 나는 쌀 2킬로그램을 다 밥을 하라고 했다. 맏딸과 둘째딸이 저녁 식사를 준비하는 동안 셋째딸은 방을 물걸레로 놓았다. 내가 아주머니보고 남편 되시는 분은 어디 갔는가고 물었더니 97년 12월에 파라티푸스에 걸려 죽었다고 하였다. 그러면서 자기 혼자 아이들 셋을 키우자니 힘이 든다고, 아무리 애써도 생활이 피는 것이 아니라 점점 더 힘들어져만 간다고 말했다.

저녁 8시경에 식사가 차려졌다. 아주머니 식구들이 먹으려고 지은 저녁은 배추를 썰어 넣고 두부깡지에 강냉이가루를 조금 섞어 만든 죽이었다. 나는 아주머니보고 내가 하루 숙박하려고 하는데 같이 식사를 하자고 말했다. 그리고는 맏딸보고 쌀밥을 고루 푸라고 했다. 그런데 나한테는 사발에 밥을 곡상 한 그릇 담아 올리고 자기들은 죽 그릇에 밥을 조금씩 담아 올리는 것이었다. 내가 그러지 말고 이왕 먹는 바에야 통쾌하게 한 그릇씩 먹자고, 조금 먹어도 많이 먹어도 먹었다는 소리 듣기는 매한가지인데 이왕 먹을 바엔 시원히 먹자고 말했다. 그들은 나보고 재미나는 삼촌이라고 하면서 그제야 밥을 똑같이 한 그릇씩 담아 올렸다.

이어 조개국 한 그릇씩 하고 조갯살 반찬, 굴 회친 것, 닭알, 술 한 병과 술잔 한 개가 상 우에 올라왔다. 나는 맏딸보고 잔을 한 개 더 달라고 하였다. 그리고 아주머니한테 수고가 많겠다고 하면서 먼저 술 한 잔을 부어 권했다. 아주머니는 사양하다가 술을 받아 마셨다. 아주머니도 나에게 술을 한 잔 따라 주길래 고맙다고 하면서 한 잔 받아 마셨다. 아주머니는 나보고 어디에서 사는가고 물었다. 나는 집은 청진이고 해주에 친척이 있어서 가려고 한다고 대답했다. 그 집 딸들은 오래간만에 조개국에 입쌀밥을 먹는지 정신없이 먹어댔다.

하 루 에 도 죽 을 생 각 을 열 번 도 더 한 다

아주머니가 술을 한 잔 두 잔 받아 마시더니 눈물을 흘리면서 속에 말을 하기 시작했다. 그가 말하기를 자기가 어떤 때에는 하루에도 죽을 생각을 열 번도 더 하지만 자기가 죽으면 저 애들이 불쌍해서 못 죽는다고 하였다. 내가 그렇게 곤란하면 큰딸이라도 시집보내야지 그렇게 다 끼고 있으니 생활이 더 구차하지 않는가고 말했다. 아주머니가 자기네처럼 못사는 집 딸들을 어느 남자가 데려가겠는가고 하면서 여자네 집 쪽 신세를 지려고 하는 것이 요즘 남자들의 추세라고 한숨을 쉬었다. 나는 술 한 잔을 부어 이번에는 큰딸에게 주었다. 그는 못 마신다고 사양했다. 내가 지금 여자들은 술 한 잔쯤은 하지 않는가고 하면서 다시 권했다. 옆에서 아주머니가 자기 딸은 술 장사를 하기 때문에 술 맛을 보고 넘겨 받으므로 술을 조금 할 줄 안다고 말했다. 그러자 맏딸이 어머니 별 쓸데없는 소리를 한다고 말하면서 눈을 흘기는 것이었다.

　아주머니는 "일없다. 마음 좋은 아저씨가 주는 건데 한 잔 받아 마셔라." 라고 말했다. 맏딸은 어머니 눈치를 보다가 어머니가 마시라고 눈짓하자 그제야 술을 마셨다. 내가 다시 한 잔 부어 주자 그는 역전에 나가 음식을 팔아야 하므로 더는 안 마시겠다고 사양했다. 그리하여 나는 더 권하지 않았다. 딸 세 명 중에서도 작은딸이 몸이 몹시 허약했다. 나는 국그릇에 밥을 조금 덜어 낸 뒤 막내딸 국사발에 밥을 절반 갈라 주고 둘째딸에게도 갈라 주었다.

　식사가 끝나자 둘째와 셋째가 상을 거두고, 맏딸은 나에게 인사한 후에 역전으로 두부밥 소래와 술 5병을 넣은 가방을 메고 나갔다. 방안에 나와 주인집 아주머니 둘이 앉아 이야기를 했다. 아주머니가 말하는 소리가 자기 딸한테 친한 남자가 있었는데 세월이 이렇게 되다 보니 도적질을 하다가 잡혀서 교화소에 갔다고 하였다. 맏딸은 직장에 같이 다니는 남자와 눈이 맞아 연애를 했는데 약혼식도 하기 전에 두 번이나 임신이 되어서 아이를 지웠다고 하였다. 그 후에 남자가 교화소에 간 후부터는 시집갈 생각을 아예 하지 않는다는 것이었다.

피 임 , 낙 태　수 술

　조선에서는 김정일장군의 교시로 '아이를 낳을 데 대한 지시' 가 있어서 병원에서 낙태나 피임 시술을 해 주지 않는다. 만약 그러한 것을 해 주었다가 알려지면 의사는 법적 책임을 지게 되어 있다. 하지만 요즘 젊은 부인들은 아이를 낳으려 하지 않기 때문에 안면이 있는 병원 의사에게 돈을 주고 피임을 하고, 아이가 들어섰을 경우에는 낙태를 한다. 이것은 처녀들의 경우에도 마찬가지다. 그러므로 의사들은 남편과 의논하고 말을 내지 않겠다는 담보를 받고 자기 집에서 몰래 해 준다. 낙태하는 비용은 200원, 처녀가 피임하는 비용은 500 - 700원 정도 된다.

잠시 후에 딸들이 방으로 들어왔다. 내가 둘째딸보고 직장에 다니는가고 물었더니 그는 공장이 돌아가지 않아서 드문드문 직장에 나간다고 대답했다. 막내는 학교를 졸업한 후 아직 직장에 붙지 않고 집에서 논다고 하였다. 아주머니는 자기와 맏딸이 남한테서 물건을 받아다가 장사를 해서 팔린 물건값은 물건 주인한테 주고, 거기서 떨어지는 것으로 제일 값이 싼 두부찌끼와 강냉이가루를 사서 하루 세 끼 죽으로 연명한다고 했다. 돈이 없어 탄을 못 사기 때문에 둘째와 셋째딸이 여기저기 다니며 나무를 주워 와 불을 땐다고 하였다.

한참 이야기를 나누다가 시계를 보니 11시였다. 내가 자겠다고 했더니 아주머니는 그래도 손님이라고 집에 있는 이불과 담요 중에서 조금 나은 것을 깔아 주었다. 자기네는 후줄근한 담요를 덮었다. 나는 맨 웃목에서 옷을 벗어 머리맡에 개어 놓고 잠에 들었다.

한 밤 중 의 우 환 거 리

자다가 인기척이 나서 잠을 깼다. 눈을 살며시 뜨니 방안은 불이 죽어 있어 캄캄했으나 창문으로 희미한 빛이 들어와 그런대로 주위를 살펴볼 수 있었다. 그런데 내가 자기 전에는 내 옆에 조금 사이를 띄우고 주인 아주머니가 눕고 차례로 딸들이 누웠는데, 지금은 내 옆에 둘째딸이 누워 있는 것이 아닌가. 나는 혹시 나의 주머니를 털려고 하는가 하고 긴장했다. 그대로 자는 척하면서 어떻게 행동하는가고 지켜 보았다. 하지만 아무리 기다려도 인기척이 없었다. 내가 뒤척이는 척하면서 옆으로 돌아누우니 딸이 팔꿈치로 툭툭 치는 것이었다. 가만히 보니 주인집 아주머니가 자기 딸을 내 옆으로 자꾸만 밀어 보내니 그 딸은 자기 어머니 손이 자기 몸을 밀칠 때마다 팔꿈치로 나를 툭툭 치게 되었던 것이다. 내가 계속해서 자는 것처럼 가만히 있자 어머니는 "이 머저리야." 하며 딸을 욕하는 것이었다. 그러자 딸은 "씨." 하면서 나한테로 돌아누웠다. 어머니가 딸의 등을 계속 밀어 대자 딸은 조금씩 내 옆에 바싹 다가 누웠다. 나는 당황스러웠다. 잘못 들어왔다 하는 생각이 머리를 쳤다. 나는 다시 "응." 하고 잠꼬대를 하는 것처럼 하면서 돌아누웠다. 내가 아무리 남자라도 이런 데 잘못 걸리면 돈은 물론 옷까지 몽땅 떼이고 빤쯔 바람이 되고 만다. 나는 긴장하여 뜬눈으로 밤을 새웠다. 나는 빨리 날이 밝기만을 기다렸다. 하지만 겨울 밤은 길기만 하였다. 피곤을 풀려고 대기숙박소에 들어왔지만 오히려 우환거리 때문에 더 피곤하기만 했다.

이윽하여 날이 밝았다. 나는 아무 소리도 내지 않고 그냥 간밤에 못 잔 잠을 잤다. 한참 자다가 일어나 시계를 보니 아침 10시였다. 아랫목에는 지난밤에 술과 음식을 팔러 역전에 나갔던 맏딸이 돌아와서 잠을 자고 있었다. 그리고 둘째딸은 앉아서 뜨개질을 하고 있었다. 내가 어머니와 막내가 어디 갔는가고 묻자 둘째딸이 장마당에 음식 팔러 나갔다고 일러 주었다. 그는 나에게 아침 식사를 하라고 하였다. 나는 점심에 먹겠다고 말하고는 다시 누워 잠을 잤다.

한참 자다가 누가 흔드는 바람에 눈을 떴다. 맏딸이 밥상을 차려 놓고 점심을 먹으라고 나를 깨운 것이었다. 주인집 아주머니와 막내딸은 장마당에서 음식 파는 것을 조금씩 먹는다고 하여 우리 셋이서 식사를 하게 되었다. 식사 후에 맏딸보고 나는 지난밤에 음식 장사를 잘 했는가고 물었다. 그는 두부밥 5개를 못 팔았다며, 그러므로 장사한 값으로 25원과 두부밥 5개가 떨어진 셈이라고 말했다. 나는 이어 간밤에 있었던 일을 맏딸에게 이야기했다. 나는 둘째보고 내가 그렇게 너절한 사람으로 보이던가고 하면서 다시는 그러지 말라고 말했다. 그는 부끄러워 몹시 당황해하였다.

군 대 강 도 를 만 나 다

다음날 나는 밖으로 나가 한바퀴 둘러보고 나서 집으로 들어왔다. 저녁 때쯤 주인집 아주머니와 막내가 들어왔다. 나는 저녁에는 국수를 먹자며 20원을 주어 국수 사리를 2개 사 오게 하였다. 저녁 식사로 국수를 먹고 해주로 떠나려고 8시경에 역전에 나가는 맏딸과 함께 집을 나섰다.

역전에 거의 다 왔을 때였다. 군인 3명이 앞을 가로막으면서 다짜고짜 담배를 달라고 하였다. 내가 없다고 하자 군인 한 명이 주머니를 보자고 하면서 옷을 뒤지려고 손을 뻗었다. 나는 손으로 군인의 손을 툭 쳤다. 그러자 그는 "이 새끼!" 하면서 무엇을 휙 하고 휘둘렀다. 단숨에 쇠사슬이 목에 감기면서 콧등을 때렸다. 나는 너무 갑자기 일어난 일이라 어쩌지 못하고 코피를 흘렸다. 그들이 휴대한 무기는 줄봉이었다. 그들은 또다시 줄봉을 휘두르면서 덤벼들었다.

내가 줄봉을 피하면서 싸움을 했더니 한 놈이 달려들어 나의 몸을 끌어안았다. 그러자 다른 한 놈이 흉기를 휘둘러 나의 머리를 치는 것이었다. 나는 허리를 숙이면서 몸을 빼냈다. 그런데 그만 웃옷이 그 놈의 손에 잡혀 버려 나는 웃옷을 벗기운 상태가 되어 버렸다. 내가 악을 쓰고 달려들자 그들도 더욱 흉기를 휘둘러 댔다. 주인집 딸은 계속해서 "강도다!" 하고 소리를 질렀다. 나는 급한 대로 맞으며 피하고 때리면서 그들과 싸움을 하였으나 맨주먹만으로는 어쩔 수가 없었다. 나는 길가에 있는 보도 부로크를 뽑아 깨어 가지고 군인들에게 던졌다. 그 때 전지불들이 우리를 비추었다. 여자의 고함소리를 듣고 사람들이 뛰어오는 것이었다. 군인 3명은 나의 잠바 상의만 가지고 재빨리 달아났다.

나의 얼굴은 말이 아니었다. 흉기에 맞아 코피가 터지고 머리는 온통 감자처럼 불럭불럭 되어져 나왔다. 손목에 찬 시계는 어디 갔는지 없고 흉기를 팔로 막다나니 왼팔과 손목을 쓸 수가 없었다. 전지불을 들고 달려온 것은 순찰대 안전원들이었다. 내가 아무 말 없이 앉아 있었더니 안전원들이 어째 그러는가고 물었다. 나는 뒷일이 시끄러울 것 같아서 인차 대답했다. 나는 청진 사람인데 해주에 가려고 역전으로 나오다가 군인 강도를 단나 옷을 빼앗겼다고 말했다. 그리고 그 안에 여행 증명서가 있었다고 거짓말을 썼다. 순찰대 안전원들은 짐은 없었는가고 물었다. 내가 없었다고 하자 한 안전원이 그러면 됐다고, 생명만 무사하면 됐지 않는가고 하는 것이었다. 나는 뺄이 났으나 그런대로 참고 대기숙박 집으로 다시 돌아왔다. 그 집 딸도 나 때문에 음식을 팔지 못하고 집으로 들어왔다.

내가 들어서는 것을 본 주인 아주머니는 깜짝 놀라면서 어째 그랬는가고 물었다. 맏딸이 아주머니에게 군인하고 싸운 이야기를 해 주었다. 아주머니는 세면물을 떠 주면서 요즘 군대새끼들은 인민들을 강도질하는 토비새끼들이라고 하면서 욕했다. 군대새끼들 꼬락서니를 보지 않으면 살 것 같다면서 인민 군대가 아니고 괴뢰군이라고까지 말하는 것이었다. 나는 얼굴을 씻은 후에 주인집 딸보고 담배 한 곽을 사 달라고 부탁했다. 그는 나가서 중국 신바우 담배 한 곽을 사다 주었다. 나는 결난 김에 술 한 병을 달라고 해서 마시고는 인차 자리에 누웠다.

아침에 일어나자니 허리와 머리, 팔이 아파서 움직일 수가 없었다. 나는 그런대로 일어나서 그 집 딸보고 안됐다고 말하고 수건을 물에 적셔 달라고 했다. 그가 물에 씻어 준 수건으로 얼굴을 문지르고, 술 한 잔에 두부 한 모로 아침 끼니를 에웠다. 가만히 앉아 담배를 피우면서 생각하니 악이 나고 또 눈물이 났다. 이제라도 밖으로 나가 군인이라고 생긴 놈은 모두 칼로 찍어 죽이고 싶었다. 내가 더욱 미안한 것은 나 때문에 주인집 뜰이 밤에 장사를 못

한 것이었다. 내가 그 집 밥통을 하루 끓여 놓은 거나 한가지였다. 나는 맏딸하고 장마당에 나가서 군대 동복 상의 입던 것을 450원 주고 샀다. 나는 숙박집에 돌아가서 주인집 아주머니한테 가겠다고 인사를 했다. 3일분 숙박비 60원을 포함해서 돈 100원을 지불하고 자동차 도로로 갔다.

청단 - 해주 자동차

오전 10시경에 군대차(일제 이스즈 트럭)가 오길래 손을 들어 차를 세웠다. 운전수가 어디 가는가고 물어 보길래 해주 간다고 하니 300원을 내라고 했다. 나는 군말 없이 300원을 내고 차에 올라탔다. 차는 빈차였다. 탑승 인원은 10여 명이었는데 군관 1명과, 전사 1명, 남자 2명과 나머지는 여자 장사꾼들이었다. 장사꾼들이 가지고 가는 짐은 모두 낟알로 마대와 배낭이 20개 가까이 되었다.

해주 - 사리원 자동차

차는 오후 1시가 넘어서 해주 역전에 도착했다. 점심으로 국수 한 그릇을 사 먹고 40분 정도 걸어가니 단속초소가 있었다. 검문을 받으려고 서 있는 차에 다가가서 어디 가는가고 물으니 사리원에 간다고 했다. 차는 군대차(소련제 지르 트럭)였다. 검문이 끝난 후에 나는 차에 올라탔다. 한참 달리다가 고개 마루에 올라섰을 때 운전수가 차를 세우고 350원을 내라고 했다. 내가 350원을 주자 차는 다시 떠났다. 차에 탄 인원은 군인 5명과 남자 10명, 여자 10명 정도 되었다. 그들이 가지고 가는 짐은 강냉이와 쌀이었는데 배낭 20개에 마대 5개 정도였다.

산의 범이 뭘 먹고 사는지

사리원에 도착하니 저녁이었다. 나는 몸이 아파서 역전 앞에 서 있다가 대기숙박 손님을 데리러 나온 할머니를 따라갔다. 숙박소에 들어가니 주인 할아버지와 평남도에 간다는 여자 2명이 먼저 와서 자고 있었다. 나는 할머니 보고 국수와 술 한 병을 사다 달래서 저녁으로 국수 한 그릇을 먹고 할아버지와 술을 마셨다.

내가 왼쪽팔을 잘 못 쓰자 할아버지는 왜 팔을 욱질렀는가고 물어 보았다. 나는 청단에서 군대 강도들을 만나 옷을 빼앗기고 이렇게 동복을 사 입었다고 이야기했다. 집주인 할아버지와 할머니는 요즘은 군대새끼들인지 마적새끼들인지 때문에 죽겠다고 했다. 사리원에서도 밤에 군인들이 강도질하고 돼지 같은 것을 도둑질해 간다고 하면서 산의 범이 뭘 먹고 사는지 군대새끼들만 골라 잡아 먹었으면 좋겠다고 말했다.

그 집 주인 할아버지와 할머니는 원래 집이 사리원 부근 농촌 마을이라고 했다. 이 집은 막내아들 부부네 것으로 아들 부부가 멀리 장사를 자주 떠나므로 노친네들이 집을 봐 주면서 대기숙박을 한다는 것이었다. 농촌 집에는 32살 된 아들과 함북도 청진 수성에 시집갔다가 생활이 구차하여 남편과 갈라져 자식을 데리고 온 딸과 손녀가 같이 산다고 한다. 아들은 농장 탈곡장과 선전실 경비를 서는데 전간병이 있어 장가를 못 갔다고 한다. 그리고 딸은 뒤칸에서 자식과 음식 장사를 해서 살아간다고 한다. 그래도 집은 농장 세대이므로 그런대로 강냉이밥이라도 하루 3끼를 먹고 산다는 것이었다.

할머니는 딸의 운명이 정말 기구하다며 한숨을 쉬었다. 원래 사위는 청진 수성 정치범 교화소 안전원을 했는데 술을 마시고 자꾸 간부들과 싸움해서 제대되었다고 한다. 사위가 교화소 안전원 생활을 할 때는 죄수들이 화목까지 다 해 주고 식량 공급도 제대로 해서 살아가기 좋았다고 한다. 그런데 사위가 제대된 뒤로는 배급이 끊기고 여전히 술만 자꾸 마시니 생활하기 곤란해서 결국 딸이 사위와 갈라져 아이를 데리고 본가집인 사리원으로 왔다는 것이었다.

아침에 일어나니 아픈 것이 좀 나았다. 나는 세수하고 난 뒤 할머니보고 두부 한 모와 두부밥 5개를 사다 달라고 해서 아침 식사를 했다. 나는 그 날 하루 종일 사리원장마당을 돌아다니다가 저녁에 다시 노부부가 사는 숙박집으로 갔다. 몸도 아직 아프고 피곤하여 일찍 잤다.

사 리 원 - 평 산   자 동 차

다음날 아침에 한 후 숙박비를 주고 그 집을 나와서 도림리로 갔다. 거기에 자동차를 타려고 나온 사람들이 7 - 8명 정도 되었는데 모두 강냉이 마대와 쌀 배낭을 가지고 있었다. 11시경에 사회차(소련제 마즈 트럭)가 왔다. 나를 비롯해서 자동차를 기다리던 사람들 몇 명이 배낭과 마대를 싣고 자동차에 올라탔다. 운전 조수가 올라와서 차비를 250원씩 받은 후에 차가 떠났다. 가면서 보니 군데군데 사람들이 손을 흔들었지만 차는 그냥 달렸다. 차에 탑승한 인원은 30명 정도였는데, 10명 정도는 군인이고 나머지는 남자 5명 정도, 여자 15명 정도였다. 자동차에는 비료 반 차 정도와 강냉이와 콩을 넣은 배낭 또는 마대가 20여 개 가량 실려 있었다.

11 평산

평 산 역

평산역 앞에 내린 시각은 11월 18일 오후 4시경이었다. 평산역은 2층짜리 건물이다. 1층과 2층에는 긴 나무 의자들이 여러 개 놓여 있고 홈으로 드나드는 출입구는 대합실 밖으로 나와 왼쪽에 있다. 그리고 역전 오른쪽에 역전 분주소가 있다. 평산역 대합실 역시 여행자들이 많았다. 그들은 모두 강냉이, 콩, 쌀을 넣은 마대 또는 배낭을 쌓아 놓고 기차를 기다렸다. 역전 왼쪽에는 음식 장사꾼들이 어느 정도 모여 빵, 두부밥, 국수, 밥, 지짐, 떡, 사탕, 담배, 술 등을 팔고 있었다.

평 산 장 마 당

나는 서둘러 철다리를 건너 평산장마당으로 갔다. 평산장마당에는 신의주 장사꾼들이 많았다. 그들은 주로 중국 담배, 라이타, 원주필, 신발, 내의류, 단복, 카스테라빵, 꽈배기 등을 가지고 평산에 와서 팔고 있었다. 장마당에서 팔리는 것은 쌀, 강냉이, 콩, 밀가루, 강냉이가루, 남새류, 물고기류, 육고기류, 가축류, 과일류, 술, 담배, 음식류가 전부였다. 한 가지 눈에 띄는 광경은 쌀 매대에서 평북도 장사꾼들이 쌀과 강냉이를 닥치는 대로 사들이는 것이었다. 나는 장마당에서 한 사발에 30원 하는 돼지고기국밥과 두부 한 모를 사 먹었다. 평산장마당에는 어린아이 꽃제비들도 여럿 모여 있었는데, 그들 역시 음식 파는 데서 덮쳐 먹거나 빌어먹고 있었다.

평 산 역   주 변

나는 다시 역 대합실에 와서 2층에 올라가 의자에 앉아 조금 다리쉼을 하면서 담배를 피웠다. 저녁 7시경이 되자 꽃제비들과 방랑자들이 들어와 구석구석에 비닐 박막을 깔고 앉았다.

그들은 의자에 앉으려고 하지 않았다. 의자에 앉아도 일반 손님들이 꽃제비라고 쫓고 그 자리에 앉기 때문에 결국 자기 자리가 못 되므로 바닥에 자리를 잡는 것이다.

역 대합실 밖으로 나가 보니 오후에는 그리 많지 않던 장사꾼들이 밤이 되자 많이 나와 있었다. 그들은 겨울이므로 주로 더운 음식을 가지고 나와서 팔고 있었다. 비지죽과 비지국, 초두부, 모두부, 국밥, 입쌀죽 등이 값이 눅어 제일 잘 나갔다. 술과 반찬을 파는 데도 볼 만했다.

평산에도 소매치기들과 도둑들이 조금 있었다. 평산 본토박이 망나니들은 술과 음식을 먹는 외지 사람들에게 언치를 걸어 그들이 먹던 것을 빼앗아 먹었다. 군인들은 술과 담배를 사겠다며 물건을 보자고 하고는 가지고 달아나는 수법을 쓰거나 사회 사람들이 술과 음식을 먹는 데 가서 같이 먹자고 하며 무작정 빼앗아 먹었다. 따라서 남자들, 특히는 외지에서 온 장사꾼들은 마음대로 술과 음식을 먹지 못했다.

평산에는 매음하는 여자들이 많지는 않았으나 그래도 몇몇이 보였다. 그들은 주로 군인들을 상대했다. 대기숙박하겠다고 매음 대상을 찾는 군인은 주로 군관(장교)들이었다. 평산 여자들이 매음 대상자들보고 숙박할 생각이 없는가고 접근하면 군인들은 먼저 방이 몇 개이며 식구는 몇이 있는가고 물어본다. 그러면 여자들은 집에 두 부부가 있고 방은 2칸이라고 하면서 꽃이불도 깔아 준다고 말한다. 꽃이불은 매음하는 여자를 말한다. 군인들은 방이 한 칸이거나 숙박소에 사람이 많다고 하면 가지 않는다. 어떤 군인은 방 하나를 자기가 혼자 자겠다고 하는데 그 말은 여자를 사서 자겠다는 뜻이다. 그런 여자들은 말뜻을 다 알아듣는다. 혼자서 방을 쓰는 경우는 방세를 100원 내야 한다.

술에다 독약이라도 넣었을까 봐

나는 저녁 먹을 시간이 되어 한 식당을 찾았다. 역전에서 아파트가 많은 곳으로 조금 걸어가니까 음식을 만들어 파는 집들이 있었다. 나는 한 집의 문을 열고 식사를 하려고 한다고 하자 그 집 주인 여자가 들어오라고 했다. 그 집에는 자그마한 방이 2칸 있었다. 집안에는 5살쯤 되는 여자아이와 3살 정도 되는 남자아이, 아주머니와 같이 일하는 여자가 있었다. 주인 아주머니는 먼저 무엇을 먹겠는가고 물어 보았다. 내가 무엇이 있는가고 물었더니 술, 맥주, 돼지고기 요리, 국수, 밥, 두부, 김치, 두부밥, 빵, 양미리고기, 삶은 닭알, 콩나물 반찬, 감자 반찬, 명태찜 등이 있다고 말했다. 내가 아주머니보고 저녁을 먹었는가고 물었더니 아직 안 먹었다고 하기에 그럼 식사할 때 같이 먹자고 말했다. 그들은 그렇게 하자고 했다. 그들의 저녁은 강냉이국수에 김치가 전부였다. 나는 술 한 병과 닭알 4알, 명태 2마리, 콩나물 반찬 한 접시, 두부 한 모, 두부밥, 돼지고기 요리 한 접시를 주문했다.

저녁 식사를 하면서 내가 술을 한 잔 부어 주인 아주머니한테 권했다. 아주머니가 손님 술이야 어떻게 받아 마시겠는가고 하며 사양했다. 그래도 주인이 먼저 마셔야 나도 안심하고 마시지 않겠는가고 했더니 아주머니는 웃으면서 술에다 독약이라도 넣었을까 봐 그러는가고 말하는 것이었다. 내가 웃으면서 그렇다는 뜻으로 고개를 끄덕였더니 그 아주머니는 단숨에 술을 마셨다. 나는 다시 한 잔을 부어 옆에 같이 일하는 여자한테도 권했다. 그 여자도 단숨에 술을 마셔 버렸다. 이어서 그 집 아주머니가 나한테 술을 따라 주어 나도 한 잔 마셨다. 나는 안주를 집어 먹으면서 아주머니와 이야기했다.

제 일 힘 든 것 은 사 람 단 련

나는 남편 되시는 분은 어디 갔는가고 물었다. 아주머니는 한숨을 쉬더니 사망했다고 말했다. 남편은 96년 5월에 식량 사정이 지내 어려워 집에서 하루 한 끼도 먹는둥 마는둥 하자 황해북도 송림에 있는 누이 집에 식량을 가지러 갔다고 한다. 돌아오는 길에 기차를 탔는데 사람이 하도 많아 기차 방통 우에 앉아 오다가 고압 전깃줄에 머리가 대어 사망했다고 한다. 그 후로 아주머니는 혼자서 아이 2명을 데리고 눈물을 흘리면서 살았다고 한다.

아주머니는 제일 힘든 것은 사람단련이었다고 말했다. 남편이 죽고 6개월이 지나면서부터 남편이 다니던 직장 간부들이 찾아와서 치근댔다고 한다. 그들은 앞으로 자기가 돌봐 주겠다는 식으로 말하면서 몸을 요구했다고 한다. 그들이 계속 오므로 밤에는 문을 닫아 걸고 열어 주지 않았더니 계속 문을 두드리더라는 것이다. 처음에는 남편을 생각해서 거절해 버렸는데 자기는 수단이 없지 또 아이들은 배고프다고 칭얼대지 정말 미칠 지경이었다고 한다. 그리하여 결국에는 창고장 하는 사내와 친하게 되어 그에게서 얼마간의 식량과 돈을 도움 받았다고 한다. 그러나 하루 이틀도 아니고 여러 번 다니다 나니 마을 사람들의 말밥에도 오르고 또 창고장 부인이 알고 찾아와서 자기 머리태를 잡고 대판 싸움하다 망신만 톡톡히 당해 그 후로 갈라졌다고 한다.

나는 장사는 무슨 돈으로 하며, 손님은 많이 오는가고 물었다. 아주머니는 자기 돈은 조금밖에 안 되므로 술, 반찬, 음식들 대부분을 다른 사람이 팔아 달라고 가지고 온 것을 받아 팔아서 물건 임자들이 부른 값을 주고 나머지는 자기가 가진다고 말했다. 다시 내가 평산에서는 배급을 주는가고 물었더니 배급을 주지 않은 지가 언제인데 배급 소리 하는가고 하였다. 요즘은 그래도 가을 뒤끝이어서 그런대로 식량값이 싸므로 그럭저럭 장사를 해서 산다고 말했다. 땔감은 자체로 돈을 주고 나무를 사서 땐다고 했다.

나는 같이 일하는 여자를 가리키면서 같은 동네에 있는가고 물었다. 주인 아주머니는 아니라고 하면서 자기 친척이라고 말했다. 이야기를 나누면서 마시다나니 어느 새 술 한 병이 거덜났다. 내가 술 한 병을 더 요구하자 주인 아주머니가 술을 2병 가지고 오면서 자기네가 내 술을 마셨기 때문에 한 병은 공짜로 낸다고 했다. 주인 아주머니가 먼저 내 잔에 술을 부으려는 것을 내가 병을 빼앗아 먼저 아주머니 술잔에 쏟았다. 그리고 이번에는 다른 한 병을 들어 친척 된다는 여자 술잔에 부었다. 주인 아주머니는 으심스러워서 그러는가고 하면서 나보고 경계심이 많다고 말했다. 나는 농담으로 나는 혼자고 또 외지 사람인데 아주머니네는 이 고장 태생인데다 주인들이 아닌가, 도덕적으로 먼저 마시고 손님한테 권하는 게 옳지 않은가고 말했다.

그러자 주인 아주머니와 친척 된다는 여자가 죽어라고 웃는 것이었다. 사실 조선에서는 이런 장사꾼네 집에 들어와서 술을 잘못 마시면 죽든가 아니면 몽땅 털리우는 수가 많으므로 나는 이런 점에서 극력 조심하였다.

이번에는 주인 아주머니가 나한테 무슨 장사를 하는가고 묻길래 나는 장사할 줄 모른다고 대답했다. 아주머니는 나보고 장사하지 않고 살아가는 사람 같지 않다면서 그렇다면 실례지만 공격수인가고 물어 보는 것이었다. 내가 아니라고 했더니 주인 아주머니는 모르겠다는 식으로 머리를 기우뚱했다.

나는 식사 후에 주인 아주머니보고 숙박할 만한 집을 알려 달라고 부탁했다. 아주머니는 이왕 자기 집에서 식사를 했으니 여기서 자고 내일 아침 식사도 자기 집에서 하라고 했다. 내가 웃으면서 그러다 여자 2명이 나를 덮치면 어쩌는가고 말했더니 아주머니가 자기네는 그렇지 않으니 마음을 놓으라고 했다. 그리하여 나는 평산에 있는 동안 그 집에서 2일 간 잤다.

친척 여자의 사연

저녁 9시경에 음식을 팔아 달라고 맡기고 간 주인 여자 2명이 돈을 받으러 왔다. 집주인 아주머니는 그들에게 판 것만큼 돈을 주었다. 그들이 돌아간 후 우리는 자리를 펴고 누웠다. 아주머니는 나보고 웃방에 불이 들지 않아 추우므로 아랫방에서 자라고 했다. 나는 아랫방 웃쪽에 자리를 하고 누웠다.

나는 누워서 담배를 피우다가 주인 아주머니보고 왜 친척 되는 여자가 어렵게 사는 집에 와서 같이 사는가고 물었다. 주인 아주머니는 친척 여자가 한 방에 있으니 웃으면서 그저 그렇게 됐다고 대답했다. 내가 담배를 한 대 다 피우고 다시 한 대를 더 피우는데 친척 여자가 변소 보러 밖으로 나갔다. 그러자 주인 아주머니는 친척뻘 된다는 여자에 대해서 이야기를 꺼냈다.

친척 여자는 자기 사촌 동생으로서 집은 사리원이고 직장은 사리원 방직공장에 다녔다고 한다. 친척 되는 여자는 인물이 잘나서 같은 공장 예술 선전대에서 노래하는 남자를 사귀어 일찍 22살에 결혼했다고 한다. 그런데 남자가 선전대를 따라 이동 공연을 하러 다니면서 이 여자 저 여자들을 다쳐서 처녀 3명이나 아이를 가지게 했다고 한다. 그리하여 여자는 결혼해서 2년 살고 1년 3개월 된 아이를 남자네 집에 주고 갈라졌다고 한다. 주인 아주머니는 자기도 생활이 어렵지만 같은 여자고 또 사촌 형제이므로 자기 일손을 거들게 하면서 함께 산다고 말했다. 이어 친척 되는 여자가 들어왔으므로 우리는 이야기를 멈추고 불을 끄고 잠을 잤다.

2일 후에 나는 아침에 일어나서 세면을 하고 아침 식사로 밥 한 사발에 두부 한 모와 콩나물 반찬을 시켜 먹었다. 담배를 피우면서 해가 퍼지기를 기다렸다가 9시경에 숙박비를 주고 자동차를 잡아 타려고 나왔다.

평산 - 서흥 자동차

　오전 내내 기다려도 자동차가 없었다. 나는 국수집에서 국수 한 그릇을 사 먹고 다시 자동차 기다리는 곳으로 나갔다. 강원도로 가는 사람들과 사리원 방면으로 가는 장사꾼들이 식량 배낭과 마대를 쌓아 놓고 자동차를 기다리고 있었다. 오후에 승리 자동차(목탄차) 한 대가 왔다. 그런데 사람들은 그런 차는 거들떠보지를 않는다. 왜냐 하면 목탄차를 잘못 타면 가다가 자주 고장이 나므로 사람들은 휘발유차나 디젤유차를 타려고 한다. 나는 빈몸이고 서흥까지 가므로 손을 흔들어 자동차를 세웠다. 내가 서흥에 간다고 하자 운전수가 100원을 내라고 했다. 나는 돈을 드리고 자동차에 올라탔다. 자동차는 빈차로 앞쪽에 목탄 한 가마가 있었다. 먼저 타고 있던 여자가 6 - 7명 정도였는데 모두 강냉이를 한 배낭씩 가지고 있었다.

12 서흥

서 흥 역

서흥에 도착하니 4시가 조금 넘었다. 서흥역은 1층짜리 건물이다. 기다림 칸에는 긴 나무 의자가 세 벽면을 따라 놓여 있고, 가운데에도 한 줄이 놓여 있다. 서흥역에는 사람들이 몇 명만 있었는데 모두 배낭 한 개씩을 가지고 있었다.

서흥역에서 100미터쯤 가면 좌우로 3층짜리 아파트들이 줄지어 있는데 그 앞에서 장사꾼들이 음식을 팔고 있었다. 또 아파트 아래층 집들에서도 '두부, 빵 교환'이라는 표쪽을 걸고 음식 영업을 하고 있었다. 음식 장사꾼들이 있는 데 가 보니 정말 볼 것이 없었다. 음식이래야 증기빵이나 두부밥, 비지국, 비지죽, 꽈배기, 송편, 찰떡 등이 고작이었다.

저녁이 되자 더욱 추워져서 대기숙박 손님을 데리러 나온 아주머니를 따라 역전 앞에 있는 아파트로 갔다. 그 집에 들어가니 주인 아주머니의 어머니인 할머니와 숙박 손님 2명이 있었다. 그들은 부부간이었는데 피곤한지 벌써 누워 잠을 자고 있었다. 그들 곁에는 입쌀 배낭과 강냉이 마대가 있었다. 나도 피곤해서 일찍 자리에 누워 잤다. 나는 아침에 일어나 세면을 하고 주인 아주머니보고 밥과 모두부 한 모를 사 달래서 아침 식사를 했다. 장사꾼 부부보고 어디 가는가고 물었다. 그들은 황해남도 쪽으로 간다고 말했다.

나는 이틀 후 아침에 숙박집에서 나와서 서홍에서 석현까지 걸어갔다. 자동차를 타고 가면 좋으련만 농촌이어서 다니는 차가 없었다.

석 현

석현에 도착하니 12시가 되었다. 나는 지나가는 사람들한테 장마당이 어디인가고 물었다. 여기는 농촌이므로 10일에 한 번씩 장이 선다고 하여 나는 석현역 앞으로 갔다. 석현역 앞에는 음식 장사꾼들이 없었다. 대합실에도 강냉이 배낭을 한 개씩 가진 남자와 여자들이 5명 정도 밖에 없었다.

내가 대합실에서 나와 역 앞에서 서성거리는데 60살 정도 된 할머니가 자그마한 주머니를 메고 지나갔다. 나는 할머니한테 다가가 여기는 역전 앞에서 음식을 팔지 않는가고 물었다. 할머니가 말하는 소리가 여기는 농촌이고 역전도 작으므로 하루에 기차가 1, 2대 있으면 잘 있는 것이어서 사 먹을 사람들이 적어서 그렇다고 하였다. 또 역전 분주소에서 나와서 모두 빼앗고 음식 장사를 못 하게 하므로 낮에는 집에서 팔고 저녁 때나 기차가 들어오면 조금씩 나와서 판다고 말했다. 나는 할머니가 알려 준 대로 5분 정도 걸어서 음식 파는 집이 있는 데로 갔다.

석현에서는 음식을 해 놓고 파는 것이 아니라 손님이 요구하면 만들어 준다고 했다. 내가 찾아들어간 집에는 강냉이국수와 두부, 술만 있었다. 그리하여 나는 국수 한 사발을 먹었다.

나는 다시 역전으로 가서 의자에 앉아 잤다. 한참 자다 일어나니 날이 어두워졌다. 내가 다시 석현역 대합실에 앉아 담배를 피우는데 사람들이 한 명 두 명씩 모여들기 시작했다. 저녁에 신의주 – 개성행 열차가 있다는 것이었다. 하지만 저녁 늦도록 온다는 기차는 오지 않았다. 나는 대합실 밖으로 나와 음식 파는 집을 수소문하여 집을 하나 잡고 저녁을 먹었다. 주인집 할머니보고 하루 저녁 좀 숙박하자고 하였다. 할머니는 그러라고 하면서 돈만 내겠다면 돈이 싫어 재우지 않을 사람이 어디 있겠는가고 말했다.

석 현 - 사 리 원 자 동 차

나는 다음날 아침 늦게까지 잠을 잤다. 아침 식사로 국수 한 그릇과 술 반병, 두부 한 모를 사 먹고 나서 숙박비를 청산하고 나왔다. 나는 자동차를 타고 사리원에 갈 생각에 자동차가 다니는 신작로로 갔다. 12시가 되도록 자동차가 오지 않았다. 점심을 사 먹으러 갈까 하다가 그 틈에 차가 올 것 같아서 그러지 못하고 지루한 대로 그냥 기다렸다. 사실 겨울에 추운 바깥에서 자동차를 기다린다는 것은 웬만한 인내력 없이는 힘들다. 나는 참고 또 참으며 자동차를 기다렸다.

오후 3 - 4시경에 군대차(중국제 동방호) 한 대가 사람들을 싣고 오는 것이 보였다. 나는 이 차를 놓치면 안 된다는 생각으로, 그리고 자동차가 그냥 지나쳐 버릴 수 있으므로 두 손을 다리에 붙이고 정중히 머리 숙여 인사한 뒤 손을 흔들었다. 조선에서는 자동차 타기가 정말 힘들다. 내가 머리 숙여 인사하고 열성껏 손을 흔든 보람이 있어 차가 내 앞에 섰다. 운전수가 어디 가는가고 물어 보길래 사리원에 간다고 하니 150원을 내라고 했다. 나는 150원을 주고 자동차를 탔다. 자동차에는 군관 3 - 4 명을 포함해서 20명 정도가 타고 있었는데 역시 여자가 많았다. 자동차 적재함에는 강냉이를 담은 마대와 배낭이 20개 정도가 있었다.

사 리 원 - 평 양 자 동 차

사리원에 도착하니 날이 어슬어슬한 것이 저녁 6 - 7시쯤 되었던 것 같다.

나는 너무 추워서 먼저 역전 앞에 가서 대기숙박 손님을 데리러 나온 할머니를 따라갔다. 그 집에는 할머니와 할아버지, 숙박 손님 2명이 있었다. 나는 인사하고 들어가서 아랫목에 앉아 몸을 녹인 후 식사를 청했다. 나는 술 한 병과 두부 한 모, 밥 한 사발을 시켜 먹고 인차 자리에 누워 잠을 잤다.

  나는 사리원에서 며칠 동안 머물다가 11월 26일 아침 10시경에 숙박비를 주고 집을 나왔다.
  나는 그 길로 40분 정도 걸어서 정방 방면으로 갔다. 도로에서 자동차를 기다리는데 좀처럼 오지 않았다. 나는 나무를 주워서 길 옆에다 불을 놓고 담배를 피우면서 자동차를 기다렸다. 차가 올 때마다 손을 들었으나 차들은 대부분 세워 주지 않고 그냥 갔다. 나는 할 수 없어서 간이음식 매대에 들어가 점심으로 두부국과 밥 한 그릇을 먹고 나왔다.
  나는 다시 나무를 해 가지고 불을 놓고 기다렸다. 자동차는 좀처럼 오지 않았으나 나는 인내성 있게 기다렸다. 저녁 7시경에 드디어 기다리고 기다리던 자동차가 왔다. 나는 제껏 주머니에서 100원짜리 돈 3장을 꺼내 흔들면서 인사를 했다. 운전수가 차를 세우고 어디까지 가는가고 들었다. 내가 평양에 간다고 하자 증명서가 있는가고 확인했다. 나는 있다고 거짓말을 했다.
  이 차를 놓치면 여러 시간을 떨면서 자동차를 기다린 수고가 헛수고가 되므로 이를 악물고 타야 했다. 후에 잡히더라도 어쨌든 타고 볼 판이었다.
  운전수가 300원을 내라고 하기에 군말 없이 돈을 주었다. 자동차에는 강냉이가 한 차 정도 실려 있었고 식량 호송 군인 2명과 장사꾼 아주머니 3명이 타고 있었다. 장사꾼 여자들은 자전거 부속품과 자전거 바구니 등을 가지고 있었다. 차가 한참 달리다가 중화 가기 전에 고장이 났다. 운전수와 조수가 씩닥거리면서 차를 수리하다가 무엇이 언짢았는지 수파나를 내동댕이쳤다. 그러더니 나보고 나무를 좀 해 오라고 말했다. 그리하여 자동차에 탔던 군인

2명과 여자 2명하고 내가 나무를 한아름씩 해 왔다. 자동차 다이야를 다 수리하고 기관도 다 정비하고 나서 자동차가 다시 떠났다.

중화 국가보위부초소

한참 달리다나니 중화군에 있는 국가보위부초소가 나타났다. 나는 자동차가 검문을 받기 위하여 서기 바쁘게 제꺽 차에서 내렸다. 그리고 적재함 뒤로 가서 소변을 보는 것처럼 하면서 눈치를 살폈다. 이 초소는 국가보위부초소이므로 평양시를 출입하는 군대는 물론이고 사회차나 사람들의 증명서를 검문하고 또 자동차에 총이나 폭발물이 없는가를 검사한다. 만약 의심스럽다고 생각되는 사람은 잡아서 신분 확인을 한 후에 안전부로 넘긴다. 그러니 이 초소에 잘못 걸리면 시끄러워진다. 나는 어떻게 이 초소를 넘길 것인가 생각을 굴렸다.

검문하는 군관 한 명과 전사 한 명이 먼저 차 위의 사람들을 내리게 한 뒤 증명서를 보고 한 명씩 검문소를 통과시켰다. 그들은 사람들을 다 검사한 후 자동차 운전수와 군인들의 증명서를 검열했다. 검열도 매우 심하고 깐깐하게 해댔다. 운전수의 증명서를 본 후 사병은 적재함에 덮은 방수포를 열어 보고, 군관은 운전석 의자를 들어 보며 차를 검사했다. 나는 빠져나갈 틈만 노리는 개새끼마냥 가슴을 조이며 기회를 엿보고 있었다.

그 때 평양 방면에서 자동차 한 대가 와서 섰다. 그러자 운전석을 뒤지던 군관이 그 자동차로 다가갔다. 우리 차가 먼저 와서 검문을 받고 있었으므로 군관이 평양 방면에서 온 차의 운전수와 그 꼭대기에 앉은 사람들을 내리지 못하게 한 채 하나 하나 증명서를 검열했다. 그 순간 병사는 우리가 타고 온 차의 적재함 우에 서서 자동차 구석구석을 발로 밟아 보고 있었다.

기회는 이 때였다. 이 순간을 놓치면 나는 돈 300원만 떼이고 평양으로 가려던 계획은 수포로 돌아가고 만다. 만약 몰래 숨어 통과하다가 약간의 실수로 검문하는 군인의 눈에 걸리면 단속 받는 것보다 더 시끄러워진다. 나는 어둠 속에서 허리를 굽히고 자동차 적재함 우에서 검문하는 병사가 눈치채지 못하게 발소리를 죽여 가면서 날쌔게 검문소를 통과했다. 내가 검문소를 통과한 것은 불과 몇 초 사이였다. 긴장한 나머지 온몸에서 진땀이 다 나고 다리가 막 떨렸다.

이어 우리가 타고 가는 차가 검문을 마치고 초소를 통과하여 우리들이 서 있는 곳으로 왔다.

우리는 다시 자동차를 타고 평양으로 달렸다. 이 때 한 아주머니가 내가 증명서 없이 초소를 통과하는 장면을 보았는지 나보고 웃으면서 삼촌 정말 심장이 보통 크지 않다고 말했다. 아주머니는 자기네가 한 달에 2, 3번 정도는 평양에 왔다갔다 하면서 장사를 하는데, 아직까지 중화 국가보위부초소를 나처럼 몰래 통과한 사람은 보지 못했다고 했다. 그 아주머니가 말하기를 자기는 내가 적재함 뒤에 서서 눈치를 살필 때 벌써 내가 증명서가 없다는 것을 눈치챘다고 하였다. 그래서 어떻게 하는가 지켜 보았는데 어떻게나 날쌘지 마치 영화에 나오는 정찰병 같더라는 것이었다. 나는 어색해하면서 어쩌겠는가 증명서가 없으니 이렇게 할 수밖에 없다고 말했다. 아주머니는 계속해서 자기는 내가 검문소를 통과할 때 아짜아짜 해서 손에 땀을 쥐고 지켜 보았는데 내가 날쌔게 통과했을 때 마치 자기가 통과한 것처럼 숨이 다 나가더라고 이야기했다. 나는 아주머니보고 고맙다고 말했다. 그러고 나서 자전거 부속은 왜 가지고 가는가고 물었다. 아주머니는 일본제 자전거 부속이나 바구니들은 평양이 더 비싸기 때문에 평양에 가서 판다고 말했다. 그리고 거기서 번 돈으로 소금을 사 가지고 사리원 농촌으로 가져가서 돈이나 쌀, 강냉이, 콩 같은 것들로 바꾼다고 했다.

13 | 고원 11월

평양역

자동차가 평양역 앞에 도착한 때는 새벽 1 – 2시 사이였다. 나는 역전에서 기차를 기다리다가 의자에 앉아 잤다. 아침에 청소를 하는 역전 관리원들에 의해 깨어나니 7시경이었다. 나는 세면하는 데 가서 더운 물로 세면을 대수했다. 평양역은 그래도 수도여서 더운물이 나왔다. 나는 역전 앞에서 아침, 점심, 저녁을 사 먹으면서 저녁까지 기차를 기다렸다. 알림판에는 '평양 – 평강행 열차 밤 10시에 문의'라고 씌어 있었다.

대합실 의자에 앉아 꼬떡꼬떡 졸다가 사람들이 웅성웅성하는 소리에 눈을 뜨니 '평양 – 평강행' 열차에 대한 차표를 찍어 드리고 있었다. 손님들이 출입구에 한 줄로 서 있었다. 30분 정도 지나서 역 안내원이 나와 기차 타러 나갈 때 지켜야 할 공중도덕에 대한 연설을 한 후 증명서와 차표를 확인하고 사람들을 내보냈다. 나는 서둘러 밖으로 나가 역전 오른쪽에 쇠살창으로 담장을 막은 데로 다가갔다. 담장의 높이는 2.5 – 3미터 가량 되었다. 평양역 주변과 홈은 불을 환하게 켜 놓아 섣불리 행동하다가는 안전원들에게 단속을 당한다. 나는 담배를 피우면서 기회를 엿보다가 안전원들이 왔다갔다할 때 순식간에 담장을 넘었다. 그리고 재빨리 태연하고 침착하게 여행자들 속으로 끼여들어 줄을 섰다.

　잠시 뒤에 주차장에서 기차 편성을 해 가지고 1번 홈에다 기차를 세웠다. 사람들이 먼저 열차에 올라 자리를 잡으려고 무질서하게 밀고 닥치고 하였다. 나는 사람을 찾는 것처럼 왔다갔다 움직이면서 기차가 떠나기만을 기다렸다.

큰 돈 10장은 있어야

　기차는 11월 28일 새벽 12시 30분경에 평양역을 출발했다. 나는 기차가 떠나기 직전에 열차에 올라탔다. 나는 먼저 열차 검차방으로 갔다. 기차가 떠나니 열차 검차원들이 검차방을 들락날락하면서 왔다갔다 했다. 나는 검차 조장을 만날 결심이었다. 기차가 역을 출발해서 40분 정도 달렸을 때 검차방 문을 두드렸다. 문을 열어 보니 검차방에는 검차 조장, 조원 한 명, 열차원이 앉아서 빵을 먹고 있었다. 내가 들어가서 검차 조장을 좀 만나려고 한다고 말하자 37-39살 정도 되어 보이는 사람이 자기라고 하면서 왜 그러는가고 물었다. 나는 더 우물쭈물하지 않고 단 둘이서 할 소리가 있다고 말했다. 그는 할 소리가 있으면 여기서 하라고 했다. 내가 그냥 단 둘이 만나서 할 소리라고 하자 검차 조장은 열차원과 검차원을 내보냈다.

　그들이 나가자 검차 조장은 무슨 할 소리가 있는가고 물었다. 나는 통짜로 좀 신세지자고 왔다고 말했다. 그는 자기 같은 사람한테 무슨 신세질 게 있는가고 하였다. 나는 고원까지 같이 가자고 하면서 차표도 없이 올랐다고 털어놨다. 그가 공민증이 있는가고 물었다. 나는 공민증도 없이 어떻게 평양까지 왔는가고 캐어 물을 것 같아서 평양에 와서 분실했다고 거짓말을 했다. 그러자 그는 좀 곤란하다고 말했다. 공민증도 없는 사람은 책임지지 못한다는 것이었다. 될둥말둥하면서 잘 응하지 않는 것이 아무래도 먹자는 눈치였다. 나는 그에게 짐을 잃어먹다나니 도중식사도 없는데 가면서 내가 도중식사를 사주면 되지 않는가, 술과 담배도 사고 섭섭하지 않게 해 주겠다고 말했다. 그제야 그는 자기한테는 돈이 필요하다고 말했다. 내가 얼마면 되는가고 물었더니 그는 못 해도 큰돈 10장은 있어야 된다고 말했다. 큰돈 10장이면 1,000원을 말하는 것이다. 나는 주머니에서 500원짜리 2장을 꺼내 주었다. 그는 좋아하면서 안전원들이 증명서 검열을 하면 자기가 나서서 말해 주고 차표 문제는 열차원한테 말하겠다고 했다. 하긴 열차 안전원들도 검차 조장 신세를 지며, 열차원도 검차 조장한테서 식사 같은 것을 좀 얻어 먹으므로 서로가 통하는 사이여서 문제없을 것이었다.

평 양 - 거 차 열 차

아침에 날이 밝자 단속이 시작되었다. 열차 안전원들은 증명서 검열을 하고 열차원들은 차표 검열을 했다. 나는 밖에 있다가 증명서 검열을 하므로 검차방에 들어갔다. 그 안에서 담배를 피우며 있는데 문이 열리면서 열차 안전원이 증명서를 검열하러 들어왔다. 이 때 검차 조장이 자기 친척 한 명밖에 다른 사람은 없다고 말하자 안전원은 아무 말 없이 도로 나갔다. 이어 검차 조장이 밖으로 나갔다 오더니 밥과 반찬을 가지고 왔다. 내가 일어서서 나가려 했더니 그는 앉아서 같이 식사하자고 청했다. 나는 신성천에 가서 사 먹겠다고 말했다. 검차 조장은 계속 같이 먹자고 했다. 나는 앉아서 검차원들과 식사를 같이 했다.

기차가 어찌나 천천히 달리는지 평양에서 신성천까지 7시간이나 걸렸다. 내가 신성천에서 빵 50원분과 술 2병, 담배 1곽, 마른오징어 4마리를 사서 또다시 그들과 같이 앉아 먹었다. 이렇게 되다 보니 열차원하고도 친해져서 차표 검사도 문제가 되지 않았다.

기차가 다시 달리다가 거차역에서 대피 먹었다. 기차가 역전에 대피 먹으니 거차역 주변 사람들은 살 때 만난 것처럼 빵이나 국수, 두부, 밥, 술을 닥치는 대로 해다가 팔았다. 거차역은 기차가 한 번 서면 언제 출발할지 모른다. 검차 조장이 밖에 나갔다 오더니 기차가 언제 갈 수 있을지 모르겠다는 것이었다. 그러면서 역 밖으로 나가 점심을 먹자고 했다.

거 차 - 고 원 자 동 차

검차 조장과 내가 역 앞의 음식 매대에서 점심을 먹고 나오는데 마침 군대차가 한 대 왔다.

운전수가 고원 방면으로 가는 사람은 타라고 소리쳤다. 나는 그 소리를 듣는 순간 걸음을 멈추고 망설였다. 거차역에서 마냥 기다리는 것보다 자동차를 타고 고원까지 일찍 가는 것이 낫겠다는 생각이 들었다. 나는 검차 조장에게 자동차를 타고 고원까지 가겠다고 말하면서 덕분에 잘 왔다고 인사했다.

나는 300원을 주고 자동차에 올라탔다. 차에는 5명 정도의 장사꾼들이 타고 있었는데 강냉이, 콩 배낭을 가지고 있었다. 차는 잘 달리다가 거차령을 넘어서 고원군 장동을 지나다가 고장이 났다. 운전수가 내려서 차를 수리하는데 잘 고쳐지지 않는지 시간이 오래 걸렸다. 사람들은 차 우에서 비닐 박막을 덮어 쓰고 추위를 막았다. 그 날은 결국 차 우에서 밤을 샜다.

장 동

아침이 늦도록 차 수리가 끝나지 않았다. 다른 사람들은 차 우에서 도중식사를 먹었지만 나는 도중식사가 없어서 그런대로 굶었다. 너무 춥고 배가 고파서 나는 더 이상 참지 못하고 근처에 있는 장마당으로 갔다. 장동장마당은 그리 크지 않았다. 나는 음식을 끓여 주는 매대에 가서 술 한 병을 먼저 시켰다. 그리고 명태와 두부를 끓여 달라고 했다. 장마당에는 부모들이 버리고 달아난 아이들과 꽃제비들이 많이 있었다. 나는 주인 여자보고 장마당이 작은데 웬 꽃제비들이 이렇게 많은가고 물었다. 주인 여자는 그 아이들이 대부분 다른 도에서 온 꽃제비가 아니라 장동에 있는 꽃제비들이라고 말했다. 그들은 음식 파는 데 가서 좀 달라고 하지만 식사를 하는 사람들은 거들떠보지도 않고 먹어대기만 했다. 꽃제비들은 국수를 파는 데 가서 지켜 섰다가는 손님들이 국수를 다 먹고 물을 남기면 그 물을 마셨다. 어떤 여자들은 자식이 있어 그러는지 절반 정도 남겨 주기도 하였다. 술과 음식을 파는 매대에는 사회 망나니들과 군인들이 여자들을 끼고 술과 음식을 먹고 있었는데 꽃제비들이 그들에게 다가가서 지켜 서면 군인들은 재수없이 음식 맛 떨어진다고 쫓아 버리는 것이었다.

음식이 다 되어서 나는 급하게 밥을 먹었다. 더운 것이 들어가니 속이 뜨뜻한 것이 살 것 같았다. 식사를 하고 담배를 피우면서 매대 주인 여자보고 장동에서는 배급을 주었는가고 물어 보았다. 주인 여자는 배급 같은 소리를 다 한다고, 정말 꿈 같은 소리라고 말했다. 요즘 탄광 로동자들이 먹지 못해 일도 못 나가는 형편이며 탄광에서는 탄도 못 나온다고 했다. 그나마 사회적으로 불량한 도시 청년들을 장동에 있는 탄광에 배치했는데, 그 오합지졸 같은 것들이 들어온 다음부터 장동땅은 수라장이 됐다고 한다. 그들이 강도, 도적질, 싸움질을 마구 해대므로 밤에는 밖을 나다니지 못하며 낮에도 집을 비우지 못한다고 했다. 낮이라도 집에 사람이 없는 눈치만 나면 열쇠를 까고 들어와 가마, 함지 다 가져간다는 것이었다.

아주머니는 장동 사람들은 정말 먹고 살기 바쁘다고 말했다. 산에 땅을 일구어 농사를 짓거나 고원이나 원평 같은 데 가서 물고기를 넘겨다 팔거나 음식을 만들어 팔고, 또 다른 데서 쌀을 넘겨다 팔아서 근근히 먹고 산다고 했다. 그러지 못하는 여자들은 몸을 팔아서 먹고 산다고 했다. 그 소리에 나는 시내 같으면 역전이나 큰 상점들이 있고 사람들이 많아서 매음을 할 수 있겠는데, 여기처럼 작은 산골에서 어떤 상대들과 매음을 할 수 있겠는가고 했다. 그랬더니 주인 여자는 나보고 모르는 소리 한다면서 여기 여자들은 하극들을 대상하는데 그들은 큰돈을 다루는 사람들이고 또 몇 달씩 집을 나와 있으니 여자만 보면 오금을 못쓴다고 이야기했다. 어떤 출장원들은 아예 과부집이나 부모가 죽고 처녀 혼자 사는 집에 숙소를 잡고 그들을 먹여 살리면서 그짓을 한다는 것이었다.

원 평 농 장 이 야 기

나는 음식값을 주고 차 있는 데로 돌아왔다. 자동차는 몇 시간이 더 지나서야 고쳐졌다. 차는 다시 달려서 오후 늦게 고원에 도착했다. 나는 장마당에 들러 입쌀 2킬로그램, 돼지고기 1킬로그램, 닭알 10알, 마른명태 5마리, 사탕과자 1봉지, 술 2병을 사 가지고 서둘러 동무의 집으로 갔다. 문을 두드리니 마침 동무가 나왔다. 그는 나를 보더니 반가워하면서 어서 들어오라고 하였다. 나는 집에 들어서자마자 너무 피곤하다면서 인차 누워 잠을 잤다. 동무가 깨워 눈을 뜨니 저녁이 차려져 있었다. 나는 일어나서 저녁을 맛있게 먹었다.

나는 동무와 술을 마시면서 장사는 잘 되는가고 물었다. 동무는 원평에서 가지고 오는 물고기들을 그런대로 팔아치운다고 하였다. 그런데 원평에 군대 강도들이 많아서 웬만한 구간은 대낮에도 혼자 가다가는 짐과 돈을 다 털리운다고 말했다.

계속해서 그가 하는 소리가 올 가을에 원평농장원들이 강냉이와 벼를 도둑질하느라고 눈에 불을 켰다는 것이었다. 가을에 농촌에서는 김정일의 지시로 밤에는 군인들이 밭과 탈곡장에 경비를 서고, 낮에는 농장원들이 3, 4명씩 조를 묶어 경비를 섰다고 한다. 그런데 밤에는 도둑을 지켜야 하는 군인이 식량을 채고, 낮에는 밭을 지키는 농민들이 돌아가면서 강냉이를 챘다고 한다. 농장원들은 가을철에 벼가 다 익어 벼를 잘라 논밭에 무져 놓으면 밤에 자지 않고 숟가락으로 벼를 훑어서 마대에 넣어 도둑질했다고 한다. 농민들은 얼마나 많이 채는가에 따라 올해 굶어 죽는가 사는가 하는 생사 운명이 결정되므로 부지런히 도둑질했다고 한다. 군인들도 밤에 밭이나 탈곡장에서 낟알을 채 가지고 잘 아는 사민 집에 가져가 팔아 달라고 맡겼다고 한다. 또는 돈 아니면 중국 담배, 술 같은 것으로 바꿈질하기도 했다고 한다. 또한 시내에서 농촌으로 장사하러 온 여자들이나 처녀들도 가을철을 놓치지 않고 자기들의 솜씨를 발휘했다고 한다. 그 솜씨란 밤에 경비를 서는 군인들에게 몸을 주거나 또 처녀들인 경우 사랑한다고 거짓말을 하면서 몸을 주고 그 대가로 식량을 받는 것을 말하는 것이라고 한다.

동무는 김정일이 군대한테 나라의 농사 문제를 관리하게 하므로써 결국 군대 도둑만 양성시키고 또 온나라를 유흥장 아니면 매음 장소로 만들었다고 탄식했다. 그러면서 그는 요즘 조선에서는 정조란 말 자체가 없어졌다고, 여자들한테서 돈을 얻으려면 힘들지만 몸을 얻기는 아주 쉽다고 말했다.

고원 - 함흥 자동차

나는 동무 집에서 일 주일 동안 지낸 후 동무와 아들한테 작별 인사를 하고 아침에 집을 나섰다. 나는 덕지강까지 걸어가서 자동차를 기다렸다. 11시경에 사회차(일본제 이스즈) 한 대가 오므로 손을 들어 차를 세웠다. 내가 어디 가는 차인가 물으니 함흥으로 간다고 하였다. 나는 운전수가 부른 대로 250원을 주고 자동차에 올라탔다. 차에 승차한 인원은 30명 정도였는데 강냉이 마대 또는 배낭, 입쌀과 콩을 넣은 배낭들을 가지고 있었다.

14 | 함흥 12월

구 루 마 장 사 꾼 들

　내가 함흥시 동흥산구역에 있는 덕성초소에 내린 것은 12월 5일 오후 3시 경이었다. 덕성초소 옆과 남쪽 방면 자동차 도로에는 배낭을 가지고 자동차를 기다리는 장사꾼들과 그들에게 음식을 팔기 위해 왔다갔다 하는 음식 장사꾼들이 많았다. 또한 덕성초소 앞에는 회양동부터 덕성동까지 가는 무궤도전차 정류소가 있는데, 그 앞에 구루마꾼들이 구루마를 대기시키고 추위에 떨면서 손님들을 기다리고 있었다. 그들은 추위와 싸우면서 인내성 있게 기다리다가 자동차가 와서 서면 무질서하게 몰려가 서로 손님들을 차지하려고 신경전을 벌였다. 그들도 그렇게 해야 하루하루 연명할 수 있기 때문이었다.

　나는 도로를 따라 동흥산구역 반룡산에 있는 김일성동상 앞까지 걸어갔다. 동상을 향해 가다나면 반룡산 옆으로 성천강이 흐르는데 그 위로 만세교가 있다. 그 다리를 건너서면 함경남도 영광군으로 올라가는 자동차 도로와 함흥시 흥남구역 쪽으로 내려가는 자동차 도로가 나타난다. 그 곳에도 역시 구루마꾼들과 담배 장사꾼들, 음식 매대들이 있었다. 구루마 장사꾼들은 하루 종일 추위에 떨면서 돈을 벌지만 가족이나 부모들을 생각해서 먹을 것을 극상사 먹어야 한 끼에 5원짜리 밀가루빵 2개 정도만 사 먹었다. 사촌 형네 집으로 가면서 보니 골목골목마다 음식점들이 있었다. 또한 길거리에 앉아서 빵이나 사탕과자, 담배를 파는 늙은 할머니들과 중년 여자들도 많았다.

일반 로동자들의 불만

내가 사촌 형네 집에 도착하니 사촌 형과 형수가 있었다. 그들은 나를 반갑게 맞아 주었다.

사촌 형은 2일 후에 또 양잿물과 소다, 서슬, 잡화류들을 가지고 이모님이 있는 금야로 갈 계획이라고 말했다. 저녁 식사를 하고 사촌 형과 같이 이야기를 하였다.

사촌 형은 함흥에서 11월달에 큰 기업소에서 3, 4일분씩 식량을 공급했는데, 그것도 일 나오는 사람한테만 주고 나오지 않는 사람들에게는 주지 않았다고 말했다. 그러면서 그는 지금 공장에 나가는 사람이 몇이나 된다고 일 나오는 사람에게만 배급을 주는가고 불평했다. 간부나 생활이 좀 넉넉한 사람들 혹은 부인이 장사를 잘 해서 남편 뒷바라지를 해 주는 사람들은 출근할 수 있는 형편이지만 일반 로동자는 당장 먹고 살 게 없는데 뭘 바라고 출근하라는 건가고 했다.

계속해서 형은 자기 직장만 해도 일반 로동자들 속에서 불만의 소리가 많다고 이야기했다.

그들은 마음 맞는 사람끼리 자리를 같이 할 때면 자기 같은 로동자들은 굶어서 출근 못 해 쌀을 못 받으므로 유엔이나 미국, 남조선, 중국들에서 쌀이 들어와도 결국은 권력과 힘 있는 놈들의 배만 채워 준다고 말들 한다는 것이었다. 외국에서 보내 준 쌀도 잘 주지 않으면서, 그것으로 닭모이 주면서 닭을 얼리듯이 로동자들을 희롱한다고 불평한다고 했다. 그러면서 형은 요즘 일반 로동자들은 일하러 나오라고 해도 악이 나서 나가지 않으며, 또 아예 공장에서 주는 식량을 쳐다보지도 않는다고 하였다. 일을 나오라고 직장에서 데리러 오면 식량 타 먹은 사람들이나 나가서 일을 하라고 하면서 우리는 그런 식량 타 먹은 적이 없으니 일하러 못 나가겠다고 하는 일들이 많다고 한다. 그렇기 때문에 함흥 로동자들 역시 죽기내기로 자동차면 자동차, 기차면 기차를 닥치는 대로 타고 장사를 다니는 것이라고 이야기했다.

나는 사촌 형네 집에서 4일 정도 머물다가 청진으로 들어갈 채비를 했다. 내가 집으로 돌아가겠다고 하자 사촌 형이 설날은 꼭 함흥에서 자기들과 같이 쇠자고 하였다. 설날을 계기로 이모님도 제사 때문에 함흥에 온다고 했다. 형은 저번에 내가 왔다간 다음 금야에 있는 이모님과 사촌 누이한테 가서 내 소식을 이야기했다고 한다. 그랬더니 이모님이 반가워하면서 내가 지금 어떻게 살아가는가고 걱정했다고 한다. 내가 장사하면서 산다고 말하자 이모님이 내가 몹시 보고 싶다면서 부모 형제도 없는 것이 설 명절은 자기네하고 같이 즐겼으면 좋겠다고 했다는 것이다. 그 말 속에 다시 한 번 돌아가신 부모님들 생각이 나서 눈앞이 흐려졌다. 나는 사촌 형 앞에서 눈물을 보이는 것이 싫어서 눈물을 애써 참으며 새해 설 명절은 될 수 있는 껏 같이 쇠자고 말했다. 그런 약속을 하고 나는 청진 가는 열차를 타기 위해 저녁 8시에 사촌 형네 집에서 나와 함흥 역전으로 갔다.

함 흥 역

함흥역은 3층짜리 건물이고 지하에도 1층이 있다. 역전 대합실 왼쪽에는 역전 보위대들이 지켜 서 있는 비상 철문이 있고, 그 옆으로 함흥철도총국 김일성 혁명사상 연구실이 있다. 오른쪽으로는 중앙당 간부나 혹은 큰 기업소의 당일꾼, 도당이나 시당의 당일꾼들, 외국인들을 위한 귀빈실이 있다. 그 옆으로 통근차 출입구와 우편물이나 수화물을 실은 자동차가 드나들 수 있는 비상 철문이 있는데 보위대가 지킨다. 함흥역 출입문은 들어가기만 하는 문과 나오기만 하는 문 2개가 있다. 역사 1층은 일반 손님들이 기다릴 수 있도록 긴 나무 의자 6줄이 놓여 있다. 오른쪽으로 제일 끝에 침대 차표와 일반 차표, 통근 차표를 판매하는 곳이 있고 그 옆에 전보, 전화, 편지를 부칠 수 있는 자그마한 체신 분소가 있다. 그 옆으로 여행자들에게 음식과 담배, 사탕, 놀이감 등을 팔아 주는 여행자 상점과 아기 어머니방, 영예군인방이 차례로 있다. 대합실 왼쪽과 오른쪽에는 2층으로 올라가는 계단이 있고 역시 왼쪽과 오른쪽에 지하로 내려가는 층계가 있다. 2층에는 무력부 경무원 단속실과 군인방이 있다. 그리고 사람들이 기대어 1층을 내려다 볼 수 있게 난간을 설치해 놓았다. 3층은 열차 일꾼들이 일을 보는 방들이 있는데, 일반 사람들은 들어가지 못하게 되어 있다. 지하에 내려가면 왼쪽에는 남자 위생실과 여자 위생실, 세면장이 있고 오른쪽에는 이발소와 역전 경무 단속실, 역전 안전원 단속실, 짐 보관실이 있다. 정면으로 출입구가 있는데, 한 개는 군인들만 대상하는 문이고 다른 문은 일반 사람들을 대상하는 문이다.

내가 역전 앞에서 담배를 피우면서 열차 시간표를 보니 여기저기서 담배와 술, 음식 등을 몰래 파는 여자들이 있었다. 또한 식사 손님을 데리러 나온 아가씨들도 추운 데서 대기하고 있었다. 어떤 아가씨들은 옷차림이 단정하고 돈이 있어 보이는 사람 아니면 군관들한테 다가가서 대기숙박하지 않겠는가고 조용히 물어 보았다.

나는 추위서 다시 역전 안으로 들어가 의자에 앉아 쉬었다. 조금 졸다가 눈을 떠 보니 '평양-온성행' 열차가 들어오므로 손님들에게 차표를 찍어 주고 있었다. 나는 서둘러 지하의 표 찍는 곳으로 갔다. 그런데 역전 사람들이 한 줄로 서서 증명서와 차표를 일일이 확인한 후 내보내는 것이 단속이 매우 심했다. 나는 다시 역 바깥으로 나왔다. 담을 뛰어넘으려고 했지만 그 곳에도 역전 보위대와 철도 검열대가 늘어서 있었다. 다음으로 통근차 차표 찍는 곳으로 갔더니 그 곳은 문이 잠겨 있었다.

안내원, 한 가지 신세 좀 집시다

그때 철도 안내원 완장을 낀 아가씨가 다가와 문을 두드리며 안내원을 찾는 것이었다. 나는 제꺽 그 아가씨한테 다가가서 "안내원, 한 가지 신세 좀 집시다." 하고 말을 걸었다. 그는 왜 그러는가고 하였다. 나는 제꺽 시집간 누님이 매부와 같이 왔다 가는데 언제 다시 보겠는지 모르겠어서 차 타고 가는 것을 보고 싶어 그런다고 이야기했다. 안내원은 관심없다는 태도로 갈 사람들이라 가겠지 바래 준다고 더 잘 가겠는가고 대꾸하였다. 나는 말문이 막혔으나 다시 반공격을 하였다. 나는 짐이 많은데 누이가 아이를 가져 힘을 쓰지 못하기 때문에 그런다고 사정했다. 그러면서 웬만하면 나도 그냥 가려고 했는데 누이가 사람들이 많은 데서 짐을 올리다가 매부가 두 무릎이 멍들도록 애써 만든 아이를 낙태시키면 어떻게 하는가고 웃으며 말하자 그 아가씨도 웃는 것이었다. 나는 다시 안내원도 같은 여자인데 여자끼리 이해해 줘야 않겠는가, 누이가 첫아기를 가졌는데 안내원도 만약 나 같은 입장이었다면 어떤 수단을 써서라도 도와 줄 것이 아닌가고 하였다. 그리고는 공짜로 나가자는 것이 아니고 신세 갚음을 한다며 50원을 쥐어 주었다. 그는 돈을 제꺽 받아 주머니에 넣었다. 이 때 '평양-온성행'이 홈으로 들어서고 있었다. 나는 안달이 나서 다시 재촉했다. 안내원은 차표 찍는 곳의 문을 재차 두드렸다. 문이 열리자 안내원이 이 손님만 내보내라고 하여 나를 통과시켜 주었다.

나 는 기 차 탑 니 다

　서둘러 1번 홈으로 가니 사람들이 많았다. 나는 어떻게 타고 갈 것인가 궁리하다가 열차 승무안전원들을 이용하기로 결심하고 단속방통으로 갔다. 단속방통에 가니 열차 안전원 2명이 이야기를 나누고 있었다. 한 명은 대위고 다른 한 명은 중위였다. 내가 "수고합니다." 하고 인사한 후 열차 승무안전원 조장을 만나려고 한다고 하자 대위가 자기라고 했다. 나는 미안하지만 신세 좀 지려고 한다고 말했다. 그는 나에게 어디 가는가고 물었다. 나는 집은 청진인데 남포 도로공사에 갔다가 배가 고프고 일이 힘들어 도주하여 함흥에 있는 삼촌네 집에 들렀다 가는 길이라고 거짓말을 했다. 그 안전원은 증명서가 있는가고 하였다. 내가 없다고 하자 이번에는 공민증이 있는가고 물었다. 내가 공민증을 보여 주었는데도 그는 안 된다고 말했다. 나는 내가 도주했다고 솔직히 말하지 않았는가고 하면서 공사판에서 도망치는 놈이 어떻게 증명서를 떼 가지고 오겠는가고 말했다. 그렇기 때문에 신세 좀 지려고 하는 것이라면서 사정했다. 나는 열차 안전원 조장보고 그냥 공짜로 가려는 게 아니고 신세 갚음을 하겠으니 나를 잡아가더라도 어쨌든 청진까지만 데리고 가서 인계해 달라고 말했다. 그리고는 그들이 보는 데서 "나는 기차 탑니다."라고 말하고 무작정 올라탔다. 안전원 조장과 중위 안전원은 단속실로 들어갔다. 그들의 뒤를 따라 여자 3명이 짐을 가지고 단속칸으로 들어갔다.

　나는 무엇을 살까 하고 밖을 향해 보는데 봉사원 아주머니가 밀차를 밀고 다가왔다. 내가 무엇이 있는가고 묻자 담배와 술, 맥주, 오징어, 명태 등이 있다고 말했다. 담배는 무엇이 있는가고 물으니 말보로 담배가 있다고 했다. 나는 말보로 담배 한 막대기와 중국 빙천맥주 4병, 중국 술 90원짜리 2병, 마른명태 5마리, 마른오징어 5마리, 땅콩 4봉지를 사 가지고 단속실 문을 두드리고 들어갔다. 그들은 나를 보더니 "이 새끼 보통 새끼 아니다."라고 말하는 것이었다. 나는 장사를 다니다나니 이제는 열차 물세에 대해 환히 알고 있었다. 나는 웃으면서 가는 동안 술과 담배를 사 드리고 도중식사도 해 드릴 테니 청진까지만 데려다 달라고 다시 한 번 사정했다. 그러자 조장은 나가서 다른 방통에 가지 말고 단속방통에 있으라고 말했다. 그리하여 나는 창문도 없는 단속방통 복도에서 추위에 떨며 기차가 떠나기만을 기다렸다.

함 흥 - 청 진 열 차

　기차는 12월 10일 새벽 4시경에 함흥역을 출발했다. 기차가 달리자 창문에 유리가 없으니 찬바람이 마구 들어왔다. 온몸이 떨리다 못해 굳어지는 것 같고 이빨이 떡떡 마주치는 게 죽을 지경이었다. 단속칸 복도에는 남자 꽃제비들 4, 5명이 바닥에 웅크리고 앉아 자고 있었다. 열차가 떠나자 안전원들이 왔다갔다 하면서 증명서 검열을 했다. 중위 안전원이 나에게 전지를 비춰보더니 그냥 가 버렸다. 그 안전원이 지나가다가 꽃제비 아이들이 웅크리고 바닥에서 자는 것을 보고 발로 툭 차면서 어디 가는가고 물었다. 그 애들이 신북청에 간다고 하자 안전원은 신북청에서 내리라고 말하고는 가 버렸다.

　차가 홍원을 가까이 할 때 날이 밝기 시작했다. 아침 9시경에 기차가 신북청에 들어서기 전에 증명서와 차표 검열을 시작했다. 증명서 검열은 안전원이 보지 않았으므로 통과했는데 차표를 검열하는 열차원이 문제였다. 열차원이 나보고 차표를 보자고 하기에 나는 단속되었으므로 열차 안전원한테 있다고 말했다. 그는 내가 단속실 앞에 있으니 그 말을 믿고 그냥 통과하는 것이었다. 한참 후에 열차 안전원이 단속자 10명 정도를 단속칸으로 데리고 왔다. 단속 처리가 끝나자 6명은 배낭을 지고 나오고 4명은 신북청역에서 인계하려고 중위 안전원이 끌고 나갔다.

　신북청에 도착하니 장사꾼들이 과일과 술, 담배, 빵, 사탕, 명태, 오징어 등을 가지고 이리 뛰고 저리 뛰면서 손님들에게 사라고 소리를 질렀다. 신북청역 역시 단속이 이만저만이 아니었다. 역전 보위대와 검열대 안전원들이 역 둘레를 봉쇄하고 있었다. 열차 승무안전원이 나보고 사과를 좀 사라고 요구했다. 나는 술 25원짜리 2병과 중국 장백삼 담배 2곽, 사과 100원짜리 2꾸러미, 털게 50원짜리 5마리, 오징어 5마리를 사 가지고 단속실로 들어갔다. 나는 마침 조장이 혼자 있길래 주머니에서 돈 1,000원을 꺼내 주었다. 안전원 조장은 좋아하면서 기차가 떠나면 같이 식사를 하자고 했다.

    열차가 신북청을 출발하고 중위 안전원이 돌아오자 식사를 시작했다. 식사를 하고 나서 안전원 조장이 나에게 추운데 밖에 나가지 말고 검차방에 가서 있으라고 말했다. 나는 안전원 조장을 따라 검차방에 들어갔다. 그 방에는 검차원 2명과 장사꾼 여자 4명이 있었는데, 그들 중에서 검차원 2명과 장사꾼 여자 2명이 주패를 치고 있었다. 나는 검차방에 한참 앉아 있다가 다시 나왔다. 나는 승강기에서 담배를 피우며 가기로 했다.

열 차 안 전 원 들 만 원 운 동

    오후 1시경에 신단천에서 기관차를 교체하느라고 대기하였다. 기관차가 없어 오래 대기하자 신단천 장사꾼들이 살 때 만난 것처럼 물과 술, 담배, 음식을 가지고 나와 팔기도 하고 끓여 주기도 했다. 나는 식사를 하려고 기차에서 내렸다. 무엇을 먹을까 하고 왔다갔다 하다가 한 아주머니가 집에서 끓여 준다고 하기에 추운 밖에서 먹기보다 방안에서 먹는 것이 좋으므로 그를 따라갔다. 집은 역전 앞에 있었는데 그 마을이 전부 철도 사택이었다. 아주머니는 남편은 철도원이므로 역전에 일하러 나가고 아들은 학교에 갔다고 말했다. 나는 두부 한 모에 술 한 병, 명태 2마리를 끓여 달라고 주문했다.

    아주머니가 명태를 손질해서 끓이는데 열차 검차원과 열차원이 끓인 음식을 먹으러 들어왔다. 검차원은 나를 보더니 웃으면서 식사를 하려는가고 물었다. 나는 그렇다고 말하고 같이 식사를 하자고 청했다. 그리하여 검차원과 열차원도 두부, 명태, 밥을 시켜서 3명이 앉아 함께 먹기 시작했다. 검차원이 나보고 어디까지 가는가고 물었다. 나는 집은 청진인데 남포 도로공사에 갔다가 힘들어 도망쳐 오는 길이라면서 증명서가 없어 안전원에게 고이며 간다고 대답했다.

검차원은 안전원들한테 얼마를 주었는가고 물었다. 내가 얼마분의 음식과 술, 담배, 돈을 주었다고 말하니 그는 그러지 말고 자기 칸에서 누워 가라는 것이었다. 그리하여 술 한 잔으로 아주 헐하게 열차 검차원과 열차원을 친해 검차원 방으로 가게 되었다. 나는 검차방에 들어서자마자 피곤했으므로 곧 잠을 잤다.

오후 5시경에 열차원이 나를 깨우면서 열차 안전원이 오란다고 말했다. 문을 열고 복도로 나가니 안전원 중위가 밥은 있는데 반찬거리가 없으니 좀 해 달라고 요구했다. 나는 할 수 없이 세치네 2사발과 두부 3모를 끓여 넣은 두부탕, 삶은 닭알 10알을 사다 주었다. 저녁에는 검차원이 술을 내겠다고 해서 두부탕에다 국수를 넣고 이면수 지진 것을 반찬하여 열차원과 함께 식사를 했다. 식사 후에 검차방에 들어와 열차원과 검차원, 나 이렇게 3명이 앉아 이야기를 했다. 검차원이 열차 안전원들을 가리키며 그 새끼들은 강도라고 말했다. 내가 왜 강도라고 하는가고 묻자 그는 안전원들은 증명서가 없는 장사꾼 여자들을 데리고 다니면서 밤에는 단속칸에서 서로 부부 생활을 한다고 말했다. 그렇게 나쁜 짓이란 나쁜 짓은 자기들이 오히려 더 하면서도 증명서가 없거나 먹을 만한 짐을 진 사람들을 단속하여 압축해서는 자기 배를 채운다고 욕했다. 그는 열차 안전원들이 한 번 승무할 때 당시 만원 운동을 한다고 말했다.

기 관 차 를 기 다 리 며

한참 이야기하다가 나는 또 잠을 잤다. 날이 밝기 시작하여 눈을 뜨니 룡반이었다. 나는 검차원보고 신단천에서 몇 시에 기차가 떠났는가고 물었다. 그는 전날 밤 10시경에 떠나서 룡반에 새벽 4 - 5시경에 도착했다고 알려 주었다. 그는 계속해서 이제부터 언덕이므로 기관차 한 대를 뒤에다 달고 밀고 올라가야 되는데, 뒤에 달고 갈 기관차가 청진에서 올 때까지 기다려야 한다고 말했다.

아침이 되자 장사꾼들이 국수와 밥, 두부, 술을 가지고 나왔다. 룡반역은 농촌역이어서 장사꾼들이 많지 않았다. 나는 열차 검차원과 같이 기차에서 내려 두부 3모와 빵 10개, 술 1병을 사 가지고 검차방으로 돌아와서 식사를 했다. 점심에는 검차원과 열차원이 얻어 온 밥과 술 한 병으로 그런대로 식사를 하고 주패를 쳤다. 저녁에도 또 주패를 쳐서 진 사람들이 저녁을 사기로 했다. 내가 이겼으므로 열차원과 검차원이 저녁을 내야 했으나 내가 100원을 내고 나머지는 열차원과 검차원이 보태어 국수 3사발과 술 2병, 낙지 3마리, 빵 20개를 사 가지고 와서 저녁을 먹었다. 식사를 마치고 밖에 나가 담배를 피우는데 열차 안에서 사람들이 오락회를 여는 소리가 들렸다. 조선 사람들은 아무리 식량 사정이 어려워도 노래를 부르고 항상 웃으며 살아간다. 내가 한참 보다가 다시 검차방에 들어와 눈을 붙이고 나니 열차가 달리기 시작했다.

다음날 아침 7시경에 기차가 청진역에 도착했다. 열차는 온성까지 가지 않는다고 하였다. 뒤에 온성행 열차가 바투 따라오므로 기차는 청진에서 돌아서 평양으로 다시 간다는 것이었다.

나는 단속칸으로 가서 안전원들에게 덕분에 잘 타고 왔다고 인사했다. 중위 안전원이 내가 달고 있는 김일성수령 초상화를 달라고 했다. 나는 초상화가 없으면 단속되어도 시끄러우므로 삼촌 것을 달고 왔기 때문에 못 주겠다고 잘라 버렸다. 나는 다시 검차방으로 가서 열차원과 검차원에게 재미나게 왔다고 인사한 후에 기차에서 내렸다. 나는 빈몸이었으므로 사람을 마중나온 것처럼 홈에서 왔다갔다 하다가 안전원들이 사람들을 다 단속해서 들어간 다음에 역을 빠져 나왔다.

15 | 청진 12월

청 진 역

　청진역은 2층 건물이다. 들어가면서 정면에 물음칸이 있다. 오른쪽에는 긴 나무 의자가 있고, 표 파는 곳이 있다. 왼쪽에는 손님들이 앉을 수 있도록 나무 의자가 길게 6줄이 있다. 또 아기 어머니방과 작은 방이 있다. 2층에는 영예군인 기다림칸이 있다. 대합실에는 강냉이나 콩을 지고 열차에서 내린 손님들이 더러 있었고, 남쪽 방면에는 공업품을 넣은 배낭을 진 사람들도 있었다. 대합실에는 일반 손님보다 꽃제비가 더 많았다.

　청진역에는 방랑자들과 꽃제비들이 다른 데보다 특별히 많다. 청진역에 있는 꽃제비들의 부류를 보면 늙은 노인들은 사람들한테서 빌어먹고, 또 조금 젊은 여자들은 밤에 석탄 같은 것을 도둑질하여 팔며, 나머지 처녀들과 청년 남자들은 손님들의 물건을 채거나 매음을 해서 살아간다. 불쌍한 것은 아이들이다. 5-7살 정도의 여자 남자 꽃제비 아이들은 대부분 부모가 죽거나 버리고 간 아이들이다. 그들은 겨울에도 옷도 변변히 못 입은 채 오들오들 떨면서 대합실에서 식사를 하는 손님들한테 다가가 좀 달라고 칭얼댄다. 그러면 아이가 불쌍해서 밥이나 빵 같은 것을 조금씩 주는 사람도 있지만 대반수 사람들은 못 본 척하고 그냥 먹는다. 하기야 식량 사정은 매한가지니 누가 누구를 돌봐 줄 형편이 못 되는 것이다. 어쩔 수 없이 아이들은 손님들이 먹고 버린 비닐 봉지에 붙어 있는 밥알이나 반찬찌꺼기를 빨아 먹거나 땅바닥에 흘린 음식물을 주워 먹는다. 역전 꽃제비들 중에서도 센놈 약한놈이 있다. 센놈은 매음하거나 탄을 채서 파는 여자들을 돌봐 주고 그 대가로 담배나 술을 받아 먹는다. 청진역의 꽃제비들 역시 아침에 역전에 있다가 해가 퍼지면 장마당으로 나가서 도둑질을 한다. 그리고 밤에는 도둑질하거나 여자들의 경우에는 매음을 해서 살아간다.

역 대합실에는 늙은 할머니들이 배낭 안에 알루미늄 벤또를 넣어 가지고 나와 안내원들의 눈을 피해 가면서 1개에 15원씩 팔고 있었다. 콩튀우개, 강냉이튀우개, 물, 국수, 사탕 등을 파는 장사꾼들도 많았다. 그런데 더욱 한심한 일은 이제 15 - 16살 난 미성년 여자아이들이 매음을 하는 것이었다. 정말이지 식량난이 아니면 아버지 어머니 품에서 재롱을 부리며 학교를 다니고 자기의 희망과 포부를 생각할 이들이 먹을 것이 없어 채 피어나지도 않은 망울진 꽃을 팔고 있으니 얼마나 억울하겠는가! 하지만 그들은 그런 것을 가리지 않는다. 어떻게 하나 더 많은 손님을 대상하려고 부지런히 대상자를 찾는다. 이들은 먹지 못하고 입지 못해도 얼굴 치장만은 알심 있게 한다. 그래야 손님들이 끌려오기 때문이다. 또한 청진역 앞에는 구루마 장사꾼들이 많다. 그들은 밖에서 추위에 떨면서 기다리다가 기차가 도착하면 출입구로 몰려가 손님들의 짐을 실어다 준다.

라 남 구 역

나는 서둘러 남청진까지 가는 버스를 타고 라남역 못 미쳐서 내렸다. 그 곳에서 봉천동으로 가는 길에 자그마한 장마당이 있다. 봉천동에 있는 집들은 대부분 3층짜리 아파트인데 웬만한 아파트는 한 층에 3, 4집 정도가 아예 사람이 살지 않고 창문과 틀마저 다 뽑아 간 빈집들이 많다. 식량 사정으로 굶어 죽었거나 집을 버리고 방랑 생활을 하는 사람, 타지방으로 장사 나간 사람들의 집이 비어 있는 것이었다.

청진에서는 10월 10일 당 창건 기념일을 맞으면서 강냉이로 3일분을 주었다. 그렇게 일년에 한두 번, 주로 명절날에 2 - 3일분씩만 겨우 배급을 줄 뿐 도무지 식량 공급을 하지 않으므로 대부분의 사람들은 공장에 나가지 않고 장사를 해서 하루하루 살아간다. 사람들이 장사를 가면 집에 도둑이 들기 때문에 식구 중에서 누구 하나가 집을 지킨다. 그렇지 않으면 아예 집을 버리고 타지방으로 가서 장사하거나 꽃제비 생활을 하는 사람들도 많다. 그리하여 청진시에서도 라남구역이 집이 비어 있는 수가 제일 많다.

또한 봉천동에서 근동 기차역으로 가자면 자그마한 오솔길을 따라가야 하는데 그 옆 산에 온통 무덤들이 자리하고 있다. 묘지로 변한 면적은 발면적으로 계산해서 적게 쳐도 7 - 8정보 가량 되었다. 그 무덤들만 보아도 식량난으로 사람들이 얼마나 많이 죽었는가를 알 수 있다.

나는 장마당으로 들어갔다. 장마당에서는 음식물과 과일, 물고기, 쌀, 강냉이, 국수, 부식물, 두부깡치와 엿깡치를 팔고 있었다. 두부깡치와 엿깡치는 꽃제비들이나 탄을 도둑질해서 살아가는 불쌍한 사람들이 사서 끼니를 에우는 것이었다. 나는 장마당에서 아침을 사 먹고 집으로 갔다. 집은 오랫동안 비워 두어서 더욱 추웠다. 나는 너무 피곤했으므로 그런대로 인차 잤다.

라 남 장 마 당

나는 며칠 후 아침 늦게 라남구역 장마당으로 갔다. 라남장마당은 자그마하다. 장마당 바깥 둘레에는 쌀을 파는 매대와 국수 매대, 음식을 끓여 파는 매대, 떡, 빵, 순대 등을 파는 매대가 있다. 그 앞으로는 입던 옷, 신던 신발, 불삽, 불갈구리, 나무 등을 파는 매대와 공업품들을 파는 매대가 있고, 왼쪽으로 중국 담배와 잎담배, 물고기류 등을 파는 매대가 있다. 장마당 안에서는 돼지고기와 바닷물고기, 과일, 사탕과자, 술, 통조림, 미역, 파, 마늘, 고춧가루, 남새류, 세탁비누, 중국 신발, 화장품들을 판다. 중국 상품을 파는 위탁수매상점과 식당도 있다. 라남장마당에서도 역시 중국 상품이 가장 잘 팔린다. 음식 매대들은 비닐 박막 또는 흰천으로 지붕을 한 채 줄지어 자리하고 있다. 음식 매대에서는 음식을 끓여 주는데, 밥, 국수, 술, 맥주와 함께 물고기, 돼지고기, 콩나물, 감자, 조개류, 오징어 등을 재료로 한 반찬을 판다.

라남장마당에는 10 - 17살 정도의 남자 꽃제비들과 여자 꽃제비들이 많았다. 그들은 한결같이 때가 묻은 옷과 다 해진 신발을 신고 동복도 없이 추워서 두 손을 가슴 아니면 겨드랑이 속에 넣고 다녔다. 먹는 것은 빌어먹거나 여자들이 빵이나 떡, 두부, 밥 같은 것을 사 먹으면 기회를 보다가 덮쳐 가지고 달아나서 먹었다. 그들은 단결심이 매우 강하다. 여럿이 패를 치고 다니다가 한 명이 빵이나 떡 그릇을 엎어 놓고 달아나면 나머지 아이들이 달려들어 흩어진 음식을 주워 가지고 달아난다. 그리고는 한데 모여서 똑같이 나눠 먹는다.

1등 머저리 2등 머저리

라남장마당에는 특히 장사하는 아이들이 많다. 그들이 파는 것은 주로 콩나물이나 배추, 무, 콩튀우개, 강냉이튀우개, 사탕 등이다. 이들은 돈이 없으므로 남의 것을 외상으로 가져다가 팔아서는 본전만큼 주인한테 주고 나머지는 자기가 갖는다. 하지만 하루 종일 팔아 보았자 10, 20원 보기가 전부다. 그나마 물건을 전부 팔아 주는 것도 아니다. 그들은 배가 고프다 보니 팔면서 1, 2개씩 먹다나면 오히려 빚을 지게 되어 급기야는 주인들이 와서 때리거나 입은 옷마저 빼앗아 가는 일이 많다. 또한 어떻게 하나 한번 배부르게 먹어 보자는 생각에 외상으로 음식을 받아서는 다 먹어 버리고 돈이 없다고 뻗치는 현상도 많다. 그러므로 음식을 만드는 사람들은 웬만해서 외상으로 잘 주지 않는다.

조선에서는 남한테 돈을 주거나 물건을 꾸어 주는 것은 무상으로 주는 것과 같고 거저 버리는 것과 같다는 말들을 한다. 지금 조선에서는 남의 돈을 꾸어 쓸 때 1,000원당 한 달에 200원씩 이자를 준다. 그런데 돈을 꾸고는 갚지 않는 일들이 많다. 그렇기 때문에 조선에서는 남에게 돈을 꾸어 주는 것은 1등 머저리고 꾸어 쓴 돈을 물어 주는 것은 2등 머저리라는 소리가 돈다.

음 식 장 사 꾼 여 자 들

나는 라남장마당에서 나와 음식 매대로 갔다. 음식을 파는 여자들은 대부분 젊은 여자 아니면 19 – 24살난 처녀들이다. 손님들이 젊은 아가씨들의 매대로 가기 때문에 늙은 여자들의 매대는 잘 팔리지 않는다. 그러므로 늙은 여자들은 집에서 음식을 만들고 딸들을 장마당에 내보낸다. 그렇지만 처녀도 나이 차이가 있으니 좀더 젊고 어린 아가씨들한테 손님들이 몰리면 서로 질투를 한다. 늙은 여자들이 질투하면서 하는 소리가 우리는 늙었으니 쳐다보지도 않고 생생한 젊은 여자들한테만 간다며 젊은 처녀들 술과 음식은 우리 늙은이들 음식보다 더 맛있는가고 한다. 그러면서 늙은 호박꽃도 꽃이라고 말한다. 그 소리에 손님들은 죽어라고 웃으면서 "그럼 아주머니도 젊어지시오. 손님들이 아주머니한테 가서 사 먹게." 하고 말한다. 아주머니들은 제격 우리도 한때는 처녀들이었는데 시집가서 아이 놓고 젖을 다 빨리우고 나니 이렇게 늙었다고 대꾸한다.

정말 조선에서는 음식도 어떤 사람이 팔아 주는가에 따라, 젊었는가 늙었는가 아주머니인가 처녀인가를 분별해서 사 먹는 형편이다. 19 – 23살 처녀들은 식량난에 머리가 깨서 손님들을 끌 줄 안다. 서로 화장을 진하게 하고 웃옷도 여름에는 가슴이 보일락말락하게 입고 겨울에는 가슴이 세게 나오도록 입는다. 또 손님이 음식 매대에 나타나면 있는 애교 없는 애교를 다 부리면서 서로 끌어들이려고 한다. 정말 장마당 음식 매대에서 음식을 사 먹으려면 창피할 정도다.

내가 음식물 매대에 갔더니 주인들이 서로 끌어당겼다. 나는 먹으러 오지 않았다고 말하고 그냥 돌아보는 것처럼 하다가 이야기를 나눌 만하다고 여겨지는 처녀가 있는 곳으로 들어갔다.

음식 장사하는 여자들은 웬만큼 눈에 익어 내가 다 알 만한 얼굴들이었는데 그 처녀는 낯선 것이 장사를 시작한 지 얼마 되지 않은 듯했다. 주인 처녀는 웃으며 반겨 주었다. 안에는 탄을 때는 자그마한 풍로가 있었는데 거기에 냄비를 올려놓고 음식을 끓여 주었다. 나는 50원짜리 돼지고기 요리 한 접시와 두부 한 모, 명태 한 마리를 끓이게 하고 맥주 한 병을 주문했다. 주인 처녀가 명태와 두부를 끓이는 동안 지루해서 처녀보고 말을 시켰다.

내가 처녀보고 몇 살인가고 물었더니 그는 웃으면서 20살이라고 대답했다. 시집도 가지 않은 처녀인데 장마당에서 장사하는가고 하자 그는 웃으면서 처녀는 장사하면 안 되는가, 요즘에는 늙은이들이 음식 장사하면 손님들이 들어오지 않기 때문에 처녀들이 장사한다고 말했다. 내가 담배를 피워 물면서 식구가 몇인가고 물어 보자 처녀는 나를 힐끔 올려다보면서 초면인데 지내 알려고 하지 않는가고 했다. 나는 일부러 처녀한테 마음이 쏠린 것처럼 처녀 얼굴이 하도 아름다워 관심이 나서 물어 본다고 했다. 그는 웃으면서 별 웃기는 손님 다 보겠다고 했다. 그리고는 자기 식구 얘기를 들려 주었다. 어머니는 96년도에 굶어서 죽고 오빠도 그 해 겨울에 파라티푸스에 걸려 사망해서 집에는 아버지와 자신만 산다고 했다. 자신은 신발공장에 다녔는데 생산도 하지 않기 때문에 먹고 살기 위해 이렇게 장사를 한다고 했다. 아버지는 김책제철소 노동자인데, 그 곳 역시 돌지 않으므로 직장에 나가지 않고 그 대신 탄도 끌어오고 물도 길어 주면서 자기가 하는 장사를 거들고 집을 지킨다고 했다.

돈 티 푸 스

조선에서는 96 - 98년까지 봄과 여름에는 콜레라가, 10월 말부터 4월까지의 겨울에는 파라티푸스가 돌았다. 파라티푸스는 공화국 전 지역을 휩쓸었는데, 식량난까지 겹쳐 수많은 사람들의 목숨을 빼앗아갔다. 내가 살던 곳에서만도 파라티푸스로 많은 사람들이 죽었다. 우선 약이 없었다. 그리고 파라티푸스를 앓으면 고열이 나므로 음식을 먹지 못하는데 사람들이 식량이 없어 맹물로 살다나니 몸이 여위어 병을 이겨 내지 못했다. 결국 영양을 보충해야 되는데 그럴 돈이 없어 많은 사람들이 죽었다. 96년과 97년도에 파라티푸스 약값은 한 번 먹는 양이 20 - 30원으로 비싸 웬만한 집에서는 약을 쓸 엄두도 내지 못하였다. 그리하여 당시 조선에서는 파라티푸스를 "돈티푸스"라고까지 말했다. 돈을 먹어야 낫는다고 그렇게 말했던 것이다.

돈 을   위 해 서 라 면

음식이 다 끓었으므로 나는 먹기 시작했다. 처녀는 나에게 맥주를 한 잔 부어 주었다. 10원짜리 맥주인데 쌀뜨물보다 못했다. 나는 맥주를 단숨에 마시고 이번에는 술 한 병을 달라고 했다. 그는 다시 나에게 술을 한 잔 부어 주었다. 나는 잔을 하나 달라고 해서 술을 부어 그 처녀에게 권하면서 같이 동무해서 마시자고 했으나 그가 거절하였다. 나는 처녀가 자기가 값을 절반 물 것 같아 그런다는 것을 눈치채고는 값은 내가 다 낼 테니 걱정하지 말고 나도 혼자인데 심심하지 않게 동무해 달라고 말했다. 그제야 그는 좋다고 머리를 끄덕이며 술을 마시기 시작했다.

　이번에는 여자가 나보고 집이 어딘가고 물어 보았다. 나는 집은 수남구역에 있는데 군사 복무를 마치고 제대되어 집에 온 지 며칠 안 됐다고 거짓말을 했다. 내가 음식 장사는 잘 되는가고 물으니 그는 그럭저럭 되는 편이지만 음식만 팔아서는 먹고 살기 힘들다고 말했다. 그러면서 요즘 이 음식물 매대에 나오는 여자들은 낮에는 이렇게 음식을 팔면서 도둑들이나 망나니 혹은 출장원들을 사귀어 그들과 미리 시간 약속을 해 놓고는 저녁에 집에 데리고 가서 몸을 주고 그 대가로 돈이나 물건 같은 것을 받아 생활한다고 이야기했다.

　내가 그러면 부모들이 가만히 있는가고 하였더니 나보고 금방 제대되어서 사회 물정을 잘 몰라서 그런 소리 하는데 요즘 세월이 살아가기 바쁘다나니 부모들도 그런 짓을 못 본 척하면서 우정 그런 조건을 지어 준다고 말했다. 딸들이 장마당에 나갔다가 돌아올 때 남자 손님을 달고 오면 자리를 피해 주거나 아니면 밖으로 자물쇠를 채워 주고 어딘가로 나간다는 것이었다. 내가 웃으면서 설마 그럴 수가 있는가고 하니 그도 웃으면서 아저씨도 하나 소개해 달라면 해 주겠다고 농소리를 했다. 그리하여 나는 처녀브고 내가 처녀가 마음에 있다고 하면 내가 요구하는 대로 하겠는가고 물어 보았다. 그는 웃음을 지으면서 그까짓거 자리나는 것도 아닌데 돈만 많이 준다면 돈이 싫어 마다하겠는가고 하는 것이었다. 이처럼 20살 나이에 돈을 위해서라면 자기의 귀중한 몸까지도 서슴없이 내놓는 것이 지금 조선 여자들의 보편적인 일이다.

음 식　매 대　꽃제 비　남 매

　이 때 11살 정도 나는 남자아이가 처녀를 아는지 들여다보면서 웃었다. 처녀는 그 아이보고 손님이 식사를 다 하면 오라고 말했다. 그러자 그 아이는 2-3미터쯤 물러나 다른 꽃제비들이 음식 매대에 접근하지 못하게 하고는 내가 식사가 끝나기만을 기다렸다. 나는 처녀보고 아는 아이인가고 물었다. 그는 장마당 꽃제비인데 집은 라남이고 엄마가 죽고 아버지와 여동생과 사는 아이라고 말했다. 나는 다시 어떻게 저 아이를 알게 됐는가고 물었다. 처녀는 자기네가 음식을 하기 때문에 고춧가루, 파, 마늘, 기름 등을 사서 쓰는데 저런 꽃제비 아이들이 도둑질해서 가지고 오는 것을 싼값에 주고 사거나 아니면 손님들이 먹다 남긴 음식 찌꺼기를 남겨 두었다가 주는 것으로 값을 치른다고 하였다. 그리고는 저런 아이들이 매대 하나씩 고정으로 친해 놓고 음식물 찌꺼기를 얻어 먹고 그 대가로 조미료나 부식물들을 조금씩 훔쳐다 준다고 말했다.

나는 밥을 2사발 달라고 하고 꽃제비 아이를 불렀다. 그러자 그 녀석이 얼른 달려왔다. 나는 두부 한 모에 명태 반 토막을 넣어 끓이게 해서 밥 한 사발과 함께 그 녀석에게 주라고 하였다. 나는 음식이 끓을 동안 꽃제비 아이에게 부모가 없는가고 물었다. 아이는 아버지와 동생이 있고 어머니는 중국에 갔다가 잡혀 와서 회령 집결소에 있다고 대답했다. 그러자 주인 처녀가 그 아이보고 "야, 이 새끼야! 니 나보고 전번에 엄마 죽었다고 하던기." 하였다. 음식 끓인 것을 그 아이에게 먹으라고 주고 나도 식사를 하는데 9살 정도 나는 또 다른 여자아이가 매대 앞에서 지켜 보는 것이었다. 밥을 먹던 남자아이가 여자아이를 돌아보더니 내 눈치를 보면서 "야, 가라. 내 먹다가 주께." 라고 말했다. 그러자 여자아이는 울상이 되어서 아버지한테 다 말하겠다고 소리쳤다. 하기야 9살 철부지가 오빠는 매대 안에서 입쌀밥에 두부를 먹는데 얼마나 먹고 싶겠는가. 나는 대뜸 동생이라는 것을 알고 들어오라고 하여 밥 한 사발과 두부, 내가 먹던 밥과 반찬을 모두 주었다. 나는 그 애들이 먹는 값까지 모두 계산해서 돈을 주고 나왔다.

외화벌이 나그네

나는 다시 장마당에 들어가서 찹쌀 2킬로그램, 닭알 20알, 돼지고기 2킬로그램, 참미역 2킬로그램, 털게 5마리, 가자미 1마리를 사 가지고 외화벌이 하는 나그네 집으로 갔다. 집에 가니 집주인은 아직 오지 않았고 부인만 있었다. 내가 장마당에서 사 온 것을 보더니 그 집 아주머니는 무슨 것을 이렇게 사 오는가고 했다. 그 집은 남편이 큰 기업소의 외화벌이 일꾼이므로 천연색 텔레비와 록화기, 록음기, 세탁기, 전기 채가마, 전기 밥가마 등 없는 것이 없었다. 그것도 모두 외제 일색이었다. 텔레비, 록화기, 록음기, 세탁기는 일제 히다찌 제품이었고, 전기 밥가마는 중국제였다. 이 집 역시 주인이 외화벌이 일꾼이지만 자식들이 대학에 다니니 그 뒷돈이 엄청나게 들어서 생활하기 바빠했다. 그 집 아주머니는 요리 솜씨가 이만저만이 아니었다. 아주머니는 찹쌀로 모찌떡을 해 먹자고 하였다. 조금 있다가 집주인이 돌아왔다. 그는 나를 보더니 반가워하면서 언제 왔는가고 하였다. 나는 며칠 전에 돌아왔다고 대답했다. 그리하여 부인이 부엌에서 저녁 준비를 하는 동안 방에서 주인과 나는 이야기를 나누었다.

집주인이 나보고 갔던 일은 잘 되었는가고 물었다. 나는 덕분에 장사가 그럭저럭 잘 됐다고 말했다. 나는 요즘 또다시 전기를 주지 않던데 언제부터 그랬는가고 물었다. 그는 전기를 아예 못 본 지가 20일은 되었다고 말했다. 나는 전기가 공급되지 않으니까 요즘 사람들이 텔레비를 보지 못하여 당의 정책도 모르지 않는가고 하면서 참으로 답답한 노릇이라고 말했다. 집주인은 요즘엔 사람들이 그런 것을 세지 않는다면서 그래서 우에서 구슨 일이 벌어지는지도 모르는 까막눈, 정치 문맹자들이 되었다고 말했다.

배 전 부   전 기 장 사

당시 청진시 전력부에서는 우에서 주민 세대에 전기를 주지 말라는 지시를 준 일도 없는데 청진시내 1호도로 앞 아파트에만 전기를 공급하고 나머지 집들에는 돈을 받아 먹고 전기를 주고 있었다. 그들은 전기를 돈을 받아 먹고 주면서 다른 집들에서 못 보게 창문을 가리고 보라고까지 말했다. 나라 사정이 어려우니 국가 전기도 장사하는 형편이었던 것이다.

내가 전력부가 저렇게 비법 행위를 하는데 단속도 하지 않는가고 말했더니 외화벌이 나그네는 어느 법이 그런 걸 단속하는가고 하면서 지금 배전부가 살 때 만났다고 했다. 자기네도 자기네 아파트만 돈을 모아 전기를 받을 수도 있는데 그렇게 할 수 없어서 전기를 못 본다고 했다. 자기네 아파트는 돈을 내라면 다 낼 수 있는 수준이지만 단층집하고 다른 아파트에 사는 사람들은 그런 돈을 낼 형편이 못 되거니와 하루 세 끼 강냉이 사 먹을 돈도 없다고 했다. 그러면서 자기네 동네에서도 가족이 모두 중국으로 도주한 집이 3집이고 딸이나 아들들이 중국에 간 집이 5, 6세대 정도 된다고 말했다. 그는 이대로 나가다가는 사회가 어떻게 되겠는지 모르겠다고 한숨을 지었다.

저녁에 학교에 갔던 아들과 딸이 돌아왔으므로 함께 저녁 식사를 했다. 식사를 하고 나서 집주인과 이야기를 더 하다가 집으로 돌아가려고 일어섰다. 아주머니는 모찌를 싸 주면서 집에 가져가서 먹으라고 했다. 나는 고맙다고 인사한 후 집으로 돌아왔다.

고 무 산 역

나는 12월 17일 회령으로 가려고 집을 나섰다. 수성역에서 저녁에 무산으로 가는 화물차 대가리에 돈 100원을 주고 고무산까지 타고 갔다.

고무산에는 밤 12시경에 도착했다. 나는 다시 회령으로 가는 화물차를 기다리려고 대합실로 들어갔다. 내가 담배를 피우며 떨고 있는데 38살 정도 되어 보이는 아주머니가 와서 대기숙박할 손님이 없는가고 하였다. 화물 열차가 도착했으므로 대기 손님을 데리러 7, 8명 정도의 여자들이 나와 있었다. 그들을 따라가는 사람들도 있었고 새벽에 혹시 화물차가 올지도 모른다는 생각에 역 대합실에서 계속 기다리는 사람들도 있었다. 내가 들어갈까 말까 망설이는데 그 아주머니가 나한테 와서 집이 역전에서 가깝고 또 뜨끈뜨끈하니 대기하지 않겠는가고 말했다. 내가 혹시 새벽에 기차가 있으면 어떻게 하는가고 물으니 그 아주머니는 자기가 다 알려 준다고 걱정 말라고 하였다. 그리하여 나는 아주머니를 따라갔다.

꽃 밭 에 서 자 다

집에 가니 전기를 주지 않아 들어가자마자 등잔을 켰다. 아주머니 말대로 집은 더웠다. 방에는 여자 3명이 먼저 와서 자고 있었다. 하지만 그 집에는 이불이 없어 숙박하는 여자들이 모두 동복을 덮고 자고 있었다. 한쪽에는 10살 난 그 집 딸이 자고 있었다. 그 집에서 나만 남자였으므로 나는 벽 쪽으로 가서 누웠다. 내가 덮을 이불이 없는가고 물으니 아주머니는 집에 덮을 것이 없다고 대답했다. 그리하여 나도 내 동복을 덮고 잠을 잤다.

아침에 일어나니 밤에 숙박했던 여자들 3명이 다 일어나 있었다. 30 - 33살 정도의 아주머니들이었는데 모두 무산까지 가는 장사꾼들이었다. 그들은 물고기와 늄가마, 옷가지들을 가지고 무산에 간다고 말했다. 주인 아주머니가 소래에 더운물을 떠 주면서 세면을 하라고 하였다. 아주머니들은 내가 남자이므로 나보고 먼저 하라는 것이었다. 비누도 없어서 나는 그냥 더운물로 얼굴을 문댔다. 세면을 한 다음 담배를 피우는데 아주머니들도 세면을 끝내고 차례로 들어와 앉았다. 무산까지 간다는 장사꾼 여자들은 이 집에서 몇 번 숙박했던 것 같았다. 아이 이름도 다 알고 아주머니하고도 아주 잘 알고 있었다. 주인 아주머니는 집이 구차하여 먹을 것이 없어 그렇지 성격이 매우 좋았고 붙임력도 좋았다.

장사꾼 아주머니들이 아침 식사를 하려고 도중식사를 꺼내는 것을 보니 강냉이 변성가루였다. 그들은 변성가루를 먹을 만큼 조금 꺼내 물에다가 이겼다. 이 때 주인집 아주머니가 돈들을 먼저 달라고 부탁했다. 숙박하는 사람들이 돈을 내야 아침 끼니감을 사다가 먹는다는 것이었다. 숙박비는 한 사람에 20원씩 하였다. 우리가 돈을 주자 그 집 아주머니는 딸보고 강냉이가루와 두부찌꺼기를 사 오라고 심부름을 시켰다. 나는 집을 떠날 때 장마당에서 사온 빵이 있었으므로 주인 아주머니보고 고뿌와 사발 한 개를 달라고 해서 술 한 고뿌와 빵으로 아침을 에웠다. 식사가 끝났을 때 그 집 딸이 장마당에서 돌아왔다. 나는 아이에게 빵 한 개를 꺼내 주었다. 주인 아주머니는 자기 식구가 먹을 아침으로 물과 두부찌꺼기를 끓이다가 강냉이가루를 풀어 넣고 죽을 쑤었다. 그리고는 부엌에서 아이와 함께 식사를 했다.

무산 장사꾼 아주머니들

장사꾼 아주머니들 중에서 한 명이 나보고 삼촌 어제 저녁 꽃밭에서 잤다고 말했다. 내가 왜 그런가고 물으니 자기네 3명과 주인집 아주머니와 딸을 합해서 여자는 5명인데 남자는 유독 삼촌 혼자였으니 꽃 속에서 잔 거라는 것이었다. 나는 그런가고 하면서 웃음으로 넘겼다. 그 아주머니들은 돌아다니면서 장사하다나니 쌍소리도 제법 잘 했다. 그들은 이어 함께 주패를 치자고 청했다. 내가 기차가 올지 모르므로 역전에 나가 보아야겠다고 말하니 이 집 아주머니가 다 알려 주기 때문에 걱정할 필요가 없다고 했다. 나는 썩 내키지 않아서 주패칠 줄 모른다고 했다. 그랬더니 그 아주머니들은 남자라는 게 시시하게 노는가고 하면서 차라리 바지를 벗고 치마를 입으라고 말했다. 여자들한테서 그런 말을 들으니 자존심이 상했다. 나도 주패라면 자신있었다. 그러나 아주머니들하고 놀기가 별나서 양보했는데 오히려 저희들 쪽에서 큰소리치는 것이었다.

나는 진짜 하겠는가고 물었다. 그들은 진짜 하는데 맨놀음으로 하는 것이 아니고 등수를 갈라 1등은 내지 않고 나머지 3명이서 300원을 맞추어 1등 한 사람이 좋아하는 음식을 사서 같이 먹자고 제의했다. 그리하여 매사람당 콩알을 10알씩 나눠 가지고 주패를 시작했다. 2시간 정도 하니 한 여자가 1알 남았다. 나하고 편이 된 여자가 제일 많이 가졌으므로 이번에만 지면 승부는 결정나는 셈이었다. 나는 우정 져 줌으로써 나하고 같은 편 아주머니와 2알씩 빼앗겼다. 그렇게 되자 그 아주머니와 내가 1, 2등권에 들어섰다. 나는 눈속임을 해서 혼자서 편이 되도록 주패를 돌렸다. 예상했던 대로 나는 혼자 편이었다. 아주머니들은 그런 사정을 모르니 서로 타기하는 것이었다. 나는 눈속임으로 결국 주패에서 이겨 그 날 점심 한 끼를 잘 먹었다.

고무산의 3가지 자랑거리

오후 2시경에 무산으로 가는 화물 열차가 있었으므로 3명의 장사꾼 여자들은 숙박집을 떠났다. 그리하여 주인 아주머니와 나와 아이만 남게 되었다. 나는 주인 아주머니보고 남편이 어디 갔는가고 물었다. 아주머니는 자기가 장사를 못 해서 남편 공대도 잘 하지 못하고 가정 생활도 잘 꾸리지 못하니 처녀를 사귀어 나가서 돌아다닌다고 말했다. 나는 다시 고무산 사람들은 어떻게 살아가는가고 물었다. 그는 고무산에 전해 오는 3가지 자랑거리가 있는데 첫째는 바람이 세게 부는 것이고, 둘째는 과부가 많은 것이며, 셋째는 돌이 많은 것이라고 하였다. 그러면서 고무산이라는 데는 사람 못 살 데라고 했다. 우선 식량 공급이 없으므로 장사를 해서 살아가고 땔감도 20 - 30리 길을 걸어가서 나무를 해다가 해결한다고 했다.

아주머니는 계속해서 자기네 아파트에 모두 30세대가 사는데 과부가 13세대라고 했다. 3층은 9세대가 과부들이라며 그들은 남편이 없으므로 집에서 술과 음식을 팔아 드리는데 주로 고무산 망나니들과 타지방에서 와서 도둑질하면서 돌아다니는 도둑들, 여행자나 출장원들을 대기숙박시키면서 몸도 팔고 음식도 팔면서 살아간다고 했다. 3층에 있는 과부들은 모두가 27 - 30살 정도의 젊은 여자들이므로 한 번 왔던 사람들은 재미를 붙여 고무산에 오면 자기가 다니는 과부집에 들어가 숙박하면서 매음을 한다고 했다. 고무산에는 또한 고무산 세멘트공장이 있어 국경 경비대 군인들이나 다른 육군 군인들이 세멘트를 구하러 오는데 그들은 주로 자기네 아파트 3층에서 사는 과부들 집에 숙소를 잡는다고 했다. 그러면서 아주머니는 고무산에는 군인, 출장원, 도둑들에게서 도움을 받고 사는 과부들만 살아가기 좋은 데라고 말하는 것이었다.

그럼 아주머니는 어떻게 사는가고 물었다. 아주머니는 주로 대기숙박을 해서 하루하루 살아간다고 말했다. 그러면서 자기네 집은 방이 하나뿐이므로 대기숙박 손님들과 같이 자는데 자기는 과부 생활을 하다나니 신경이 예민해서 밤에 잠을 잘 못 잔다고 하였다. 숙박 손님들 중에서 혹시 부부간이라고 여자 남자가 들어오면 밤새 자지 않고 그짓을 하는데 자기도 여자이므로 정말 참기 어려울 때가 많다고 했다. 그들은 부부라고 말하지만 실지로는 같이 장사를 다니는 남남이라는 것이다. 또한 자기 집에 군관들이 여자들을 데리고 와서 숙박할 때면 자기와 딸아이가 잠도 들기 전에 그짓을 한다고 하였다. 아주머니는 자기는 어른이 돼서 그런대로 이해를 하는데 철부지 아이가 아직 잠도 들지 않았는데 그짓을 할 때면 제일 바쁘다고 말했다. 다음날 아침에 그들이 가면 아이가 자기보고 밤에 있었던 소리를 한다는 것이다. 그리하여 자식이 여자아이고 또 철부지여서 밖에 나가 말을 낼 것 같아 대기숙박을 하지 말자고 해도 입에 넣을 낟알이 없으므로 울며 겨자 먹기로 대기숙박을 한다고 했다. 아주머니는 빨리 사회가 풀려야지 그렇지 않으면 사람들이 어떻게 되겠는지 모르겠다고 말했다.

아주머니는 또 고무산에도 중국에 가면 잘 산다는 소문을 듣고 무산으로 해서 중국으로 간 여자들이 있고 중국에 갔다가 잡혀 나온 여자들도 있다고 이야기했다.

우리가 이렇게 이야기를 하는데 밖에서 기차 고동 소리가 들려 왔다. 주인 아주머니는 역전으로 나갔다 돌아오더니 회령 쪽으로 가는 화물 열차가 있는데 30분 정도 정비하고 간다고 알려 주었다. 내가 담배 한 대를 피우고 아주머니한테 가겠다고 인사했다. 그는 갔다가 들르면 자기 집으로 또 오라고 했다.

역전에 나가니 기관차를 정비하고 있었다. 나는 한참 기다리다가 기관사에게 다가가 돈을 내겠으니 같이 가자고 부탁했다. 어디까지 가는가고 묻길래 회령까지 간다고 대답하니 그가 올라오라고 했다. 나는 100원을 주고 기관실 옆에 앉았다. 그 안에는 먼저 여자 2명과 남자 3명이 타고 있었는데 모두 배낭을 한 개씩 가지고 있었다.

16 | 회령 12월

비사구루빠

　밤에 회령에 도착하자마자 회령 장사꾼네 집으로 갔다. 그 집 문을 두드리니 안에서 누구를 찾는가고 묻는 소리가 들려 왔다. 내가 청진 조카가 왔다고 말하자 그 집 주인이 문을 열어 주었다. 집에 들어가니 아주머니는 텔레비를 보고 있었다. 시계를 보니 8시가 조금 넘었다. 회령집 부부는 반가워하면서 무엇을 타고 왔는가고 물었다. 나는 화물차를 타고 왔다고 대답했다.

　저녁을 먹었는가고 물어 보길래 먹지 못했다고 하니 집주인은 부인보고 저녁을 차리라고 하면서 술도 가져오라고 했다. 그리하여 회령집 나그네와 나는 같이 앉아 술을 마시며 식사를 했다.

　집주인은 장사 갔던 일은 잘 됐는가고 물었다. 나는 고생은 했지만 일은 잘 풀렸다고 말했다. 곧이어 그는 청진에는 비사회주의 검열이 들어왔는가고 물었다. 내가 청진에서는 비사회주의 검열을 하지 않았다고 하니 그는 회령에서는 11월 중순부터 검열이 시작되었다고 말했다.

　그리하여 밤에 숙박 검열도 자주 하고 텔레비, 록음기 검열도 했다고 이야기했다. 이번에 회령에 온 비사구루빠는 무산을 먼저 하고 회령에 왔는데 그들의 임무는 장사꾼, 중국과 거래한 문제, 비법 월경, 국가 재산 절도 등 모든 문제를 다 보면서 부정 축재를 제지하는 것이라고 하였다. 그들은 회령에서도 지금 사람들을 요해하려고 인민반에도 나오고 직장에도 나와서 요해 사업부터 한다는 것이었다. 그는 얼마 동안 이야기하다가 나가 열차를 타고 와서 피곤할 테니 인차 잠을 자자고 했다.

중 국 에 갔 다 잡 혀 오 는 사 람 들

다음날 아침에 일어나 밥을 먹으면서 집주인이 요즘 우리 쪽과 중국 쪽의 정세가 좋지 않은지 중국에서 조선 사람이 많이 잡혀 나온다고 이야기했다. 그리고 나서 지금 회령에 비사회주의 검열이 들어왔기 때문에 숙박 검열을 더욱 자주 하는데 그것은 자기네가 다 처리하겠다고 말했다. 하지만 회령에 있는 동안 매사에 신중하고 말 한 마디도 실수하지 말라고 신신 당부했다. 내가 회령에 있는 동안 중국에 갔다가 잡혀 오는 사람들을 두 번에 걸쳐 보았다. 한 번에 20 - 30명 정도씩 잡혀 왔는데 그들 속에는 7 - 10살까지의 여자아이들과 남자아이들도 있었다.

그들은 모두 두 손을 묶인 채 회령시 보위부로 호송돼 갔다.

콩 갈 이 영 업 하 는 유 치 원

하루는 내가 회령시에 있는 한 유치원에 가 보니 아이들이 있어야 할 유치원에 아이들은 없고 두부하기 위하여 콩을 갈아 주는 영업을 하고 있었다. 식량이 없고 또 겨울에 난방이 잘 되지 않아 부모들이 아이들을 유치원에 잘 보내지 않기 때문에 진작부터 유치원 운영을 하지 않았다는 것이다.

조선에서는 공장에 일하러 나가는 부모들이 아이들을 탁아소나 유치원에 보낸다. 식량난이 있기 전에는 아이들 집에서 량표를 15일분씩 들여놓으면 탁아소나 유치원에서 아이들에게 점심 식사를 주고 저녁에 집에 갈 때에는 간식으로 과자, 사탕, 과일 등을 주었다. 하지만 지금은 탁아소나 유치원에서 아이들에게 간식을 주지 않으므로 집에서 도시락을 챙겨 가야 한다. 아이들은 간식 타 먹는 재미로 유치원에 가는데 간식이 없고, 또 부모가 도시락을 싸 주지 못해 대부분 가지 않는다. 또한 유치원에서는 김일성과 김정일 교양실을 꾸리는데 거기에 드는 비용을 유치원생 부모들에게 얼마씩 내게 한다. 부모들은 그런 돈을 낼 형편이 못 되기 때문에 더욱 아이들을 유치원에 보내려고 하지 않는다.

그 날 오후에 술을 사러 회령철도합숙 음식물 가공매대에 들어가는데 복도에 5-6살쯤 돼 보이는 아이가 헌옷을 입고 두 팔은 추워서 배 속에다 넣고 오들오들 떨면서 사람들이 식사하는 모습을 지켜 보고 있었다. 나는 그 아이를 보니 속이 내려가지 않았으므로 먼저 술과 명태 4마리, 두부 4모를 사고 나머지 돈으로 빵 4개와 두부밥 5개를 사서 아이에게 주고 나왔다.

회 령   역 전   꽃 제 비   형 제

12월 22일 오후에 '평양-온성행' 열차가 온성 쪽으로 내려갔다. 나는 다음날 아침 10시쯤부터 역전에 자주 들락날락 하면서 기차 시간을 알아보았다. 그러다가 역전 출입문 사이에서 7-10살 정도의 남자아이 2명이 앉아 있는 것을 보았다. 작은아이가 누가 주었는지 강냉이를 먹고 있었는데 큰아이가 좀 달라고 해도 주지 않는 것이었다. 아이 두 명은 추운 겨울인데도 신발을 못 신고 헝겊과 솜장갑 해진 것으로 발을 감싸고 있었다. 역전으로 드나드는 사람들 중에는 아이들의 참상이 차마 보기 힘든 형편이므로 얼굴을 찡그리며 혀를 차는 사람, 불쌍하다고 동정하는 사람, 저런 새끼들을 버리고 달아난 에미는 벼락을 맞는다고 욕하는 사람 등 별의별 사람들이 다 있었다. 그러나 출입문 앞과 대합실 안에는 강냉이튀우개, 콩튀우개, 빵 등을 파는 장사꾼들이 있었건만 그 누구도 아이들에게 먹을 것을 주지 않았다. 그 아이들이 먹으면 얼마나 먹겠는가. 그런데도 콩 한 줌 쥐어 주지 않고 그냥 말로만 불쌍하다고 이야기하는 것이었다.

나는 그 애들 앞에 앉아 담배를 피우면서 집이 어디인가고 물었다. 아이들은 집이 함북도 전거리라고 대답했다. 내가 너희 형제인가고 물으니 그렇다고 머리를 끄덕였다. 내가 다시 부모는 없는가고 물었더니 아버지하고 어머니가 싸움한 뒤에 어머니가 자기들을 회령에 데려다 놓고 달아났다고 말했다. 이 얼마나 가슴 아픈 일인가! 철없는 어린아이들 말이라고 무심히 들을 수 없는 이 현실을 어떻게 외면한단 말인가. 저들의 부모들도 처음 가정을 꾸렸을 때는 희망과 포부가 컸을 테고 아이들을 잘 키워 훌륭한 사람으로 내세우고 싶었을 것이다. 하지만 식량난이라는 이 참기 어려운 고난 앞에서 두 부부가 이겨 내지 못하고 서로 싸우다 못해 철없고 불쌍한 아이들을 추운 겨울 한지에 버리고 자기 하나만을 위해 달아난 것이다. 하지만 아이들을 버리고 가는 엄마의 가슴은 또 얼마나 아팠겠는가. 짐승도 자기 새끼 귀한 줄을 아는데 하물며 사람인 그들이 오죽 어려웠으면 제 새끼를 버렸겠는가. 이 가슴 아픈 현실은 지금 식량난으로 허덕이는 조선에서 벌어지고 있는 사실이다. 참혹한 식량난은 수많은 조선 여성들을 본의 아니게 악마로, 야수로 만들어 버렸다.

나는 눈으로 아이들의 발을 가늠한 후 사람들이 많으므로 인차 자리에서 떠났다. 그리고는 장마당에 가서 150원씩 주고 아이들 솜동화 26문과 24문짜리 2개를 샀다. 오다가 역전 옆에 있는 음식물 매대에서 빵과 두부밥, 사탕도 사서 비닐 봉지 2개에 나누어 담았다. 나는 음식물과 신발을 남들이 보지 못하도록 동복 품 속에 넣고 다시 역 대합실 복도에 갔다. 나는 한참 지켜 보다가 사람들이 아이들 앞에서 없어지고 조용해졌을 때 아이들에게 다가가 신발을 신겼다. 작은아이 신발이 조금 컸다. 그래도 없는 것보다 나았을 것이다. 나는 아이들에게 음식을 한 봉지씩 주면서 이걸 싸우지 말고 나눠 먹고 아버지 어머니를 찾아가라고 말한 후 회령집으로 돌아왔다.

아 이 를 버 리 는 조 선 부 모 들

　조선의 젊은 여성들은 결혼하여 아이 낳는 것을 큰 걱정거리로 여긴다. 아이를 낳으면 제대로 먹지 못하여 젖이 잘 나오지 않아 산모와 아이가 모두 영양 실조에 걸려 버린다. 아이를 낳아도 기를 여력이 없기에 어머니들이 길가나 역 대합실, 장마당 앞에 아이를 버리는 현상이 많다. 그리하여 96 - 97년에는 아이를 데리고 있는 여성은 공민증과 여행증이 있어야만 역 기다림칸에 들여놓는 질서까지 나왔었다.

　97년 겨울에 혜산에 금속을 팔러 가려고 할 때였다. 내가 역전으로 기차 시간을 알아보러 갈 때에는 아이가 없었는데, 역전에 갔다가 오는 15분 동안에 길가에 금방 놓고 간 듯한 갓난아기가 있었다. 갓난아기는 추운 겨울날 실한 오리 걸친 것이 없이 차가운 겨울 날씨와 함께 몸이 식어 가고 있었다. 이 얼마나 몸서리치는 현상인가! 식량난이 아니라면 응당 금이야 옥이야 떠받들리고 포근한 엄마의 품에 안겨 사랑만을 받으며 자라날 아이가 어머니 뱃속에서 나오자마자 쓰레기처럼 버려진 것이었다. 이것이야말로 식량난에 허덕이는 조선의 현실이다.

　또한 조선에서는 이혼이라는 것이 노래소리다. 원래 결혼을 해도 2 - 3년간은 결혼 등록을 하지 않는 것이 추세이므로 따로 이혼 절차를 밟을 필요도 없다. 지금 조선에서는 남녀간에 같이 살면서도 몇 년 간은 실험한다는 말들을 한다. 그리고 같이 살다가 마음이 맞지 않으면 쉽게 서로 갈라진다. 무엇보다 식량난이 겹치면서 가정이 함께 살면 무리 죽음을 당하기에 서로 울면서 이혼 아닌 이혼을 하는 일들이 무척 많아졌다. 그들은 한결같이 훗날에 식량 사정이 풀리면 다시 살기로 하고 헤어진다. 그러니 자연히 버려지는 아이들이 늘어나고 있다. 큰 도시의 역 앞이나 장마당에도 부모들이 버리고 간 아이들을 많이 볼 수 있다. 그들은 꽃제비가 되어 사람들에게 먹을 것을 구걸하거나 식당이나 장마당에 가서 손님들이 먹다 남긴 음식물 찌꺼기를 얻어 먹고 하루하루 연명한다.

자식을 데리고 산다고 해도 부모들은 살기가 어려우니 언제 자식을 돌볼 형편이 못 된다. 많은 사람들이 자식들을 부모한테 맡기거나 그렇지 못한 사람들은 아이들만 남겨 놓고 장사를 다닌다. 아이들은 장사를 떠난 아버지나 어머니가 약속한 날에 돌아오지 않으면 장마당이나 역전에 나가서 방랑 생활을 한다.

회령 - 함흥 열차

12월 24일 오후에 '온성 - 평양행'이 회령에 도착했다. 나는 먼저 열차 승무안전원 조장을 만나서 인사를 한 다음 한 가지 신세를 좀 지자고 하였다. 다른 것이 아니고 회령에 있는 친척 집에 도움을 받으러 왔다가 다시 함흥으로 돌아가려고 하는데 같이 좀 가자고 사정했다. 함흥까지만 데려다 주면 인사차림을 하겠다고 하자 안전원 조장이 혼자인가고 물었다. 나는 혼자라고 대답하고는 도중식사를 준비해 가지고 기차가 떠날 때 단속칸으로 가겠다고 했더니 안전원 조장은 그러라고 했다. 나는 장사꾼들한테서 500원 하는 중국 장백삼 담배 한 막대기와 중국 술 3병, 마른명태 10마리, 닭알 40알을 사 가지고 열차 단속실로 갔다. 그리하여 열차 안전원 조장을 통해 함흥까지 무사히 가게 되었다. 안전원도 돈이면 다 틀어 줄 수 있는 것이다.

그 날 따라 며칠 기차가 없다가 와서 그런지 사람들이 굉장히 많았다. 방통 안에는 도저히 더 이상 들어갈 틈이 없어 지붕 우에 올라가고 심지어 발판 밑에까지 탔는데도 못 탄 사람들이 가득했다. 저번 10월에 회령에서 고원으로 나갈 때는 평양 안전원들이 온성까지 왔다가 다시 평양까지 승무했다. 그런데 11월 초부터는 함흥철도총국 안전부에서 맡게 되어 함흥 안전원들이 함흥에서 온성까지 왔다가 함흥까지 승무하였다. 그리고 함흥에 와서는 또 다른 함흥 안전원들이 평양 갔다가 함흥까지 와서 다음 온성 가는 조에다 인계를 해 주게 되었다.

기 차 칸 군 인 들 횡 포

기차는 어두워서 떠났다. 전거리에서 기관차가 고장나는 바람에 수리를 하고 다음날 새벽 6시경에 다시 출발했다.

청진에 도착한 것은 점심경이었다. 청진역에 기차가 도착하자 주위에 음식 장사꾼들과 꽃제비들이 몰려들었다. 장사꾼들은 음식을 사라고 하고 꽃제비들은 노래와 요술을 하겠으니 돈이나 먹을 것을 달라고 했다. 그러나 사람이 워낙 많아 복잡했으므로 누구도 거들떠보지 않았다.

청진역에서 기차를 기다리던 여행자들은 어떻게나 차에 오르려고 안간힘을 썼다. 창문으로 오르다가 검열대 안전원에게 단속되어 얻어맞거나 잡혀가는 사람들도 있었다. 또한 군인들은 창문에 기대어 있는 사람들에게 자기들이 올라갈 수 있도록 비키라고 소리쳤다. 하지만 기차 안은 움직일 틈도 없는데 그들이 어떻게 자리를 내 준단 말인가. 그러면 군인들은 기차 철길 주변에 있는 돌을 주워 들고 와서는 창문 안에다 던지면서 야단을 친다. 그러나 역전 검열대 안전원들이나 열차 승무안전원들 중에서 누구 하나 말리지 못한다. 역시 조선은 군인들이 판을 치는 세상이다. 그들은 그렇게 강박으로 기차에 올라서는 자기들이 창문을 지키고 앉아서 가다가 사람들이 질식되어 죽을 지경인데도 담배나 술, 돈 같은 뇌물을 받고 무작정 올려 태운다.

기차 안은 그야말로 수라장이 되어 버린다. 이렇게 복잡한 틈을 이용해서 도둑들과 소매치기꾼들은 승객들의 짐이나 돈을 챈다.

청진역에서 기관차를 교체하는데 기관차가 없어서 또다시 다음날 새벽 3

시까지 기다렸다가 청진을 떠났다. 나는 사람이 많아 복잡하므로 밖에 나가지 않고 열차 안전원실에서 잠을 잤다.

기 차 함 정

아침 10시경에 함경남도 여해진에 도착했다. 기차가 원래 단천까지 들어가서 기관차를 교체해야 하나 철도부끼리 서로 네 구간 내 구간 하면서 밀기를 한다. 그리하여 함북도 기관차는 함남도 기관차가 와서 끌고 가게끔 단천 조금 전에 기차를 떼어놓고 달아나 버린다. 또한 단천역에서는 자기들이 큰 역전이고 기술역이어서 기차를 대피시켜 놓으면 무질서하므로 단천에서 기차를 받지 않고 그 전에 있는 작은 역에다가 대피시키는 경우가 많다. 그렇게 되면 기차는 며칠이 걸리더라도 기관차가 올 때까지 꼼짝없이 서 있게 된다. 그래서 조선 사람들은 남쪽 방면에서는 신성천, 거차, 부래산, 현흥역을, 북쪽 방면에서는 단천 전역인 오몽리, 여해진, 룡반, 수성, 전거리역을 기차가 서면 떠나기가 힘들다고 하여 '함정'이라고 부른다. 그 날 우리가 탄 기차도 여해진에서 하루 종일 기관차를 기다렸으나 결국 오지 않았다. 그리하여 그 날도 밤새도록 기차 안에서 있었다.

여해진에 기차가 선 지 만 이틀이 다 되었을 때였다. 새벽 5시경에 기다리고 기다리던 기관차가 왔다. 기차가 너무 힘들게 오다나니 사람들이 기관차를 붙이는 순간 만세를 불렀다. 기차는 드디어 '기차 함정'이라고 부르는 여해진역을 출발했다.

기차는 단천역을 지나서 신북청역에 아침 9시쯤 도착했다. 오는 동안 사람이 많아 증명서와 차표 검열을 하지 못했다. 신북청역에도 기차를 기다리는 사람들이 많았다.

점심을 먹은 후 기차는 드디어 함흥을 가까이 하고 있었다. 함흥을 가까이 함에 따라 함흥에 내릴 손님들과 안전원들이 내릴 준비를 했다. 기차가 흥남 구역을 통과할 때 보니 흥남비료공장이 돌아가지 않았다. 굴뚝에서 연기가 나지 않는 것을 보아 공장이 섰음을 알 수 있었다. 흥남구역 천기동부터 흥덕 구역까지의 도로에는 군데군데 매대를 차려 놓고 음식 장사하는 사람들과 추운 겨울도 마다하지 않고 살아가기 위해 탄을 장사하려고 힘들게 끌고 가는 남녀들이 드문히 보였다.

2부

99년 겨울과 봄

17 함흥 설명절

외화상점 앞 매춘 여성들

12월 28일 오후 2시경에 함흥역에 도착했다. 함흥에 도착하니 안전원 가족들이 구루마삯꾼들을 데리고 홈까지 마중 나와 있었다. 열차 안전원들은 저마다 강냉이와 콩, 중국 장판지, 담배, 공업품 등을 구루마에 실었다. 열차 안전원들이 서로 인계를 하고 난 후, 나는 열차 안전원 조장의 짐을 실은 구루마를 밀고 안전원 조장과 함께 함흥역 보위대 비상 출입구로 나왔다. 역 앞에서 안전원들과 인사를 하고 헤어졌다. 역전 앞에는 음식 장사꾼들과 구루마꾼들이 많이 모여 손님을 기다리고 있었다.

함흥 외화상점 앞을 지나가는데 여자 3명이 나한테 다가와서 외화돈 바꿀 것이 없는가고 물었다. 외화상점 앞에는 추위에도 아랑곳없이 돈과 매춘을 위해 많은 여인들이 모여 사람들을 기다리고 있었다. 그들은 옷도 잘 입고 화장도 진하게 하고 나와서는 옷차림이 깨끗하고 돈이 있어 보이는 남자가 나타나면 늙은이건 젊은이건 가리지 않고 접근한다. 실지로 돈 장사를 하는 여인도 있지만 20 - 28살까지의 여자들은 매음을 목적으로 나와 있는 경우가 대부분이다.

함흥 외화상점 맞은편에 외화식당이 있는데 식당 쪽에는 주로 나이 어린 아가씨들이 많다.

이 아가씨들은 재포나 외화벌이 단위에 다니는 돈 있는 사람들이 점심을 먹으러 식당에 오면 그들에게 접근하여 "아저씨, 돈 좀 바꿔 줄 것이 없습니까?"라며 말을 건다. 남자들은 아가씨의 생김새가 잘생겼으면 여자를 식당에 데리고 들어가서 식사 한 끼를 대접한 후, 다른 곳에 가서 그짓을 하고 최고 외화 바꾼돈 100원까지 준다고 한다. 이런 재미에 조금 반반하게 생겼다는 여자들은 너도나도 차려 입고 치장하고 여기에 모여드는 것이었다. 그들은 공장에 나가도 식량과 돈을 주지 않으니 별수 없이 이 곳에 오는 것이다. 그러나 외화상점 앞이라고 하여 나올 때마다 다 돈을 버는 것은 아니다. 그것도 운수가 좋아야 돈을 버니 마치 추첨제에 당선되는 것처럼 힘들다. 하지만 이 여자들은 오늘 못 벌었으면 내일은 벌겠지 하는 위안으로 매일 상점 앞으로 나오는 것이다.

식량난 때문에 지금 조선에서는 여성들이 몸을 파는 것을 별난 일로 생각하지 않는다. 오히려 매춘을 할 줄 모르는 여자는 머저리라고 하는 형편이다. 이런 소리가 유행일 만큼 밥 한 그릇에 몸을 파는 여자도 많다. 김정일의 명언에 '오늘을 위한 오늘에 살지 말고 내일을 위한 오늘에 살자.' 라는 것이 있다. 조선 백성들은 이 명언을 본받아 나라와 인민을 위해서가 아니라 자기를 위해 슬픔과 시련을 이겨 내며 내일의 희망을 안고 산다.

옆 집   저 녁   식 사

사촌 형네 집에는 오후 늦게 도착했다. 그런데 집에 가니 쇠가 채워져 있었다. 옆집 부인한테 물어 보니 아침에 장 준비하러 흥덕장마당에 갔다는 것이었다. 사촌 형은 금야에 나가 장사하는 이모님과 사촌 누이동생에게 정기적으로 물건을 가져다 준다. 농촌장은 1일, 11일, 21일에 서므로 그런 날에 맞춰 함흥에서 양잿물, 소다, 서슬, 잡화류 등을 사다가 장날 2일 전에 가져다 준다. 그것은 어길 수 없는 법칙이 되어 버렸다. 하기야 이렇게 해야만이 하루하루 살아갈 수 있기 때문이다.

내가 서성거리자 옆집 부인이 사촌 형이 돌아올 때까지 자기 집에 들어와 있으라고 하였다.

날씨도 춥고 해서 나는 잘 되었다고 생각하여 사양도 하지 않고 아주머니네 집에 들어갔다. 그 집 식구는 할머니 한 분과 부부, 딸 셋이었다. 그 집도 매우 구차하게 살고 있었다. 부엌 수도 옆에 무잎을 삶아서 소래에다가 불궈 놓은 것이 보였다. 살림이라고는 낡은 이불장 하나와 낡은 이불 서너 개, 작은 책상 한 개, 나무 농짝 한 개가 전부였다. 장판은 한 지 오래 되었는지 여기저기 해져서 다닥다닥 종이로 땜을 해 놓았다. 6시가 다 되었는데도 사촌 형이 오지 않았다. 나는 할머니가 있기 때문에 웃쪽 벽에 기대어 앉아 있는데 그 집 아주머니가 저녁을 준비하는 것이었다. 이제는 날도 저물었고 또 이 집에서 식사를 하는 때가 되었으므로 정말 안달이 났다.

6시 30분경에 그 집 세대주가 낡은 배낭을 메고 왔다. 배낭 안에는 구멍탄이 5장 정도 들어 있었다. 집주인이 들어오는 것을 보고 나는 일어나서 처음 뵙겠다고 인사를 했다. 그는 인사를 받고 누구냐는 뜻으로 부인을 돌아보았다. 아주머니가 옆집 주인 친척이라고 하자 그는 친척이 어디 갔는가고 물었다. 나는 홍덕장마당에 장에 갈 준비하러 내려간 것 같다고 이야기했다. 이때 할머니가 배가 고픈지 저녁이 되었으면 빨리 먹자고 하였다. 저녁은 다 되었지만 내가 있으니 아주머니가 바빠하는 눈치였다. 아이들이 밥상을 놓고 저녁 식사를 올리는데 정말 초라했다. 무잎을 썰어 넣은 것에다 두부찌꺼기와 강냉이쌀을 조금 넣어 만든 죽이었다. 내가 일어나서 나가려고 하자 집주인이 어차피 친척을 찾아왔는데 죽이라도 탓하지 않는다면 한 사발씩 나눠 먹자고 했다. 하지만 내가 죽 한 사발을 먹으면 그 집 식구들이 먹을 양이 적어진다. 나는 일없다고 말하고는 사촌 형이 오면 형 집에서 먹겠다고 하였다. 그러자 집주인이 죽이 되어서 그러는가고 말하는 것이었다. 나는 아니라고 하면서 그럼 주인하고 술이나 같이 하자고 했다. 나는 아주머니보고 그릇을 달래서 밖에 나가 두부밥 12개와 술 2병, 두부 4모, 10원짜리 국수 5사발을 사 가지고 들어왔다. 내가 사 온 음식을 보더니 그 집 부부는 미안해 하면서 사촌 형을 찾아왔다가 옆집에서 이렇게 턱을 내면 어쩌냐고 하였다. 이리하여 국수를 할머니와 나와 그 집주인이 한 사발씩 가지고 두 사발은 자식 3명과 부인이 절반씩 나눠 먹고 나머지 음식은 똑같이 나눠 먹었다.

우리가 술을 거의 마셨는데 사촌 형 집에서 열쇠 여는 소리가 났다. 집주인 아주머니가 나가서 내 사촌 형한테 누가 찾아왔는데 오후부터 자기 집에서 기다렸다고 말해 주었다. 사촌 형이 데리러 왔으므로 주인들에게 인사하고 사촌 형 집에 들어갔다. 형 부부가 저녁을 먹었는가고 물어 보길래 국수를 먹었다고 대답했다. 사촌 형이 자기들도 흥덕에서 저녁을 사 먹고 걸어서 왔다고 말했다. 내가 형보고 흥덕에 무엇을 사러 갔댔는가고 믈으니 양잿물과 잡화류를 사러 갔다고 대답했다. 그러면서 사촌 형이 형수보고 술을 가져오라고 했다. 내가 옆집에서 먹었다고 했으나 사촌 형이 그래도 옆집에서 먹는 것이 다르고 자기 집에서 먹는 것이 다르다고 말했다. 형수가 서둘러 밖에 나가 술 1병과 명태 2마리, 두부밥, 두부를 사 가지고 들어와서 술상을 차렸다. 내가 형수보고 올 겨울에 만든 김치를 먹어 보겠다고 하니 통배추김치는 아직 익지 않았고 썰어서 만든 짠지김치는 있다고 했다. 형 집이 구차하다나니 짠지김치라는 것이 그저 소금에 절인 것과 같았다.

이 모 님

12월 29일 낮에 이모님이 설 명절을 쇠려고 금야에서 함흥으로 왔다. 이모님은 나를 보더니 눈물을 흘리면서 좋아했다. 이모님은 나보고 장사를 다닌다고 고생한다는 말을 들었다고 하면서 앓는 데는 없는가를 물었다. 나는 앓는 데 없이 건강하다고 대답했다. 그러면서 이모님이야말로 고생하시는데 부디 앓지 마시고 평시에 몸을 잘 돌보시라고 말했다. 이모님은 내 손을 잡고 계속 쓰다듬으시면서 눈물을 흘리셨다. 나를 보니 돌아가신 내 어머님 생각도 나고 또 고독하게 혼자서 고생하는 게 가슴 아프다고 하셨다. 나도 이모님을 보니 부모님 생각이 더욱 간절해져서 제사 때 흘릴 눈물을 앞당겨 흘렸다.

그 날 저녁은 이모가 왔으므로 내가 형수한테 돈을 주고 돼지고기와 물고기 등을 사 오라고 하여 식사를 대접시켰다. 이모님과 형네 부부와 내가 함께 모이니 집안은 벌써부터 명절 분위기가 났다. 식사하는 것도 한층 맛있고 재미났다.

설 명 절

다음날 아침을 먹고 이모님과 형수가 명절 준비를 하려고 장마당에 나갈 채비를 했다. 나도 설 명절을 맞아 아들로서 부모님께 제사를 지내야 하므로 이모님께 나 대신 제물을 좀 사다 달라고 부탁했다.

31일 아침부터 이모님과 형수는 명절 준비와 제사 음식을 만드느라고 바삐 돌았다. 12월 31일 밤 12시에 제사를 하는데, 사촌 형네가 먼저 아버지 제사상을 차렸다. 사촌 형은 아버지 사진을 놓고 제사를 지냈다. 사촌 형이 먼저 맏상제로서 술을 붓고 절을 했다. 다음은 이모가 술을 붓고 절을 하였다. 마지막에 내가 술 한 잔을 부어 드리고 절을 한 뒤 가족이 모두 모여 머리 숙여 묵도를 했다.

이어 사촌 형네 제사상을 물리고 우리 부모님의 제사상을 차렸다. 사진이 없으므로 부모님 묘가 있는 방향을 향하여 상을 차렸다. 내가 먼저 술을 붓고 절을 하는데 눈물을 흘리지 말자고 다짐했는데도 자꾸만 눈물이 나왔다. 나는 가까스로 눈물을 참으면서 두 번째 잔을 붓고 절을 했다. 마지막 잔을 붓고 절을 했을 때 일어서지 못하고 흐느껴 울었다. 이모님 앞에서 눈물을 보이지 않으려고 했으나 그 날은 이모님 식구들이 모여 있으니 가족 생각이 더욱 간절해졌다. 세상살이 먼저 떠난 부모님 생각이 나고 또 제 한 목숨을 건지려고 각지를 돌아다니느라고 명절 때마다 부모님 묘소에도 제대로 찾아뵙지 못한 불효막심한 자식을 부모님들이 용서해 주길 바라며 눈물을 흘렸다. 나는 한식날은 산소에 꼭 찾아 뵙겠다고 마음속으로 부모님께 다짐하고 일어섰다. 다음에는 사촌형이 술을 붓고 절을 했다. 그리고 나서 대표로 이모님이 술을 붓고 모두 머리 숙여 묵도했다.

조선에서는 설 제사를 지내기 전에는 살아 있는 사람이 고인보다 먼저 저녁 음식을 먹지 않는 풍습이 있다. 따라서 우리도 저녁을 먹지 않고 제사를 지낸 다음 비로소 저녁 식사를 했다.

1999년 1월 1일 새벽 1시에 저녁 상을 다 차렸다. 나는 술잔에 술을 부어 이모님에게 드리고 새해에도 앓지 말고 건강하시기 바란다고 인사를 한 다음 우리 부모님께 세배를 올리는 심정으로 엎드려 절을 했다. 다음으로 사촌 형 부부가 술을 한 잔씩 올리고 어머님께 세배를 했다.

이어 우리는 새해 첫 식사를 했다. 우리는 새해에도 서로가 건강하여 가정을 더 잘 이끌고 나가기로 다짐하고 축배를 들었다.

아침을 먹으면서 사촌 형이 어머니를 모시고 가족이 모두 함께 사진을 찍자고 말했다. 그리하여 나와 이모님 가족은 함흥동상에 가서 사진을 찍었다.

1월 2일 저녁에 이모님 가족이 모여 새해에는 어떤 방식으로 가정을 유지

할 것인가에 대해 의논을 했다. 그리고 98년도에 장사를 하면서 거둔 성과와 결함을 총화하고 99년 새해 장사 일정을 다시 짰다. 99년도 일정이란 새해부터 이모님이 사촌 누이가 사는 금야에 고정 나가서 장사를 하고, 사촌 형과 누이동생 나그네는 교대제로 물건을 날라다 주며, 누이동생과 형수는 집에서 빵이나 두부밥 같은 것을 만들어 팔아 땔탄 살 돈을 마련하는 것이었다.

  1월 3일 아침 식사를 하면서 나는 이모님과 형보고 가겠다고 말했다. 이모님은 어쨌거나 주의해서 잘 다니라고 당부하였다. 나는 아침을 먹고 서둘러 집을 나왔다.

함 흥 - 고 산　자 동 차

  덕성초소에 도착한 때는 10시쯤이었다. 덕성초소에는 음식 장사꾼들과 자동차를 타러 나온 장사꾼들이 많았다. 제일 앞쪽에는 고원까지 가는 사람들이 모여 있고, 조금 더 가서는 원산까지 가는 사람들, 그 다음에는 원산 이남으로 가거나 황해도에 가는 사람들이 배낭을 지고 자동차를 기다리고 있었다. 덕성초소가 있는 데는 성천강 바람과 바다 바람 때문에 몹시 추웠다.

  사방이 넓은 벌이어서 바람을 막아 줄 만한 것이 아무것도 없었다. 나는 고산으로 갈 예정이었으므로 원산 이남으로 가는 사람들과 같이 있었다. 나는 추워서 덜덜 떨면서 자동차를 기다렸다.

  군대 동복과 군대 동화, 군대 장갑을 사서 입고 신고 끼고 했으나 그것도 추위를 막아 주지 못했다. 점심 시간이 되었는지 음식 장사꾼들이 음식을 가지고 사라고 하면서 돌아다녔다. 나는 뜨끈한 두부밥을 사서 먹었다. 더운 것이 배 안에 들어가니 한결 나았다.

  오후 1시경에 자동차 한 대가 와서 서더니 원산과 고산까지 가는 사람들만 타라고 했다. 그 방면으로 가는 사람들과 함께 자동차에 올라탔다. 자동차는 군대차(소련제 지르)였는데 속도가 굉장히 빨랐다. 자동차에 탄 사람들을 세어 보니 군인 2명, 남자 4명, 여자 7명이었는데 그들 중에서 함흥에서 타고 오는 사람은 7명 정도였다. 차에는 실은 것이 아무것도 없고 장사꾼들의 짐만 있었다. 장사꾼들의 짐은 3면 거울, 레자, 양잿물, 소다, 담배류 등이었다. 차는 한참을 달리다가 정평을 지나 초원리 부근 산길에서 멈추어 서서 우리들한테서 돈을 받고는 다시 떠났다. 차가 초원령을 넘어 다시 흑달령을 넘었다. 흑달령에 자동차 주차장이 있었다. 거기에 초원리 부근 사람들이 불을 피우고 추위에도 아랑곳하지 않고 손님들을 기다리고 있었다. 그들은 늄버치 같은 것을 돌 위에 올려놓고 음식을 끓여 주고 있었다.

 자동차가 고원으로 들어서서 역전 앞을 지나다가 경무관들한테 검문을 받았다. 무엇이 잘못 되었는지 자동차가 40분 가량 서 있었는데 운전수가 검열관한테 사정해도 말을 잘 듣지 않았다. 그러자 운전수는 운전칸에서 값이 120원인 외제 담배 몬다나 2갑을 꺼내 검열관한테 주었다. 그제서야 그는 운전수한테 증명서를 돌려 주었다. 운전수가 차에 다시 올라오면서 지금은 돈이나 물건이 통하지 증명서는 통하지 않는다고 말했다. 그리하여 자동차는 다시 떠났다.

18 원산

금강산 발전소인지 미친개인지

자동차는 저녁 7-8시경에 고산에 들어섰다. 차에서 내려 고산역 앞에 가니 군인들의 판이었는데 마치 마적들과 강도들이 살판치는 세상 같았다. 내가 대합실에 군인들이 많아 들어가지 못하고 밖에 서 있는데 한 아주머니가 다가와 어디까지 가는가고 물었다. 내가 원산까지 가는데 잘 데가 없어서 그런다고 말했더니 아주머니는 자기네 집에서 숙박하라고 했다. 나는 마침 잘 되었다고 생각하고 아주머니를 따라갔다. 집은 단층인데 자그마했다. 집에 가니 다른 손님 3명이 먼저 와 있었다. 남자가 1명이고 여자가 2명이었다. 그들은 함흥으로 가는 일행으로서 강냉이 배낭 7, 8개 정도를 가지고 있었다.

나는 주인 아주머니보고 고산은 군대들이 갈개는가고 물었다. 주인 아주머니가 나보고 고산에 처음인가고 물었다. 내가 처음이라고 했더니 아주머니가 여기 사람들은 군대 단련에 죽을 지경이라고 말했다. 아주머니는 전에는 이렇지 않았는데 금강산 발전소인지 미친개인지 하는 것을 건설한다고 군인들이 몰려들어온 다음부터는 고산 인민들이 어느 하루도 발편 잠을 자지 못한다고 이야기했다. 군인들이 밤마다 가축을 잡아가고 사람이 집에 없으면 낮에도 집을 털어가니 사람들이 마음 놓고 밖에도 나가지 못한다고 하였다.

고산에는 금강산 발전소를 건설하느라고 군인들이 많이 몰려왔는데, 그들이 전문 토비질을 해 먹고 있었다. 군인은 돈이 없으므로 무작정 음식 장사꾼한테 가서 얼마인가고 물어 본 후 어지간히 배를 채울 때까지 음식을 먹어댄다. 식사가 끝난 후 주인 여자가 돈을 달라고 하면 그들은 군대가 무슨 돈이 있는가고 말하며 뻗친다. 그러면 음식 장사꾼은 두 눈이 퍼래서 음식을 떼우지 않으려고 악을 쓴다. 하지만 약한 여자들이 군인을 어떻게 이기겠는가. 군인들은 오히려 시끄럽다고 음식 장사꾼을 밀쳐 버리니 여자는 저만치 나가 쓰러진다. 음식 장사꾼이 군인들에게 돈을 받기 전에는 먼저 주지 않으려고 하면 그들은 "먹고 나서 돈을 주지 않을까 봐 그런가? 군대가 무슨 강도인가! 인민들의 것을 거저 먹고 돈을 주지 않을 군대가 어디 있는가!" 하고 언치를 걸어 놓고는 음식 그릇을 발로 밟아 부숴 놓고 간다.

또한 사민들이 짐을 지고 지나가거나 빈몸으로 가면 담배를 달라고 시비를 건 다음 짐을 진 사람들보고는 배가 고파 그러는데 먹을 것을 달라고 한다. 그가 만약 없다고 하면 무작정 짐이나 주머니를 뒤지는데 이 때 음식이나 담배가 나오면 죽어라고 때리고 돈과 물건을 몽땅 빼앗아 가지고 달아난다. 그리하여 고산에서는 웬만한 사람들은 군인을 만나면 몽땅 털리고 만다.

하지만 군인들의 행패를 보고도 누구 하나 말리지 못한다. 사민보다 나돌아다니는 군인들이 더 많으니 돈과 물건을 빼앗겨도 누구 하나 말 한 마디 못하는 것이었다.

다음날 아침에 일어나서 세면을 하고 숙박 손님들과 식사를 했다. 그들은 자기들이 사 온 도중식사를 먹고, 나는 국수 한 사발을 시켜 먹었다. 남자 손님과 나는 둘이서 술 한 병을 놓고 같이 마셨다. 아침을 먹고 함흥 방면으로 가는 장사꾼들이 숙박비를 청산한 후 짐을 지고 가 버렸다.

나는 쉬면서 주인 아주머니보고 남편과 자식은 어디 갔는가고 물었다. 아주머니는 고산 역시 배급을 주지 않은 지가 오래 되었으므로 집 살림이 말할 수 없이 구차하다고 말했다. 견디다 못해 남편이 시어머니한테 아이를 맡기려고 황해남도 배천으로 갔는데 5일 정도 되었다고 이야기했다. 그러면서 아주머니는 고산이라는 데는 제일 먹을 것이 없다고 말했다. 우선 교통이 불편해서 다니는 차도 별로 없다고 했다. 장사꾼들도 차를 타려고 도로에 나갔다가는 몇 번씩 다시 집으로 돌아온다며 자동차 타기가 헐치 않다고 말했다. 그러더니 나보고 고산에서는 밖에 다닐 때 군인들을 주의하라고 당부하였다. 낮에도 군인들이 사회 사람들에게 막 걸치면서 물건을 빼앗고 때린다는 것이었다.

수령님, 신변이 위험합니다

나는 아침 늦게 숙박집을 나와 장마당 주변을 돌아다니다가 오후에 다시 숙박집으로 갔다.

숙소집을 향해 가는데 앞에 술을 먹어 얼굴이 벌개진 군인 2명이 손에 술병 1개를 쥐고 오고 있었다. 내가 지나치려는데 군인 한 명이 "야! 너 여기 오라."고 하였다. 내가 걸음을 멈추자 그는 "너 어디 있어?"라고 묻는 것이었다. 마침 장마당 근처여서 그 때 주위에는 음식 장사꾼들도 있었고 마을 사람들도 있었다. 나는 태연하게 집은 청진이고 장사하러 왔다고 대답했다. 군인은 눈을 부릅뜨고 나를 쏘아보면서 자기가 나를 왜 오라고 했는지 모르겠는가고 하였다. 나는 덤비지 않고 모르겠다고 대답하고는 내가 행동이라도 잘못한 것이 있는가고 물었다.

많은 사람들이 이 광경을 지켜 보고 있었다. 다른 사람들도 1, 2명씩 모여

들고 있었다.

　나는 군인들이 내가 달고 있는 김일성수령 초상화를 빼앗자고 언치를 건다는 것을 알아차렸다. 나는 사람들이 보는 앞에서 "수령님, 신변이 위험합니다. 안전한 곳으로 모시겠습니다."라고 말하면서 태연하게 초상을 떼서 옷안쪽에 달았다. 이렇게 되니 자기 목적을 이루지 못하게 된 군인 2명이 타격자세를 취하면서 다가왔다. 나도 그에 대응하여 몸의 균형을 잡으면서 그들에게 "너희들은 선배도 없는가? 나도 제대 군인이야."라고 말했다. 그들은 "제대 군인이면 어째!" 하면서 돌을 쥐었다. 구경하던 사람들 중에서는 나보고 피하라고 하는 사람들도 있었다. 나는 그들에게 내가 무엇을 잘못했다고 피하겠는가고 말했다. 이런 강도들에게는 한 걸음을 양보하면 두 걸음 물러서게 되고 그러면 그들은 더 기승을 부리면서 날뛰게 된다.

　군인들은 돌과 술병으로 나를 까려고 했다. 나는 온몸에 신경을 집중시키고 "야! 너희 군대라는 게 두 명씩이나 되면서 시시하게 아이들처럼 흉기를 쥐는가? 너희가 용기가 있으면 남자답게 손으로 하자."그 말했다. 이 때 거리는 2미터 안팎이었다. 그 때 군인 한 명이 돌을 내 머리에 던졌다. 내가 피하느라고 했지만 거리가 짧고 또 말을 하느라고 완전 집중하지 않았으므로 미처 피하지 못했다. 돌이 내 머리에 맞고 튀었다. 잇달아 병이 날아왔다. 나는 병을 피하면서 군인들을 공격했다. 그들은 완전히 술기운으로 덤비는 것이어서 내 공격을 당해 내지 못했다. 군인 2명이 사민한테 맞으니 얼마나 망신스럽겠는가. 그 때 군인이 또다시 돌을 쥐고 내 머리를 향해 내려찍는 것이었다. 그들이 흉기를 사용하므로 나도 몸을 피하면서 가지고 다니던 칼로 군인의 손을 찔렀다. 군인의 손이 찢어져 피가 흘렀다. 나는 더 지체하고 시간을 끌면 군인들이 몰려올 수 있으므로 몇 대 더 때리고 도망을 쳤다. 그러자 그들 중 한 명이 돌을 쥐고 따라왔다. 나도 달아나면서 돌을 쥐고는 돌아서면서 2개를 던졌다. 그는 돌에 어깨와 머리를 맞더니 더 따라오지 않았다.

나는 곧바로 숙박집에 못 가고 근방 산에 올라가서 숨어서 감시하다가 날이 저물어서야 내려갔다. 내가 군인들한테 돌로 맞은 머리가 아파서 바빠하자 아주머니가 왜 그런가고 물었다. 나는 낮에 군인들하고 싸운 얘기를 했다. 아주머니는 그러길래 자기가 조심하라고 그러지 않았는가고 하면서 빌어먹을 놈들이라고 군인들을 욕했다. 그러면서 자기가 오후 늦게 장마당에 나갔댔는데 군인들이 15명 정도 몰려와서 싸움한 사람을 찾는다고 온통 소란을 피웠다고 이야기했다. 아주머니는 그들이 가만히 말하는 소리를 들었는데 이제 생각해 보니 옷 입은 것과 키 정도가 나 같았다고 했다.

아주머니는 나보고 집에서 나오지 말고 꼭 숨어 있으라고 말한 후 저녁 7시경에 밖으로 열쇠를 채우고 대기숙박 손님을 데리러 역전으로 나갔다. 1시간 정도 있다가 아주머니가 6명을 데리고 돌아왔다. 남자 3명과 여자 3명이었다. 자그마한 방에 사람 7명에 강냉이와 콩 10여 마대를 쌓아 놓으니 방이 꽉 찼다. 그들은 원산 사람들이었는데 레자, 물고기, 중국 담배, 공업품, 맛내기, 사카린 등을 가지고 농촌들에 가서 식량으로 바꿈질해 가져 온다고 이야기했다. 그들은 집에 들어서자마자 음식을 먹어대고 술도 마셔 댔다. 남자들이 같이 술을 마시자고 청했지만 돌에 맞은 머리가 아파서 나는 술을 마실 줄 모른다고 거절했다. 그러자 그들은 나보고 남자가 되다가 말았다고 말했다. 남자는 술을 마실 줄 알아야 남자인데 내가 술을 못 마신다고 하니 자연히 여자가 되어 버린 것이다.

나는 아주머니보고 원산 가는 자동차는 언제 있는가고 물었다. 아주머니는 고산에서 원산 쪽으로 나가는 자동차는 아침에 있고, 원산 방면에서 고산까지 들어오는 자동차는 오후와 저녁에 있다고 알려 주었다. 그 날 저녁은 자리가 좁은 대로 잤다.

고 산 - 원 산   자 동 차

　아침에 일어나서 숙박료를 주고 같이 숙박한 원산 장사꾼들과 함께 숙박집을 나와 역전 앞으로 갔다. 조금 기다리자 차가 한 대 와서 섰다. 차는 군대차(소련제 까마즈)였는데 판자와 각목을 반 차 정도 실었다. 나와 원산 장사꾼들은 차에 올라탔다. 군인 2명이 돈을 받고 나자 자동차가 달리기 시작했다. 운전사가 군인이다 보니 자동차를 어떻게나 밟아 대는지 무서울 정도였다. 그보다도 차가 빨리 달리니 바람이 세서 추웠고 발도 몹시 시렸다. 자동차에는 모두 12명 정도가 탔다. 군인 1명에 나머지는 장사꾼들이었는데, 강냉이 배낭들을 지고 있었다.

갈 마 역

　차가 원산시에 들어서서 갈마에서 고장이 났다. 나는 원산에서 내리는 사람들과 함께 차에서 내려 갈마역으로 갔다. 갈마 역전은 1층짜리 건물이었는데 몹시 어지러웠다. 역전 주변에는 음식 장사꾼들과 물, 사탕, 술, 담배 장사꾼들이 많이 모여 손님들에게 팔고 있었다. 대합실 안에 나무로 만든 긴 의자가 6개 정도 있었다. 의자에는 꽃제비들과 노인들이 죽은 사람처럼 길게 누워 자고 있었다. 그들의 얼굴과 몸은 너무 여위어 뼈만 앙상했다. 사민들뿐만 아니라 여기저기에서 주패를 치고 담배따기를 하는 군인들도 많이 보였다. 갈마 역전에는 군인들이 많았다. 일반 사병들은 다 낡은 군복에 해져서 발가락이 다 보이는 신발이나 천을 덧대어서 기운 신을 신고 있었다. 그리고 하나같이 잘 먹지 못하여 허약에 걸린 몰골이었다. 군인들이 담배가 없어서 사민들이 담배를 피우면 려과 담배든 잎담배든 가리지 않고 무지막지하게 달라고 강짜를 부렸다.

허약 걸린 사람들

조선 그 어디를 가도 영양 실조 환자들이 많다. 특히 927 수용소와 장마당, 역전 등에 가면 허약에 걸린 사람들과 아이들을 볼 수가 있다. 내가 장사를 다니면서 영양 실조에 걸린 사람들을 많이 본 곳은 고원, 함흥, 단천, 혜산, 위연, 해주, 사리원 등지의 역전과 장마당 등이다. 량강도 혜산시 927과 함흥시 흥남구역 927, 함흥시 성천강구역 역전동에 있는 927, 고원읍 927에서 특히 많이 보았다. 그들은 하나같이 팔과 다리가 가늘고 몸이 여위었다. 영양 실조에 걸린 사람들은 머리칼은 노랗게 되거나 다 빠지고, 팔과 다리가 약해지고, 입은 쥐처럼 뾰족하게 나오고, 손과 몸에 온통 새하얀 비듬 같은 것이 일어나는 것이 특징이었다. 엉덩이살이 빠져 항문이 열려 똥이 나오는 것도 모르는 사람들도 보았다.

어쨌든 놀게끔 되어 있다

나는 대합실 밖으로 나와 담배를 피웠다. 그 때 25살 정도 되어 보이는 여자가 다가와 집에 들어가서 식사하지 않겠는가고 했다. 내가 집에 무엇이 있는가고 물으니 그 여자는 모든 것이 다 있다고 대답했다. 그 여자를 따라 집에 가니 어머니와 단 둘이 살고 있었다. 나는 술 1병과 맥주 1병, 명태, 마른 오징어, 닭알을 시켰다.

음식을 먹으면서 처녀보고 결혼했는가고 물으니 그는 대뜸 요즘 같은 시기에 시집가는 여자는 머저리라고 하였다. 시집가지 않고 장사만 잘 하면 돈도 벌고 편안하게 지낼 수 있다는 것이었다. 그가 말하는 장사란 몸을 파는 장사였다. 그러면서 여자는 자기 집에는 돈 많은 장사꾼들만 오는데 재미가 좋다고 하였다. 내가 그에게 한 번 노는 데 얼마 받는가고 물었더니 제일 적은 값이 300원이고 최고 500 - 600원까지 받아 봤다고 말했다. 그러더니 그는 나보고 놀겠는가고 물어 보는 것이었다. 내가 한 칸짜리 방에서 어머니도 있는데 어떻게 노는가, 이런 데라면 생각 있던 것도 없어지겠다고 했더니 그는 어쨌든 놀 수 있게끔 되어 있다는 것이었다.

그러면서 나에게 방을 보여 주었다. 방은 이불장으로 막아서 한 칸처럼 보였는데 이불장 뒤에 방이 또 있었다. 그 방은 부엌으로 나가서 들어가게끔 되어 있었다. 그 방에는 낮인데도 이불이 펴져 있었고, 베개가 2개 놓여 있었다. 나는 기차 시간을 다시 확인하고 오겠다고 말하고는 그 집을 나와서 장마당으로 갔다.

갈마장마당

역전에서 갈마장마당까지 가는 길 옆에는 음식 장사꾼들과 자동차잡이 장사꾼들이 무질서하게 늘어서 있었다. 자동차잡이 장사꾼들은 대개 2, 3명씩 모여 있었는데 모두 강냉이 마대나 배낭을 쌓아 놓고 자동차를 기다렸다.

갈마장마당 역시 장사꾼들로 붐볐다. 물건을 사는 사람보다 파는 사람들이 더 많았다. 갈마장마당에서는 쌀과 강냉이, 수산물, 돼지고기, 각종 음식물, 담배, 사탕, 소다, 양잿물, 전기 제품, 텔레비, 록음기, 재봉기, 이불장, 소련제 3면 거울, 중국 신발, 평양 신발, 일본제 옷, 비누, 소채, 남새류, 과일류 등을 팔았다. 또한 음식을 끓여서 팔아 주는 장사꾼들도 있었는데 그들이 판매하는 것은 쌀밥, 두부, 각종 물고기 반찬, 육류 요리, 술, 맥주, 남새 반찬 등이었다.

갈마장마당에도 꽃제비들이 있었다. 대부분이 10 - 17살 정도의 아이들이었다. 그들은 손님들이 음식을 먹는 데서 빌어먹거나 먹는 것을 훔쳐 먹었다. 갈마장마당에는 군인들이 많이 들어와 있었는데, 그들은 주로 음식을 끓여 주는 데서 술과 음식을 사 먹으면서 음식을 파는 여자들을 희롱했다. 또한 장마당에는 소매치기꾼들이 많았다. 그들은 손에 묘향산 안전면도날을 가지고 다니면서 여자들의 중태기나 배낭을 째서 돈과 물건을 절취했다.

나는 장마당에서 나와 다시 역전으로 갔다. 갈마에도 매춘을 하는 여자들이 역 대합실에서 남자들을 꼬여서 데리고 나갔다. 강원도 여자들은 함남도 여자들과 달리 남자를 꼬이는 형태가 아주 어리었다. 주로 좀 돈 있어 보이는 남자들과 출장원들 혹은 군인 군관들을 상대했는데, 그들의 옆에 앉아서 추파를 보내다가 어지간히 남자를 꼬였다고 생각하면 그들을 데리고 역전 밖으로 사라졌다.

나는 갈마역에서 대기숙박 손님을 찾아 나온 할머니를 따라갔다. 숙박집에 들어가니 아직 숙박 손님이 없었다. 나는 누워 쉬면서 담배를 피웠다. 할머니가 다시 나갔다가 같은 일행인 여자 2명을 데리고 들어왔다. 나는 저녁을 먹고 일찍 잠을 잤다.

갈 마 - 고 원   자 동 차

나는 갈마에서 머문 지 4일째 되는 날, 아침 늦게까지 자다가 일어나서 세면을 하고 숙박비를 지불하고 나와 자동차 도로로 갔다. 음식 장사꾼한테서 두부밥하고 빵을 사 먹고 12시 넘어서 고원으로 가는 사회차(일제 이스즈)를 탔다.

비 싼   대 기 입 니 다

차는 오후 3시에 고원장마당 앞에 섰다. 차에서 내리려고 일어서는데 발이 내 발 같지 않았다. 나는 다리를 조금 주므르고 나서 내렸다. 나는 너무 추워서 덜덜 떨면서 동무 집으로 갔다.

그런데 동무의 집에 쇠가 채워져 있었다. 옆집에 사는 할머니보고 동무가 어디로 갔는가고 물어 보니 아들과 함께 원산에 사는 친척집에 다녀온다고 아침 일찍 나갔다고 했다. 그리하여 할 수 없이 다시 장마당으로 갔다. 나는 장마당으로 들어가서 곧장 음식 매대로 갔다. 고원장마당 음식 매대에는 없는 것이 없었는데 특히 강물고기와 바닷물고기, 육류 등이 많았다. 나는 술 한 병과 밥 한 그릇, 두부 한 모와 돼지발쪽 요리 한 접시를 사 먹고 몸을 덥힌 후 장마당을 돌아보았다.

장마당을 다 돌고 나서 5시경에 고원역으로 갔다. 고원 역전 역시 꽃제비들이 많았다. 또한 장사꾼들과 도둑들, 소매치기들도 많았다. 저녁 8시경에 날이 어두워지자 드디어 매춘을 하려는 여자들이 대상들을 찾아 모여들었다. 그들은 출입문 어구에 지켜 서 있다가 밖에서 서성거리는 사람들이 있으면 다가가서 대기숙박할 손님이 없는가고 물었다. 고원역 주변에 사는 사람들은 대부분이 대기숙박으로 살아간다. 그들 속에는 매음하는 여자들에게 집을 빌려 주는 값으로 돈을 받아 살아가는 사람도 있고, 또 대기 손님을 재우고 숙박비로 살아가는 사람들도 있다.

주로 대기 손님을 데리러 나온 것처럼 위장하고 나온 개음하는 여자들은 척 봐도 알린다. 그들은 하나같이 화장을 진하게 한다. 그리고 대기할 손님이 있으면 데리고 가면서 손님보고 "비싼 대기입니다." 하고 말한다. 이 말을 해서 제격 알아듣는 손님이면 데리고 가고, 그 뜻을 알아듣지 못하고 "숙박비야 아무리 비싸도 20원이겠지." 하고 말하는 사람은 매음할 대상이 아니므로 떨구고 가 버린다. 그리하여 고원에서는 불량 청소년들 뿐만 아니라 가정 살림을 하는 남자들도 여자가 요구되면 역전에 나와서 여행자처럼 위장하고 매음 여자들을 만나 그짓을 하려고 한다.

나는 대합실에 도둑들과 꽃제비들이 많은데다 춥고 해서 저녁 늦게 대기숙박소 아주머니를 따라 역전 철도 사택에 갔다. 숙박집에 가니 집주인은 기관사이므로 기차 승무하러 가고 그 집 아이들과 숙박 손님 3명이 있었다. 1명이 남자고 2명은 여자였다. 그들은 수산물을 가지고 황해도로 간다고 말했다.

그들이 말하는 것을 들으니 전문 수산물을 황해도에 날라다가 식량을 바꿔 오는 장사꾼들이었다. 그 날 저녁 장사꾼들과 주패를 치면서 놀다가 12시에 잤다.

다음날 아침에 일어나니 황해도로 간다던 장사꾼들이 보이지 않았다. 주인 아주머니보고 물어 보니 그들은 아침에 날이 밝자 자동차를 타러 나갔다고 했다. 나는 아주머니에게 술 1병과 두부와 두부밥을 사다 달라고 부탁했다. 그러자 아주머니가 인차 나갔다 왔다. 나는 아주머니와 아이들에게 두부밥을 한 개씩 나누어 주고 아침 식사를 같이 했다. 나는 10시경에 숙박 집에서 나왔다. 계속 그 집에 있어도 되지만 낮에는 대기비로 1시간당 2원을 내야 하므로 나와서 역전으로 갔다. 그런데 대합실에는 꽃제비들과 방랑자들이 하나도 없고 여행자들만 있었다. 장마당으로 음식을 빌거나 채 먹으러 간 것 같았다.

나는 대충 저녁 식사를 사 먹고 저녁 10시에 전날 저녁 대기숙박했던 집으로 갔다. 그 집에는 숙박 손님 6명이 있었다. 군관 1명과 전사 1명, 남자 1명과 여자 3명이었다. 4명의 장사꾼들은 낟알을 가지고 함흥으로 간다고 했다. 그리하여 남자 4명은 웃방에서 자고 여자들과 주인 아주머니와 그 집 아이들은 아랫방에서 잤다.

다음날 아침에도 나는 늦잠을 자서 사람들이 다 간 다음에야 일어났다. 낮 11시에 숙박집을 나와 역전을 지나 체신소 앞에서 자동차를 기다렸으나 세우는 차마다 원산 방면으로 간다고 했다. 나는 점심을 사 먹은 후 장사꾼한테서 잎담배 독초 한 봉지를 사서 주머니에 넣고 담배를 피우면서 또다시 차를 기다렸다.

고 원 - 순 천 자 동 차

저녁 7시까지 기다리다가 숙박소로 다시 돌아가려는데 자동차가 와서 서는 것이었다. 뛰어가서 어디 가는 차인가고 물으니 순천 비날론에 가는 자동차라고 대답했다. 차는 군대차(중국제 동방호)였는데, 디젤유통 4개를 싣고 사람들 10명 정도를 태우고 있었다. 나는 돈을 내고 올라탔다. 그런데 운전수가 조금 가다가 고원장마당 부근에 차를 세우더니 저녁 식사를 하고 가겠다는 것이었다. 할 수 없이 우리는 자동차 우에서 추운 대로 기다렸다. 자동차 우에 탄 장사꾼들은 저마다 비닐 박막을 뒤집어쓰고 있었으나 나는 박막이 없었으므로 추위에 떨어야 했다.

2 - 3시간이 흘렀을 때 운전수와 조수가 식사를 하고 나와 다시 차를 몰았다.

한참 달리다가 새벽에 차가 또다시 섰다. 운전수가 피곤하여 차를 몰 수 없으므로 30분 정도 자고 가겠다고 말했다. 나는 차 우에서 떨면서 왔으므로 몸이 막 까드라질지경이었다. 나는 차에서 내려 소변을 보고 다시 올라가 막무가내로 한 아주머니가 뒤집어쓴 비닐 박막 속으로 헤치고 들어갔다. 그러자 아주머니가 놀라면서 왜 그러는가고 하였다. 나는 제꺽 너무 추워서 그러니 비닐 박막을 좀 같이 쓰자고 했다. 아주머니가 어디까지 가는가고 묻길래 순천까지 간다고 말했다. 그러자 아주머니는 나보고 자동차잡이를 처음 해 보는가고 하면서 겨울에 자동차를 타려면 비닐 박막을 준비해 가지고 타야지 그렇지 않으면 얼어 죽는다고 했다. 내가 자동차잡이도 처음이고 길도 처음으로 떠난다고 말했더니 아주머니가 같이 쓰자고 했다. 비닐 박막을 쓰고 꼭 여미니 안이 훈훈했다. 밤새 떨다가 박막 속에 들어가니 졸음이 쏟아졌으므로 나는 아주머니를 의지해서 잠을 잤다.

내가 잠을 깼을 때는 날이 밝고 차는 달리던 중이었다. 차는 계속 달리다가 순천을 가까이 하고 있을 때 고장이 나서 섰다. 운전수가 기관실을 열어 살펴보고 손도 대어 보았지만 좀처럼 고장 원인을 찾지 못했다. 사람들은 이미 돈을 냈으므로 내리지도 못하고 그냥 차 우에서 음식을 먹으면서 하루 종일 자동차가 떠나기만을 기다렸다. 밤새 씩닥거려서야 자동차가 발동이 걸렸다. 차 우에서 떨면서 기다리던 사람들이 마치 약속이라도 한 것처럼 너무 기뻐 일제히 "만세!"를 불렀다. 나도 기뻤다. 빨리 차에서 내려 뜨끈한 방안에 들어가 한잠 자고 싶은 생각뿐이었다.

19 순천

순천역

　차가 다시 달려 1월 12일 새벽에 순천에 도착했다. 주위가 캄캄했으므로 나는 역전으로 갔다. 순천역 대합실에는 사람 발을 들여놓을 자리가 없었다. 순천역은 분기점이므로 평양 방면, 함남 이북 방면, 강원도 방면으로 가는 장사꾼들이 낟알 마대 또는 배낭을 쌓아 놓고 기차를 기다렸다.

　내가 대합실로 들어서는데 '평양-혜산행' 9열차를 탈 손님들에게 차표를 찍어 드리겠다고 안내원이 마이크로 말했다. 그러자 여기저기서 사람들이 낟알 짐을 나르느라고 북새통이었다. 이 난리를 이용하여 도둑들도 기회를 노리고 있었다. 기차를 타려고 출입구에 사람들이 많이 몰려들었다. 오늘 북쪽 방면으로 나가는 차가 첫 번째라고 했다. 개표구 문이 열리자 사람들이 서로 밀고 당기면서 먼저 나가겠다고 소동을 피워 댔다. 이 틈새에 도둑들이 낟알 배낭을 메고 있는 사람들의 배낭을 찢고 흘러나오는 강냉이나 콩, 쌀 같은 것을 다른 배낭을 대고 받는 것이었다. 이런 도둑질을 도둑들이 쓰는 말로 '알받이'라고 한다. 도둑들은 그렇게 쌀을 어지간히 받자 배낭을 밀어 놓으면서 얼른 자리를 피했다. 배낭이 찢겨 낟알이 흘러내렸다. 그러자 여기저기서 아우성을 쳤다. 작은 꽃제비들이 서로 싸움질하면서 낟알을 주워 모았다.

사람들이 열차를 타러 나가니 그래도 자리가 좀 났다. 의자에 사람들이 앉았으므로 나는 땅바닥에 앉아 졸았다. 춥고 배가 고파서 아침 7시경에 음식매대에 가서 뜨끈한 고기국밥을 사 먹었더니 한결 살 것 같았다. 대합실에 다시 들어가니 꽃제비들이 나가서 자리가 있었으므로 2층에 올라가 의자에 길게 누워서 잠을 잤다.

남 녀 소 매 치 기

한참 자다가 몸에 이상한 감촉이 들어 눈을 떴다. 내 옆에 34살 정도의 남자 1명과 여자 3명이 앉아 있었는데 내 동복 단추 2개가 열려 있었다. 나는 일어나 앉았다. 주머니를 만져 보니 잃어진 것이 없었다. 조선의 큰 역전들에서는 낮에도 잠을 자다가는 몽땅 털리운다. 나도 이런 것쯤은 알고 있었으나 자동차 우에서 떨면서 온데다 아침밥을 먹었기 때문에 정신을 놓고 잠을 잤던 것이다.

나는 악이 나서 대뜸 내 옆에 앉은 34살 정도의 남자를 아무 말도 없이 구타했다. 그가 반격을 가할 자세를 취했으나 나는 다시 숨 돌릴 틈을 주지 않고 주먹을 몇 대 더 선사했다. 남자는 나의 팔을 잡고 왜 그러는가고 하면서 말로 하자고 했다. 이 때 여자들 중에서 28 - 29살 정도 되어 보이는 한 여자가 우리 남편을 왜 때리는가고 했다. 남자가 나의 팔을 잡고 있었으므로 발로 그 여자를 찼더니 그 여자 역시 나가자빠졌다. 그러자 남자와 다른 여자들이 왜 그러는지 말로 하자고 하였다. 나도 더 크게 판을 벌리면 안전원들에게 단속될 위험이 있었으므로 그들보고 의자에 앉으라고 했다. 여자 3명과 남자 1명은 의자에 앉았다.

나는 먼저 담배 한 대를 꺼내 남자에게 권했다. 그도 거절하지 않고 받아 쥐었다. 나는 내 담배에 불을 붙이고 그 남자에게도 담뱃불을 권했다. 그런데 남자가 아직도 못마땅한 자세로 나오는 것이었다. 나는 라이타를 손에 쥔 채로 다시 그의 얼굴을 구타했다. 그는 왜 자꾸 사람을 때리는가고 하면서 제발 말로 하자고 했다. 사실 그 사람은 나이로 보면 내 형뻘이 된다.

하지만 지금 같은 정황에서 언제 형 동생 하면서 예절을 지킬 수준이 되겠는가. 나는 다시 앉아서 그에게 집이 어디 있는가고 물었다. 그는 해주라고 대답했다. 여자는 진짜 부인이 맞는가고 물으니 부인이 맞다고 했다. 나는 진짜 집이 해주가 옳은가고 다시 한 번 물었다. 그는 그렇다고 말했다. 그래서 해주에 대한 것을 물으니 정확히 알아맞혔다.

나는 남자보고 왜서 너에게 손을 댔는지 모르겠는가고 물었다. 그는 모르겠다고 시치미를 뗐다. 하기야 현행으로 손을 잡히지 않았으니 어느 도둑인들 머저리라고 인정하겠는가. 눈으로 빤히 보았는데도 아니라고 우기는 것이 도둑들의 특기니 이해할 만도 했다. 나는 다시 그보고 "이보, 서이에. 동생뻘 되는 아이한테 부끄럽지 않은가. 그것도 부인이 보는 앞에서 얻어맞는 것이."라고 말했다. 그는 아직도 무슨 영문인지 모르겠다고 했다. 그리하여 내가 이해를 시켜 주었다. 나는 "내가 자기 전에 분명히 동복 단추를 다 채우고 잤는데 너희가 온 다음 몸을 다치는 감촉이 나므로 눈을 뜨니 단추가 열려 있었다. 이거야 까마귀 날자 배 떨어진 격이 아닌가. 아니라고 뻗대면 다인가. 내 그렇다 해서 잃어먹은 것이 없는데 구태여 소동 피울 생각이 없다."고 말했다. 그러자 그는 애매하다는 식으로 나온다는 것이었다. 나는 악이 나서 더 손을 대려다가 그만두었다. 나는 다시 그에게 "너도 남자고 나도 남자인데 드리운 것을 단 사내들이 무슨 그리 옹졸하게 노는가. 네가 이해 못 한다면 오히려 네 말대로 아무 죄도 없는 사람을 주먹질한 내가 미안한 것으로 되지 않는가."고 말했다. 그제야 그는 아무 말도 못하는 것이었다.

결국 그가 인정한 셈이었다.

나는 먼저 그에게 주먹질한 것부터 사죄하고 아주머니한테도 안됐다고 말했다. 내가 그들보고 어디까지 가려는가고 물으니 목적지가 없다고 대답했다. 그도 나보고 어디 가는가고 물어 보기에 신의주로 간다고 했다. 나는 그 형님보고 남자는 싸우면 적이고 술 한 잔에 풀고 지내면 친구가 되는데 지나간 일은 없는 것으로 알고 나가서 한잔 하자고 말했다. 그러면서 조용히 먹을 만한 데가 없는가고 물었다. 그 때가 마침 점심 시간이었다. 그가 여자들 쪽을 돌아보았다. 한 여자가 다가와서 남자 귀에다가 대고 뭐라고 이야기했다. 그러자 그 남자는 나보고 일행이 또 있는가고 물었다. 지금은 내가 혼자인데 공화국 어디를 가도 동료들이 많다고 했더니 그가 같이 가자고 하였다. 나의 예측대로 그들은 집을 잡고 도둑 생활을 하고 있었다. 그들은 식당이 아니라 역전 근처에 있는 한 집으로 갔다. 내가 가는 데가 어떤 데냐고 묻자 그는 자기네 꿀림터라고 말했다. 내가 식구가 몇 명 있는가고 물으니 자식들은 다 출가하고 늙은 할머니 혼자 사는데 드문히 집에 막내딸과 사위가 놀러 온다고 했다.

남편   하나에   부인   셋

내가 그들과 함께 집에 도착하니 정말 60살 정도 된 할머니가 혼자서 음식을 만들고 있었다. 보아하니 음식 장사 하는 집 같았다. 나는 할머니에게 인사하고 집에 들어가 앉아서 담배를 피웠다. 남자가 할머니보고 무엇이라고 말하자 할머니는 무엇을 먹겠는가고 하였다. 나는 먹을 만한 것이 무엇이 있는가고 물었다. 할머니가 집에는 술, 맥주, 두부밥, 국수, 가자미구이, 명태찜 등이 있고 다른 집에도 요리가 있다고 말했다. 나는 먼저 남자보고 여자들도 술을 할 줄 아는가고 물었다. 그는 없어서 못 마신다며 집주인 할머니도 술을 잘 한다고 말했다. 나는 술 4병과 맥주 2병, 돼지고기 요리 1접시, 순대

1접시, 명태찜 4마리, 콩나물 반찬 1접시, 두부 4모를 주문했다. 식사는 술을 마신 다음에 먹기로 했다. 할머니는 자기 집에 없는 것을 밖에 나가서 가지고 왔다.

할머니를 포함해서 6명이 상 앞에 둘러앉아 술을 마시기 시작했다. 내가 먼저 할머니에게 술을 부어 준 다음 남자와 여자들한테도 차례로 한 잔씩 부어 주었다. 남자도 나에게 술을 한 잔 부어 주었다. 나는 술을 한 잔 내고 나서 술을 잘 하지 않는데 맥주는 좋아한다고 말하고는 맥주만 마셨다. 그들은 계속해서 술을 마셨는데, 정말 남자가 말한 대로 할머니와 여자들은 하나같이 술을 잘 마셨다.

술이 한 잔 두 잔 들어가면서 내가 남자보고 공격해서 사는가고 물으니 그렇다고 대답했다.

하루 수입이 얼마 정도 되느냐니까 메따나 알받이를 하는데 하루 저녁에 자지 않고 움직이면 못해도 2,000 - 3,000원 정도를 번다고 말했다. 그리하여 내가 공격은 혼자 하고 나머지 여자들은 카바인가고 물었더니 여자들도 공격을 한다고 했다. 내가 자식은 어떻게 하고 부부간만 이렇게 나와서 공격수 생활을 하느냐니까 그는 웃으면서 부인이라고 하는 여자는 사실 역전에서 알게 되었다고 말했다. 먼저 이 집 할머니를 알아서 집을 잡은 것이 여자 3명인데 도둑질을 하다가 외토리인 자신을 알게 되어 방을 합쳤다는 것이다. 그러니까 남자가 혼자서 여자 3명을 대상한다는 소리였다. 내가 남자보고 "형님 대단하십니다. 혼자서 여자 3명을 거느리자면 헐치 않겠습니다." 하고 말했더니 남자와 여자들이 죽어라고 웃었다. 내가 다시 남자보고 여자들이 서로 질투하면 어떻게 하는가고 물으니 남자는 자기보고 묻지 말고 여자들보고 물어보라는 것이었다. 여자들은 한결같이 자기들은 질투하지 않는다고 말했다. 또한 남자 역시 말하기를 좀 힘이 들지만 여자 3명을 대상해 주니 그들 모두가 자기 남편처럼 받들어 준다고 했다. 자기가 조금 아파 하면 밤에 나오지 못하게 하고 자기들끼리 나가서 낟알이나 물건을 도둑질해 온다는 것이었다. 정말 그 남자의 말대로라면 비록 도둑질하는 천한 생활이지만 3명의 여자들한테서 받들려 사니 이보다 더한 대통령 생활이 어디 있겠는가.

다음에는 여자들이 나보고 무슨 일을 하는가고 물었다. 나는 장사를 한다고 대답했다. 무슨 장사를 하는가고 묻길래 공업품이나 낟알 닥치는 대로 한다고 이야기했다. 그러자 그들은 나보고 아무 짐도 없는 사람이 무슨 장사를 하겠느냐며 자기들이 보건대는 뛰어난 공격수 같다고 했다. 그래서 나는 똥짐을 지고 다닐 것이 있는가고 하면서 차려비를 내면서 다니는 것이 아니고 그 지방에서 물건을 되거리 한다고 말했다. 그리고는 나도 전에는 등짐 장사도 하고 금속 장사도 하고 공격수 생활도 해 보았는데 지금은 이 장사가 제일 몸에 맞는다고 했다.

이윽하여 우리는 점심 식사로 국수 한 사발씩을 먹었다. 그들이 저녁은 자기들이 내겠다고 하였다. 식사를 하고 할머니가 상을 치운 후 웃방에 베개를 놓고 남자와 내가 누워서 이야기를 했다. 나는 좀 자고 싶은 생각도 있었으나 범의 소굴에 들어온 이상 마음 놓고 잘 수 없었으므로 남자와 이야기하면서 시간을 보냈다. 오후 5시부터 여자들이 한턱 낸다며 음식을 준비했다.

그들은 장마당에 나가서 부식물도 사 오고 물고기도 사 오고 했다. 저녁 7시경에 상을 차렸는데 만두가 올라왔다. 만두 맛이 좋아서 음식 솜씨를 칭찬하자 그들이 좋아했다. 그 날 저녁 그들은 밤에 도둑질하러 나가기 때문에 술을 적당히 마셨다.

식사가 끝난 후 내가 숙박하는 집이 없는가고 물었더니 그들은 왜 그러는가고 하였다. 내가 숙박하는 집이 있으면 가서 자려고 한다고 말하자 남자는 할머니 집에서 자라며 여기에 누가 찾아오는 사람도 없고 또 숙박하는 집이 아니므로 숙박 검열도 오지 않는다고 했다. 그러면서 자기들은 야간작업을 하기 때문에 밤에 역전에 나가 있으므로 할머니하고 동무하면서 자라고 재차 권했다.

저녁 8시 30분경에 그들은 역으로 나갈 준비를 했다. 먼저 여자 3명이 나갔다. 할머니보고 역전에 나갔다 오겠다고 말하고 남자와 함께 집을 나섰다. 나는 그들도 도둑질을 해야 살아갈 수 있으므로 더 지체시키지 않고 남자에게 볼일을 보고 아침에 집에서 만나자고 이야기했다.

나는 그와 헤어진 후 나대로 돌아다녔다.

순 천 에 는   가 짜 약 이   판 친 다

나는 피곤하여 할머니네 집으로 갔다. 나는 할머니에게 웃방에 자리를 펴고 문을 걸어 달라고 부탁했다. 그리고 할머니에게 여자들이나 남자가 돌아오면 나를 먼저 깨우고 나서 문을 열어 주라고 당부했다. 할머니는 그러겠다고 응했다.

할머니는 나보고 어디에 살며 어디까지 가는가고 물었다. 나는 집은 청진이고 신의주로 가려고 한다고 말했다. 할머니는 청진도 살아가기가 어렵지 않는가고 물었다. 내가 청진은 살아가기 정말 힘들다고 말했더니 할머니는 지금 세월에 청진 뿐만 아니라 순천도 살아가기가 어렵다고 했다. 할머니는 순천에서도 배급을 주지 않아 먹을 것이 없어서 격동 28탄광, 천성탄광 등의 탄부들이 일하러 나가지 못하고 식량을 구입하기 위해 사방으로 장사하러 다닌다고 이야기했다. 내가 순천에서는 무엇을 가지고 장사하는가고 물었더니 순천 제약공장에 다니는 사람들은 공장에서 자재를 훔쳐다 팔아서 살고, 그들한테 약품을 산 사람들은 그것을 가공하여 팔아서 산다고 말했다. 그러면서 할머니 옆집에 사는 나그네도 순천 제약공장에서 약품의 원료를 도둑질해서 약을 형타로 찍어 만들어 장마당이나 다른 장사꾼들에게 몰래 판다고 이야기했다.

순천 비날론공장에 다니는 사람들 역시 자재를 훔쳐 팔아서 생계를 유지해 간다고 했다. 또한 순천에는 대동강이 흐르므로 강물고기를 잡아서 팔기도 한다고 했다. 순천에서 주로 돌아가는 장사 물건은 무엇인가고 물었다. 할머니는 순천 제약공장 명판이 달린 페니실린, 마이신, 테라미찐, 아스피린, 깔쩩스, 다이야졸, 포도당 주사약과 빙초산 99프로짜리, 양잿물, 소다, 서슬, 물감 등이 장마당에서 팔린다고 말했다. 그러면서 순천에서는 특히 가짜 약이 판을 치는데 페니실린과 마이신이 대표적이라고 했다.

함흥장마당과 순천장마당에는 가짜약 뿐만 아니라 모르핀까지 몰래 판매되고 있었다. 모르핀 중독자들은 가정의 재산을 팔아서라도 약을 맞으려고 암거래 장사꾼들을 찾아다닌다. 모르핀 암거래 장사꾼들은 주로 약을 파는 사람들 속에 있다. 만약 모르핀을 매매하다가 잡히면 파는 사람과 사는 사람 모두 법적 처벌을 받기 때문에 양쪽이 매우 조심해서 사고 판다.

돼 지 가   앞 전   뒷 전   하 는   걸   보 다

이 할머니 역시 재미나는 분이었다. 할머니도 37살에 과부가 되어 아들 하나와 딸을 키웠는데 젊었을 때부터 술장사를 하다 보니 남자들과 도둑들을 많이 대상했다는 것이다. 자식들을 다 출가시킨 후에는 집에서 혼자 장사하면서 살았다고 한다. 그러던 어느 하루 여자 3명이 음식을 사 먹으면서 순천에 여행자 손님들이 많으므로 자기들이 장사를 하려고 하는데 집이 좋은 것이 있으면 알선해 달라고 했다고 한다. 무슨 장사를 하려는가고 물으니 순천역에서 여행자들이 파는 쌀을 싸게 사들여 저울 농간으로 이득을 보려고 한다면서 될수록 식구가 적고 방이 2칸 있는 집을 소개해 달라고 했다고 한다. 할머니는 그들이 말을 그럴 듯하게 하는데다 자기도 혼자이므로 딸삼아 데리고 있자는 생각에 그들보고 자기 집에 있으라고 했다고 한다. 조건은 할머니를 하루 세 끼 먹여 주는 것이었다고 한다.

그런데 하루 이틀 지나면서 보니 여자들이 낮에는 자고 밤에 일어나 나가더니 낟알이나 물고기 등 물건들을 들여와서는 아침에 나가 팔고 낮에 다시 들어와 먹고 자고 밤에 나가는 생활을 하더라는 것이다. 심지어 어떤 때에는 군관들을 데리고 와서 자기 사촌 오빠라고 말하고는 웃방에서 같이 잤다고 한다. 할머니는 날이 가면서 그들이 도둑이라는 것을 알았으나 자기한테 손해되는 것이 없으므로 못 본 척하고 그냥 지냈다고 한다. 그 후에 여자들이 같이 살 남자라고 하면서 오늘 있던 남자를 데리고 왔다고 한다. 처음에 자기는 남자라서 좀 께름칙한 생각이 있었는데 함께 살면서 겪어 보니 그 남자가 매우 순하고 마음이 좋더라는 것이다. 그리하여 웃방에서 남자 1명과 여자 3명이 붙어 자지만 그런대로 이해하면서 지금까지 지냈다고 한다.

그들은 밤에 도둑질하러 나가고 낮에는 웃방에서 자는데 잠잘 때는 한방에서 잔다고 한다.

어떤 날은 소리가 너무 요란해서 할머니가 조용히 하라는 말까지 했다고 한다. 그러면 웃방에서 여자들이 키득키득 웃는다는 것이다. 하루는 수입이 좋았는지 저녁에 돼지고기랑 닭알이랑 사 와서 같이 잘 먹었다고 한다. 그 날은 밤에 자겠다고 하기에 불을 끄고 인차 자리에 누웠는데 술을 먹고 고기도 먹어서인지 새벽녘까지 씩닥거렸다고 한다. 할머니가 한잠 자고 일어났는데 웃방이 조용하므로 미닫이문을 살며시 열어 보니 4명이 모두 옷을 벗고 맨몸으로 포대기도 덮지 않고 자더라는 것이다. 그러면서 할머니가 말하는 소리가 속담에 오래 살면 돼지가 앞전 뒷전 하는 걸 보고 증손자가 망하는 걸 본다더니 살다가 그런 꼴은 처음 보았다고 했다. 할머니는 저 불쌍한 여자들이 식량 공급이 제대로 되고 세상 살기가 좋으면 왜 저러고 다니겠는가고 말하며 혀를 찼다.

나는 할머니보고 재미나는 이야기 많이 들었는데 그만 자자고 했다. 할머니는 자기가 말한 소리를 그들한테 말하지 말라고 나한테 다짐을 받았다. 나는 알았다고, 말하지 않겠다고 약속했다. 그리고 남자 일행이 오면 나한테 먼저 알리고 문을 열어 주라고 다시 한번 당부한 뒤 불을 끄고 잤다.

내가 정신을 차리니 문을 두드리는 소리가 났다. 할머니는 불을 켜지 않은 상태에서 웃방 문을 열고 조용히 나를 깨웠다. 내가 문을 열어 주라고 하자 할머니가 불을 켜고 문을 열어 주었다. 그들은 배낭 3개와 방통 1개를 들고 들어왔다. 밤새 도둑질한 물건들은 강냉이 1배낭과 입쌀 1배낭, 콩 반 배낭, 비누, 신발, 사탕 등을 합해서 1배낭, 7리터짜리 콩기름 1 방통이었다.

내가 수고했다고 하자 그들은 웃으면서 좋아했다. 우리는 아침에 입쌀로 밥을 해서 술과 맥주와 함께 잘 먹었다. 하루를 같이 지내 보니 크게 해를 입힐 사람들 같지 않았다. 그리하여 나는 2일 간 이 집에서 잘 얻어 먹으며 숙박했다.

내가 순천을 떠나는 날에도 그들은 점심에 돼지고기 요리를 대접해 주었다. 그리하여 점심을 든든히 먹고 할머니에게 숙박비를 주고 나서 그들과 헤어졌다. 헤어지면서 그 남자가 요긴할 때 쓰라고 중국 담배 2곽을 주었다. 조선 각지를 다니면서 보니 비록 도둑들이 남의 물건을 훔치지만 알고 보면 인심이 좋았다.

순 천 - 간 리   자 동 차

나는 간리로 가는 자동차를 타려고 학교('리수복 고등중학교' 라고 쓴 것 같았다) 앞에서 기다렸다. 날이 어두워질 때까지 행여나 하고 추위에 떨면서 인내성 있게 기다렸으나 좀처럼 자동차가 오지 않았다. 몇 대가 오긴 했으나 세워 주지 않았다. 참 세상일이란 자기가 생각한 대로 쉽게 되어 주지 않는 것이다. 내가 평양 방면으로 가려고 하면 그 쪽으로 가는 차는 적고 그 쪽 방면에서 내려오는 차가 많았다. 학교 앞은 대동강 바람으로 인해 몹시 추웠다. 나는 더 참지 못하고 주변에서 나무 삭정이들을 주워다 불을 놓았다. 강냉이 밭에 흩어져 있는 강낭짚도 가져다 불무지에 놓았더니 불길이 좀 커졌다. 불을 쬐니 한결 나았다. 나는 불을 쬐면서 이런 생각을 다 했다. 불이 어머니 사랑보다 낫구나 하고 말이다. 왜냐 하면 부모들은 내가 한지에서 추위에 떨어도 나를 품에 안아 따뜻이 녹여 주지 못하는데 불은 조금이나마 나의 몸을 덥혀 주니 말이다. 내가 길에서 불을 피우니 가고 오는 사람들이 나를 쳐다보았다.

  시계가 없었으므로 시간을 정확히 모르겠으나 9 - 10시경이었던 것 같다. 그 때 멀리로부터 자동차 불빛이 달려왔다. 나는 주머니에서 돈을 꺼내 손에 쥐고 흔들어 대다가 자동차가 가까이오자 차렷 자세를 취하고 정중히 머리 숙여 인사했다. 그랬더니 자동차가 서는 것이었다. 운전수가 웃으면서 어디 가는데 그렇게 밤에 혼자 나와서 자동차를 향해 인사하는가고 물었다. 나는 간리까지 간다고 말했다. 운전수는 차를 세우지 않으려고 했는데 차 불빛으로 보니 내가 인사까지 하면서 자동차를 세워 달라고 하는데 그냥 지나칠 수 없어서 세웠다고 말했다. 이어 자동차 우에 탄 사람들이 죽겠다고 웃는 것이었다. 하긴 자동차를 돈을 내고 타기는 해도 자동차를 향해 인사하는 사람은 없는데 그런 짓을 보았으니 사람들이 어찌 웃지 않겠는가. 운전수가 돈을 내고 빨리 타라고 재촉했다. 나는 제격 250원을 주고 탔다. 자동차는 사회차(일제 이스즈)였는데 탑승 인원은 15명 정도였다. 사람들 주위로 소금 마대와 양잿물, 소다 등이 있었다. 내가 올라타자 여자들과 남자들이 나보고 살아갈 줄 안다고 한 마디씩 했다. 그러면서 운전수가 마음이 고운 사람인데 자동차를 향해 인사하는 사람을 그냥 지나치겠는가고 말들했다.

20 간리

간 리 역

　간리에는 새벽에 도착했다. 자동차에서 내려 간리역으로 갔는데, 사람들이 무척 많았다. 대합실 안이 꽉 차서 들어가지 못해 역 대합실 밖에도 짐을 쌓아 놓고 있는 사람들이 많았다. 심지어 간리역에서 기차를 기다리느라고 3, 4일씩 묵은 사람들도 있었다. 간리역도 분기점이므로 장사꾼들이 기차를 타려고 많이 모여 있었다. 새벽인데도 간리역 앞 음식 매대에서는 손님 접대를 하고 있었다. 나는 사람들이 많아 대합실로 들어가지 않으려다가 밖은 춥고 또 차를 타고 오다나니 피곤해서 사람들 속을 헤치고 안으로 들어갔다. 간리역에도 예외없이 꽃제비들이 많았다. 그들은 대합실 바닥과 층계단 위에 비닐 박막을 깔고 아무렇게나 누워 자고 있었다. 40분 정도 있으니 악취 냄새와 열기로 숨을 쉬기가 힘들었다. 나는 다시 사람들을 헤치고 밖으로 나와 음식물 매대에 가서 술 한 잔과 밥을 사 먹었다.

　식사를 하고 담배 3대 정도를 피우니 날이 밝았다. 이 때 '평양-온성행'과 '무산-평양행' 열차가 동시에 객표를 했다. 이어 사람들이 출입구로 모여들었다. 차표나 증명서가 없는 사람들은 짐을 지고 담장을 뛰어넘거나 에 돌아가는 일들이 많았다. 간리역에도 기차를 타러 나가는 사람들의 낟알 배낭과 짐을 칼로 찢고 쌀을 받는 도둑들과 돈을 채는 소매치기들이 많았다. 기차를 타려는 사람들이 홈으로 나가니 역 대합실은 한결 조용했다. 그리하여 대합실에 남은 사람들은 여행자보다 꽃제비들이 많았다. 아침 8시경에 역 청소부들이 들어와 청소를 하므로 안내원들이 나와서 꽃제비들을 내쫓았다. 꽃제비들도 아침을 채 먹으려고 밖으로 다 나갔다. 꽃제비들 중에는 어린아이들 뿐만 아니라 처녀와 중년들도 있었다.

자 리 다 툼

나는 밖으로 나가 간리역 주위를 둘러보고 다니다가 너무 춥고 피곤해서 대기숙박소에 가서 쉬었다. 저녁에 밥을 대충 사 먹고 다시 간리역으로 갔다. 밤이 되니 대합실은 역시 발 디딜 틈 없이 붐볐다. 사람들과 꽃제비들의 속을 비집고 2층으로 올라가니 그 곳도 의자뿐만 아니라 바닥에까지 사람들이 꽉 차 있었다. 방랑자들과 꽃제비들이 바닥에 비닐 박막을 곁고 여기저기 무질서하게 누워 있었다. 의자 쪽을 둘러보니 한 곳에 여자들이 앉아 졸고 있었는데 조금 조여 앉으면 한 명은 앉을 만하였다. 나는 누워 있는 사람들을 가로타고 건너 그 의자 쪽으로 갔다.

나는 맨 끝에 앉아 졸고 있는 여자를 툭툭 쳤다. 그가 눈을 뜨자 나는 "아지미, 조금 조여 같이 앉기시오." 하고 말했다. 그는 자는 사람을 깨워서 시끄럽다는 투로 어디 앉을 자리가 있는가고 하였다. 나는 조금 조이면 한 명은 앉을 수 있다고 말했다. 그래도 그 여자는 자리가 없다고 하면서 조여 앉으려 하지 않았다. 나는 다 같은 사람이고 다 같이 집을 떠나 고생하는 여행자인데 같이 앉자고 하면서 무작정 그 여자들 사이를 비집고 앉았다. 그러다나니 옆에서 자던 다른 아가씨도 깨어나게 되었다. 아가씨들은 못마땅한 얼굴로 나를 쳐다보더니 내 옆의 여자보고 어째 그러는가고 물었다. 그가 자리가 없는데 이렇게 비집고 앉았다고 투덜댔다. 그 아가씨는 나보고 손님 좁아 죽겠는데 여기 앉으면 어떻게 하는가고 하면서 일어나 다른 데로 가라고 하였다. 나는 더 말하지 않고 눈을 부라리면서 "이 들양 같은 간나들, 아가리 찢어 놓기 전에 가만히 못 있겠나!" 하였다. 그랬더니 여자는 조금도 기가 죽지 않고 "욱살치지 마시오! 남자라고 큰소리치면 단가!" 하고 맞받아 쳤다. 그는 자기들도 남자들이 있다고 하면서 한 여자보고 나가서 남자들을 데리고 오라고 말했다. 제꺽 한 여자가 일어나 나갔다. 나는 "야, 이 간나들아, 데려오겠으면 데려오라! 너네 조직이 어느 만큼 힘이 있는지 모르겠는데 한 두름이든 두 두름이든 다 데려오라!"고 소리쳤다. 사실 외지 생활이나 방랑 생활을 하려면 악다구니가 세야 하므로 나도 그렇게 말했던 것이다.

　이제 어떤 일이 일어나겠는지 모르겠지만 나도 신심이 있었다. 나도 공화국의 어지간한 도둑들과 망나니들, 소매치기들을 풋낯이라도 조금씩은 알고 있으며, 또 내가 아는 자들은 그 도에서 알아주는 망나니들이었다. 이 때 24 - 25살 정도 되어 보이는 아가씨가 자기네 남자들이 술 마시러 갔는데 이제 곧 올 거라면서 나보고 일어나라고 악을 썼다. 나도 뱃심 좋게 담배를 피워 대면서 그 여자가 뭐라고 해도 못 들은 척하고 그대로 앉아 버티었다. 왜냐 하면 남자가 한 번 앉았다가 여자한테 쫓기우는 것이 자존심이 허락치 않았고, 또 그 여자 앞에서 그들의 남자들을 한풀 꺾을 자신이 있었기 때문이었다.

　한 30 - 40분 정도 지나서 남자 2명과 데리러 갔던 여자가 나타났다. 맨 앞에서 여자가 사람들을 헤치면서 기세 좋게 오고 그 뒤로 2명의 남자가 따라왔다. 첫눈에 눈에 차지 않았고 또 본 적이 없는 얼굴이었다. 나는 얼른 눈을 감고 잠을 자는 척하였다. 이 때 한 남자 녀석이 들어오면서 "어느 새끼야!"

하고 소리쳤다. 그러자 나와 말싸움을 하던 여자가 기세 등등하여 나를 가리키며 이 사람이라고 말했다. 나는 계속해서 못 들은 척하고 그냥 앉아 있었다.

마침내 한 사내 녀석이 내 어깨를 툭 치면서 '형님아, 형님아' 하고 나를 깨웠다. 천천히 눈을 뜨고 보니 옷차림이 후줄근한 녀석들이었다. 내가 왜 그러는가고 하자 그 녀석은 나보고 무작정 자기 자리니 일어나라고 말했다. 그는 술을 처먹어서 새빨개진 얼굴을 하고서 곧 잡아 먹을 것처럼 기승을 부렸다. 나는 그보고 "이 자리를 네가 돈 주고 샀는가? 니 자리라는 게 어디 있는가."라고 따져 물었다. 그러자 그 녀석은 "이 새끼, 이 어디 가서 행지 뭉치 같은 새끼야!" 하고 단통 반말을 하면서 때릴 것처럼 하였다. 이에 나도 뺄이 나서 "이 새벽에 사람들이 다 자는데 도덕없이 고우지 말고 출력을 좀 낮추라. 니 여자들 앞에서 사끼나 먹어서 욱기 올라 사끼족을 쓰지 말라."고 말했다. 그 녀석은 더 이상 참지 않고 "이 머저리 같은 새끼, 못 일어나겠는가!"라고 하면서 나의 목다시를 쥐려고 손을 내밀었다. 그것을 내가 한 손으로 툭 쳐 버리자 그는 주먹으로 나를 치는 것이었다. 나는 피하면서 의자에 앉은 자세에서 발로 그 녀석의 복부를 차고 뒤이어 그의 턱주가리에 보기 좋게 주먹을 한 대 선물하였다. 그가 아무 말 못 하고 넘어지자 또 한 녀석이 덤벼들었다. 그들은 모두 설익은 녀석들이었으므로 그에게도 한 대 얼얼하게 선물했다. 나는 나자빠진 녀석들보고 "어디 계집들의 치마 꼬리나 잡고 따라다니면서 좀도둑질이나 해 먹는 새끼들, 썩 사라지라!"고 말했다. 그 녀석들은 정신을 추스르고 일어서더니 "니 좀 있어라." 하고는 밖으로 나갔다.

내가 담배 한 대를 피우며 숨을 돌리고 있는데, 7, 8명 정도의 남자들이 손에 돌과 병을 쥐고 오는 것이 보였다. 나는 일어나 준비 자세를 하고 그들이 오는 것을 지켜 보았다. 이 때 대합실에는 군인들도 많았는데, 그들은 말릴 생각은 하지 않고 볼거리가 생겼다며 구경만 하는 것이었다. 사내들은 나를 잔뜩 노려보며 다가왔다. 나는 그들보고 "야! 너네 시시하게 놀지 말라. 나는 한 명인데 너네는 무리것들이 7명이나 되어 가지고 아이들처럼 돌과 병사리를 쓰겠는가."라고 말했다. 그들은 많은 사람들이 구경하므로 자존심이 상했는지 돌과 병을 놓았다. 대합실 바닥에는 많은 꽃제비들과 방랑자들이 눕거나 앉아 있었으므로 싸움하기가 매우 마땅치 않았다. 그런데 일이 이쯤 되고 보니 앉아 있거나 누워 있던 사람들이 일어나 자리를 내 주었다.

자리가 마련되자 한 녀석이 나와 마주 서고 나머지는 그 뒤로 물러섰다. 녀석이 허세를 부리면서 싸움 동작을 취했다. 그는 몸을 놀리며 나에게 접근해 왔다. 나는 웬만한 것은 피하려고 했지만 지금 정황에서는 피할 수가 없었다. 싸움은 그들에게 이득 되는 일이 못 될 뿐만 아니라 나에게도 역시 아무런 득이 되지 못한다. 하지만 이쯤 되고 보니 열이 올라 앞뒤를 가릴 형편이 못 되어 부득불 싸움에 응했던 것이다. 이 때 나를 상대하는 녀석이 발차기를 하면서 들어왔다. 나도 야간한 몸놀림으로 단숨에 그를 꺾어 뜨렸다. 그러자 다른 사내 2명이 뒤따라 덤벼들었다. 나는 다시 몸을 날려 한 녀석을 때리고 이어 다른 한 녀석을 치려고 몸을 돌렸다.

그런데 그를 보는 순간 나도 모르게 본능적으로 "○○!" 하고 소리를 쳤다. 그 소리에 그도 엉거주춤 하면서 굳어졌다. 그는 나보고 "니 누구야?" 하고 물었다. 내가 다시 "너 ○○ 맞지?" 하고 물으니 그가 옳다고 머리를 끄덕였다. 그러자 그의 패들은 영문을 몰라 서로 얼굴만 멍청히 보면서 의문스러워 하는 표정이었다.

그는 싸움을 멈추더니 나에게 자리에 앉자고 하였다. 의자에 앉아 있던 여자 3명이 제꺽 일어나 자리를 내 주었다. 나와 그는 의자에 앉아 서로 담배를 권하였다. 그는 자기 아이들보고 옛날 친구라며 나를 소개했다. 그들은 어색해하면서 서로 알고 지내자고 인사했다. 그가 이번에는 나의 옛 별명을 말해 주면서 그 사람이라고 하자 한 녀석씩 손을 내밀면서 악수를 청하는 것이었다. 나도 손을 내밀어 같이 악수를 하였다. 우리는 사람들이 많으므로 밖으로 나갔다.

그는 나보고 오래간만에 만났는데 술 한 잔 하러 같이 가자고 하였다. 그들 패에서 4명하고 나하고 여자 3명 이렇게 8명이 그가 거처하는 집으로 갔다.

오랜만에 만난 망나니 친구

집은 역전 앞에 있는 한 아파트 2층이었다. 그 집에는 35 - 38살 정도의 남자 주인과 33 - 35살쯤 되어 보이는 아주머니와 12살 난 남자아이가 살고 있었다. 그 집에서는 술과 두부, 김치, 국수 오무라이 등을 팔고 있었다. 그가 집주인보고 자기와 친한 동무인데 역전에서 만나 데리고 왔다고 말했다. 그가 다시 여자들보고 뭐라고 이야기하자 여자 2명이 밖으로 나갔다가 오는데 비닐 주머니에 꽈배기 20개, 빵 20개, 두부밥 20개 정도를 가지고 돌아왔다. 그와 이런저런 이야기를 하다가 그가 나보고 어디에 가는가고 묻기에 나는 신의주에 가는 길인데 아침에 자동차를 타고 가려고 한다고 대답했다. 그는 오후에 나가야 신의주 방면으로 가는 자동차가 있다고 하면서 자기네가 차를 잡아 주겠다고 말했다. 한창 술을 마시던 중에 그가 시계를 보았다.

새벽 3시 30분경이었다. 그가 자기 사람들한테 뭐라고 다시 말하자 남자 3명과 여자 2명이 작업하러 나가겠다면서 나보고 안됐다고 말하였다. 나는 일없다고, 사내들이 싸움 끝에 친하면 동무라고 했더니 그들도 옳다고 하면서 앉아서 술을 마시라고 인사말을 한 후 밖으로 나갔다.

나와 친구와 여자 한 명이 앉아 다시 술을 마셨다. 나는 그에게 그 동안 어떻게 지냈느냐고 물었다. 그는 자기도 그 때 싸움질과 도둑질로 안전부에 잡혀서 평안북도 천마군에 있는 66호 로동교화소에 수용되었다고 한다. 그 곳에서 2년 동안 로동 단련을 받고 나온 후 앞으로는 사람 구실을 하려고 마음먹었다고 한다. 그런데 전과자라는 손가락질과 따돌림을 하도 많이 받아 진

저리가 나더라는 것이었다. 그는 자기들같이 전과 있는 사람들은 일을 잘 하려고 해도 뒷다리를 잡아채는 사람이 많다고 했다. 결국에는 생활을 포기하고 식량난으로 생활이 더욱 어려워졌으므로 이렇게 집을 나와서 무리를 지어 도둑질로 하루하루 살아가고 있다고 하였다. 내가 그러다가 잡히면 어쩌는가고 걱정하자 그는 자기는 이제는 간리역 안전원들과 야간 순찰대, 로동자 규찰대들을 잘 알고 지내기 때문에 일없다고 하였다. 그들이 요구하는 담배나 술 같은 것을 조금씩 주면 그들도 눈을 감아 준다는 것이었다. 내가 같이 다니는 여자들은 누구냐고 물었다. 그는 자기들이 밤에 짐을 채서 메고 나오면 사람들이 의심하지만 여자들이 지고 나가면 의심하지 않으므로 도둑질하는데 방조자로 쓰고, 또 심심할 때 자기들의 성만족을 풀어주는 대상으로 데리고 다니는 여자들이라고 이야기했다. 그러면서 그는 나보고 한번 놀아 보겠는가고 물어 보았다. 나는 어디서 어떻게 노는가고 웃어넘겼다. 그는 이 집은 자기들이 노는 장소인데, 그 대가로 이 집 식구들을 먹여 준다고 말했다. 그러므로 자기가 한 마디 하면 이 집 부부는 자리를 피하여 준다고 하였다. 내가 싫다고 하자 그는 나보고 옹졸하다고 말했다.

나는 화제를 돌리려고 간리역에 꽃제비들도 많은데 '꽃 사시오'들은 보이지 않는 것 같다고 말했다. 그는 간리에도 꽃 사시오들이 많다며 자기네는 알아본다고 말했다. 그는 간리에서 몸을 파는 여자들은 다른 곳의 여자들과는 다르다고 이야기했다. 그들은 밤에 역전 앞에 나와 팔짱을 끼고 손가락을 펴고 있는데 손가락 4개를 펴고 있으면 400원이고 3개면 300원, 2개면 200원짜리라고 했다. 주로 17 - 23살까지의 아가씨들이 나온다고 했다. 그들은 주로 타지방에서 온 여자들과 평양시 여자들인데, 저녁 통근차를 타고 간리에 와서는 매음을 하고 아침에 통근차를 타고 집으로 돌아간다는 것이었다.

이렇게 이런저런 이야기를 하다나니 날이 밝아 오기 시작했다. 이 때 여자

2명과 남자 2명이 배낭 2개와 빽크 가방 하나를 가지고 돌아왔다. 그들은 오늘 노획물이 이것밖에 못 된다고 말했다. 배낭 안에는 각각 입쌀과 강냉이가 40킬로그램씩 들어 있었다. 가방 안에는 도중식사로 입쌀밥 2킬로그램 정도와 반찬으로 콩나물 볶은 것과 두부 지진 것이 들어 있었다. 그리고 술 2.5킬로그램짜리 1방통과 중국 맛내기 2봉지, 사카린 1봉지, 중국 단복 1벌, 신의주 신발로 남자용 3켤레와 여자용 2켤레도 들어 있었다. 동무가 집주인 아주머니보고 쌀과 강냉이를 아침에 팔아 달라고 말했다.

아침 8시 30분경에 그들은 아침 식사로 국수와 술을 먹었다. 나도 국수 한 그릇을 얻어 먹은 후, 오후에 차를 타야 하므로 잠을 잤다. 점심 무렵에 일어나서 밥을 먹고 친구보고 그만 가겠다고 말하자 그가 벌써 가겠는가고 아쉬워했다. 주인 부부한테 인사하고 친구 동무들과 여자들한테도 아무 일 없이 주의해서 살라고 인사한 다음 친구와 함께 자동차 도로로 나왔다.

간리 - 신의주 자동차

간리역에서 순안 비행장 방면으로 조금 걸으면 신의주로 향하는 도로가 나타난다. 나와 동무는 거기에서 추위에 떨면서 자동차를 기다렸다. 하지만 점심을 든든히 먹어서 그런지 2-3시간은 헐히 견딜 만했다. 오후 5시가 조금 넘으면 해가 지는데 그 때부터 더욱 춥다. 동무와 나는 밭에 있는 강냉짚을 5단 정도 가져다가 불을 놓고 자동차를 기다렸다. 강냉짚을 여러 번 날라다가 퍼그나 불을 지폈을 때, 드디어 자동차가 오는 것이 보였다. 나와 동무는 길 가운데로 나가 손을 흔들면서 자동차를 세웠다. 그러자 자동차가 급정지하더니 군인 운전수가 "야! 너희들 죽지 못해 차를 막는가!"고 소리쳤다. 나는 잘못했다고 빌면서 날은 춥고 몸은 떨리는데 기다리던 자동차가 오기에 너무 반가운 김에 앞을 막았다고 말했다. 군인이 어디까지 가는가고 물었다. 신의주로 간다고 대답하자 단통 700원을 내라고 하였다. 나는 부르는 대로 내지 않으면 차가 가 버릴 것 같아 제꺽 주머니에서 돈을 꺼내 운전수에게 주었다. 동무한테 신의주에 갔다가 돌아오는 길에 들르겠다고 말한 후 자동차에 올라탔다. 차는 군대차(소련제 까마즈)였는데 신의주에 무엇을 실으러 가는지 군인 5명과 남자 10명, 여자 10명 정도가 타고 있었다. 장사꾼들이 자동차에 가지고 오른 것은 양잿물, 빙초산, 늙가마, 소래 등이었다.

  40분 정도 달리다가 운전수가 차를 세우더니 아는 집에 들어가 저녁을 먹고 가겠다고 말했다. 그리하여 우리들은 운전수가 올 때까지 차 우에서 비닐박막을 쓰고 앉아서 기다렸다. 나는 비우를 쓰고 다른 사람이 쓰고 있는 비닐박막을 같이 썼다. 그러니 추운 것이 한결 나았다. 우리들이 우들우들 떨면서 기다리는데 집에 들어간 군인들이 좀처럼 나오지 않았다. 얼마나 시간이 흘렀는지 모르겠으나 마침내 군인들이 나오고 다시 자동차가 달리기 시작했다.

  다음날도 하루 종일 달려 정주에 도착했는데 정주 역시 10호초소가 있었다. 초소 군인이 자동차에서 사람들을 내리게 한 뒤 먼저 짐을 검사했다. 나는 7, 8명 정도의 사람들이 증명서 검열을 마치고 초소를 통과해서 넘어갔을 때 자동차 반대로 돌아 몰래 초소를 통과했다. 정주 10호초소는 신의주가 국경 연선이므로 물건과 증명서 단속을 위주로 한다. 검문을 받고 차는 다시 떠났다.

21 신의주

신의주 장마당

자동차는 밤새 달려 1월 18일 새벽에 신의주에 도착했다. 운전수는 차를 역 앞에 세우고 사람들을 하차시켰다. 나는 추워서 내리자마자 신의주역 대합실로 달려 들어갔다. 대합실에는 사람들이 그리 많지 않았다. 꽃제비들도 몇 명이 있을 뿐이었다. 나는 의자에서 자다가 대합실에서 아침 8시경에 나왔다. 우선 배가 고팠으므로 역전 왼쪽에 있는 간이 매대로 갔다. 아침 식사를 사 먹은 후에 신의주장마당으로 갔다.

신의주장마당 안에는 공업품과 낟알류, 중국 사탕과자, 과일류, 육고기류, 물고기류, 남새류, 나무, 가축류, 화장품, 담배, 술 등을 파는 매대가 있었다. 장마당 밖에는 음식 매대들이 줄지어 있었다. 장마당에서 나와서 오른쪽으로 20미터쯤 내려가자 왼쪽에 넓은 공지가 나타났는데, 그 곳에서 음식을 끓여 팔고 있었다. 장마당에서 음식을 파는 여자들은 전부 나이가 젊은 여자들이었다. 그들은 주로 중국에서 들어오는 콕스탄이나 나무를 때서 작은 풍로에 불을 피우고 냄비에 음식을 끓여 손님들에게 팔아 주었다. 그들이 파는 것은 돼지고기국밥, 두부국, 명태국, 물고기찜, 국수, 비지, 비지죽, 오구래 팥죽, 빵, 두부밥, 김밥, 인조 돼지고기 등이었다. 신의주장마당에도 꽃제비들이 많았다. 그들은 주로 점심과 저녁을 장마당에서 채 먹거나 빌어 먹고 있었다.

신 의 주 역   주 변

신의주는 다른 데보다 화교들이 많아서 그런지 빈부 차이가 심했다. 화교들이 사는 집들 중에는 심지어 대문짝에다 중국 사람들 집처럼 한자 또는 그림을 그려 넣은 종이를 붙이고 공 모양의 장식도 집 처마 밑에 달아 놓은 데도 있었다. 보통 화교들 집은 담장을 3미터 정도 놓이 쌓았고 대문도 컸다.

나는 다시 걸어서 역전 쪽으로 왔다가 신의주 세간다리를 지나 압록강가로 갔다. 압록강 강둑에 올라서니 강 건너로 중국 단동시가 바라보였다. 단동시를 바라보니 온통 퍼렇고 불그스름한 색을 칠한 아파트들이 보였다.

강둑을 따라 얼마쯤 가니 열차 주차장이 나타났다. 그 곳에는 꽃제비들과 탄을 주우러 나온 사람들이 많았다. 탄을 줍는 사람들 중에는 여자아이들과 남자들, 중년 여자, 늙은이들도 있었다. 열차 주차장에는 또한 강냉이와 콩을 넣은 마대들을 가득 쌓아 놓고 있는 사람들이 많았다. 정비하려고 역전에서 주차장으로 나오는 열차를 기다리는 장사꾼들이었다. 그들은 신의주역에서 타자면 자리를 잡지 못하므로 그 곳에서 주차장 무장 보위대와 열차 승무원들에게 돈이나 물건을 주고 승차했다.

아 마 이 , 늙 은   것 도   밤 꽃   팔 러   나 왔 소 ?

나는 다시 장마당으로 가서 점심을 먹고 돌아보다가 오후에 역전 대합실에 가서 조금 잤다.

내가 눈을 떴을 때는 날이 어두워지고 사람들이 역전으로 들어오느라고 소란스러웠다. 저녁이 되니 장마당에서 돌아치던 방랑자들과 꽃제비들이 역 대합실로 들어오고 있었다. 그들은 하나같이 얼굴이 마치 검은 칠을 한 것 같았고, 옷은 때가 끼다 못해 반들반들 윤기가 났다. 나는 역 대합실에 손님들이 차고 꽃제비들과 방랑자, 도둑들이 많으므로 대기숙박소에 가서 잘 생각으로 대합실 문 어구에 서 있었다. 그랬더니 여자들이 나에게 대기숙박하지 않겠느냐며 달라붙었다. 내가 하지 않는다고 말하자 그들이 가 버렸다. 신의주에는 강도가 많고 또 매음하는 여자들한테 잘못 걸리면 몽땅 털리우고 빤쯔만 입고 나온다는 소리를 들었으므로 나는 극력 주의했다. 역전 앞을 왔다갔다 하면서 보니 그래도 돈이 있는 신의주가 남다른 점이 있었다. 매음하는 여자들이 벌써 대상을 하나씩 데리고 사라지는 것이었다.

담배를 한두 대쯤 피웠을 때 63살 정도 나 보이는 할머니가 와서 대기 손님들을 찾았다. 그러자 좀 젊은 사람들과 여행자들이 농소리를 하기 시작했다. "아마이, 늙은 것도 밤꽃 팔러 나왔소!" 하고 누군가 소리치니 그 앞에 모여 있던 사람들이 모두 죽겠다고 웃어 댔다. 하지만 그 할머니도 만만치 않았다. 할머니는 "호박꽃은 꽃이 아닌가? 젊은 것들이 손님들을 다 데려가니 우리 같은 늙은 것들은 통 잡을 수가 없네." 하고 대꾸하였다. 그러자 다시 한 번 웃음이 터졌다. 나는 할머니에게 다가가 집이 먼가고 물었다. 할머니는 역전 앞이라고 대답했다. 내가 다시 집에 식구가 몇 명 있는가고 묻자 영감하고 둘이라고 말했다. 내가 가자고 하니 할머니는 한 명만 데리고 가면 수지가 맞지 않는다고 하였다. 하루 저녁 숙박비가 20원인데 20원 가지고 영감 노친이 뭘 먹겠느냐며 3명은 데리고 가야 된다는 것이었다. 내가 더 데리고 들어가지 말고 그 사람 몫까지 내가 내면 되지 않는가고 했더니 그렇게 하자고 했다.

숙박집에 갔더니 할아버지가 계셔서 인사를 했다. 나는 할머니에게 저녁 식사를 좀 사다 달라고 부탁했다. 그리하여 저녁은 할머니가 사다 준 술 1병과 두부 2모, 인조 돼지고기 1봉지, 두부밥 10개, 콩나물 반찬 1접시로 늙은 부부를 모시고 부모삼아 아들삼아 서로 부어 주고 받아 주고 하면서 술과 음식을 함께 먹었다.

저녁을 먹고 내가 담배를 꺼내 함남도 독초인데 한번 피워 보시라고 할아버지에게 권했다.

할아버지는 담배를 말면서 담배 쌈지를 보더니 나보고 대단한 애연가 같다고 말했다. 내가 그렇다고 대답하자 할아버지는 담배 쌈지를 꺼내 놓을 때 벌써 알아보았다고 하였다. 할아버지는 나보고 집이 어디며 어디에 가는가고 물었다. 나는 집은 청진이고 신의주에 쌀을 사러 왔는데 값이 맞지 않아 생각 중이라고 대답했다. 그러자 늙은 부부는 장사는 머리를 잘 써야 순간에 망하고 순간에 번다고 말했다. 내가 노부부에게 자식이 없는가고 물으니 아들 두 명과 딸 한 명이 있는데 모두 결혼을 했다고 했다. 그리하여 내가 자식을 끼고 있는 것이 더 낫지 않는가고 말하니 그들은 젊은이 모르는 소리 한다며 남자들은 장가를 보내면 다라고 말했다. 할아버지는 어릴 때 금이야 옥이야 하고 자래워서 장가 보내니 여자한테 빠져서 자기들은 거들떠보지도 않는다며 미우나 고우나 영감 노친이 둘이서 벌어 먹다가 죽는 날 죽으면 그만이라고 이야기했다.

나는 소변이 마려워서 할머니에게 밖에 잠간 나갔다 올 테니 자리를 펴 달라고 했다. 내가 소변을 보고 집에 들어가니 할머니가 웃방이 추운데 그런대로 이불을 깔고 자면 일없다고 했다. 내가 웃방문을 여니 이불이 펴져 있는데 베개가 나란히 2개 있었다. 내가 여기서 누가 자는가고 물으니 할머니가 하는 소리가 왜 여자를 데리고 오지 않았는가고 하면서 내가 여자를 데리러 간 줄 알고 잠자리를 2명분을 폈다고 말했다. 나는 그 때에야 이해가 되었다. 신의주에서는 대기숙박 손님이 매음하는 여자를 데리고 갈 때 다른 손님을 들이지 못하게 하려고 나머지 사람 몫까지 돈을 내는 경우가 많았던 것이다. 나는 할머니에게 내가 장사하러 왔는데 신의주에 강도들이 많다고 하므로 혼자서 자려 한 것이라고 이야기했다. 그러자 할머니는 미안하다고 하면서 이불을 거두었다. 나는 신의주에서 이 집에서 먹을 것을 대고 2일 간 숙박했다.

역전 검열에 걸리다

다음날 아침에 숙박집에서 나와 시내를 돌다가 오후에 역전 대합실에 가서 의자에 앉아 조금 잤다. 누가 깨워서 눈을 뜨니 웬 남자가 어디 가는가고 묻는 것이었다. 내가 간리에 간다고 대답하자 그는 증명서를 보자고 했다. 내가 증명서가 없다고 했더니 그는 일어나서 걸으라고 했다. 나는 그에게 어디 가는가고 물었다. 그는 역전 안전부로 간다고 말했다.

안전원을 따라서 역전 분주소에 가니 안전원 소장 이하 3명이 있었다. 소장이란 사람이 나보고 집이 어디 있는가고 물었다. 나는 청진이라고 대답했다. 그는 증명서를 보자고 하였다. 내가 없다고 말하자 그러면 청진에서 산다는 것을 증명할 만한 것이 있는가고 하였다. 나는 공민증을 꺼내 보였다. 공민증을 보더니 청진에서 증명서 없이 어떻게 왔는가고 물었다. 나는 처음에는 짐도 있고 증명서도 있었는데 순천에서 짐과 증명서를 잃어먹었다고 거짓말을 했다. 그랬더니 안전원 한 명이 "야! 니 공민증은 있는데 증명서 분실했다는 게 말이 되는가!"고 하였다. 나는 제꺽 말을 돌려 역전에서 잃어먹은 것이 아니라 대기숙박소에 들어가서 밤에 자다가 새벽에 눈을 뜨니 내 물건하고 웃옷만 없어지고 옆에 누워 자던 부부간 2명도 없더라고 했다. 그 집 주인한테 물어 보니 모른다고 하기에 어떻게 대기 손님이 들어가고 나가고 하는 것을 주인이 모를 수가 있는가고 들이대면서 서로 공도해서 짐을 채지 않았는가고 따졌다고 했다. 그러자 집주인이 생사람 잡는다면서 주먹질을 하기에 싸움을 했는데 그 동네에 사는 집주인의 동무들이 달려들어 오히려 매만 맞았다고 이야기했다. 그는 내 얘기가 믿을 만한지 머리를 끄덕였다. 그러면서 동복은 어디서 입었는가고 물었다. 나는 돈을 단복 주머니 안에 넣고 바지를 입고 잤기 때문에 돈은 분실하지 않았으므로 장마당에서 입던 동복을 사 입었다고 설명했다.

다음에는 분주소 비서라는 안전원이 나보고 청진 본토박이인가고 물었다. 내가 그렇다고 말하자 그렇다면 청진역에 있는 안전부 간부의 이름을 대 보라고 하였다. 그래서 내가 거침없이 이름을 대자 어떻게 생겼는지 말해 보라고 하였다. 나는 키와 생긴 형태는 물론이고 나이까지 밝혔다. 그는 나보고 진짜 청진 본토가 맞다고 인정했다. 나는 분주소 사람들에게 수고하신다며 가지고 있던 중국 담배 3곽을 주고 나왔다.

여자라면 예술을 소유하고 있어야

나는 분주소에서 나와 다시 대기숙박집으로 갔다. 숙박집에 들어가니 25살쯤 되어 보이는 여자가 있었다. 나는 할머니보고 다른 소리 없이 조금 자겠다고 말했다. 할머니는 그렇게 하라고 하면서 이불과 베개를 내려 주었다. 나는 눕자마자 인차 잠이 들었다.

소변이 마려워서 눈을 뜨니 저녁 6시경이였다. 지내 떨다가 따뜻한 집에 들어오니 정신없이 잤던 것이다. 나는 밖에 나가 소변을 보고 들어왔다. 내가 할아버지와 담배를 피우면서 아까 그 여자는 누구인가고 물었더니 딸이 근처에 사는데 잠시 집에 들렀던 거라고 말했다. 내가 할아버지보고 딸이 인물이 잘생겼다고 말하자 할아버지는 자기 딸이 큰 공장의 부기원을 하다가 생산 현장으로 쫓겨난 후 인차 시집을 갔다고 이야기했다. 내가 할아버지보고 딸이 왜 좋은 자리에 있다가 생산 현장으로 쫓겨났는가고 물었더니 할아버지는 공장 부기원을 처녀가 하면 몸을 더럽힌다고 대답했다. 내가 다시 왜 그런가고 묻자 할아버지는 딸이 공장 부기원을 할 때 이야기를 들려 주었다.

딸은 부기원을 하면서 은행 거래를 해야 했는데 공장 부기장이 은행에 가서 돈을 얼마 타오라고 일을 시켜서 가면 은행 과장이라는 양반이 응하지 않았다고 한다. 여자는 처음에는 나이도 어리고 해서 그 이유를 몰랐는데 시간이 흐르면서 알게 되었다고 한다. 여자가 그렇게 은행에 갔다가 돈을 못 받아오면 부기장이 여자라는 게 예술도 없이 남자 하나 녹이지 못하는가고 하면서 머저리라고 욕했다고 한다.

부기장이 다시 은행 과장에게 전화를 걸더니 여자보고 또 올라가라고 해서 은행 과장에게 갔다고 한다. 은행 과장이 여자를 찬찬히 보더니 "무슨 여자가 이렇게 목석인가? 여자라면 남자를 울릴 줄도 알고 웃길 줄도 알고 녹여낼 줄도 아는 예술을 소유하고 있어야지." 하면서 여자가 앉아 있는 의자 옆에 앉더라는 것이다. 그리고는 여자보고 그만한 인물과 체격이면 은행돈을 마음대로 주무를 수 있다고 말했다고 한다. 그래서 여자가 의문스러워 과장이라는 사람보고 자기가 어떻게 은행돈을 마음대로 만질 수 있는가고 묻자 그는 "그거야 간단하지. 눈 딱 감고 이렇게 하면 되는 거야." 하면서 여자를 끌어안고 가슴을 쥐더라는 것이다. 여자는 너무 놀라 제꺽 일어나서 과장이라는 사람의 볼따귀를 때리고 나왔다고 한다. 여자는 그런 일을 처음 당하고 내려오면서 생각하니 분해 죽겠더라는 것이다. 그리고 자기 상급인 부기장과 은행 과장이 말하던 그 예술이란 바로 자기 같은 여자들에게 몸을 요구하면 거리낌 없이 주는 그런 순정이었다는 것을 알았다고 한다. 그 일로 해서 결국 여자는 부기원으로서 능력이 부족하다는 이유로 생산 현장으로 쫓겨났다고 한다.

정말 조선에서는 어지간한 권력을 가지고 있는 자들치고 여자들을 다치지 않는 자들이 없다.

실례로 조선 로동당에 입당하거나 상급 학교에 가려면 당비서의 비준을 받아야 하는데, 직장 부문당 비서들은 입당시켜 준다며 직장 처녀들의 몸을 더럽히고 또 행정 간부들은 헐한 직종에 배치해 주겠다면서 몸을 요구한다. 이것이 바로 조선의 간부들의 생활이고 수법이다.

    다음날 아침 밥을 먹고 9시경에 숙박집에서 나와 신의주 외화상점 앞으로 갔다. 나는 다시 자동차를 타기 위해 추위와 싸워야 했다. 그 날은 운수가 좋아서 한 시간 남짓 기다리다가 자동차를 탔다. 자동차는 사회차(일제 이스즈)였는데 차비로 600원을 냈다. 자동차에는 강냉이 마대가 2.5톤 정도 실려 있었는데 중국에서 들여온 강냉이인지 포장이 되어 있고 겉에 한문이 쐬어 있었다. 자동차에 탄 사람들은 호송원 2명, 남자 2명에다 여자 7, 8명 정도였다. 장사꾼들은 모두가 낟알 배낭을 지고 있었다.

간리역 꽃사시오

    저녁 8 - 9시경에 간리에 도착했다. 나는 동무가 거처로 잡고 있는 집으로 갔다. 집에 가니 마침 동무는 술을 마시고 있었다. 동무는 지금 오는가고 하며 반가워했다. 나도 같이 술을 조금 마시다가 피곤해서 그만 자고 싶다고 말했다. 그가 자기가 아는 조용한 숙박집으로 가자길래 그를 따라갔다.

    역전 앞을 지나다가 동무가 나보고 저기를 보라고 하면서 웬 여자들을 가리켰다. 나는 처음엔 무슨 영문인지 몰랐는데 동무가 저 여자들이 바로 '꽃사시오' 들이라고 말했다. 정말 그가 전에 말한 대로 여자들은 팔짱을 끼고 있었는데 모두 장갑을 낀 채 손가락을 몇 개씩 펴고 있었다. 매음하는 여자들은 한창 흥정을 하고 있었다.

    동무가 한번 말을 시켜 보자고 하면서 손가락 5개를 펴고 있는 여자한테 다가갔다. 동무는 처녀 집이 어디인가고 물었다. 그 여자는 웃으면서 왜 그러는가고 했다. 동무가 손가락이 매력있어 흥정하려고 한다고 했더니 여자는 웃으면서 자기 집은 간리에 있다고 말했다. 여자는 거짓말을 하고 있었다. 말투가 평양 여자였다. 동무가 손가락 하나가 얼마인가고 묻자 여자는 한 개당 100원이라고 대답했다. 무슨 손가락이 그리 비싼가고 하니 여자가 자기는 아직 더럽혀지지 않은 생신한 것이라고 대꾸했다. 동무는 제격 "하기야 겨울이어서 변질 갈 위험도 없으니 구태여 염장할 필요가 있겠는가."고 말했다. 그러자 여자는 못마땅한 눈으로 동무를 쏘아보았다. 하지만 그런 눈길에 주눅이 들 동무가 아니었다. 동무는 정말 생선인가고 다시 한 번 물었다. 그는 자기는 정말 생선이라고 대답했다. 동무는 웃으면서 지금 생선이 어디 있으며 생선이 어떻게 이런 데 나와서 장사할 수 있겠는가고 하였다. 그러면서 바닷물에서 금방 꺼내서 펄떡펄떡 살아 있을 때가 생선이지 바다에서 건져서 간리 역전까지 오는 동안 벌써 구데기가 쓸었다고 말했다. 여자는 아니꼽다는 표정을 짓더니 홍 하고 가 버렸다.

  동무와 나는 웃으면서 대기숙박집으로 갔다. 집은 방이 2칸이고 깨끗했다. 동무는 주인 할머니보고 다른 사람은 들이지 말라고 말했다. 동무는 자기는 역전에 나가야 하므로 안됐지만 혼자서 편히 쉬라고 말하고 역전으로 갔다. 나는 할머니가 자리를 펴 주는 데서 인차 잠을 잤다.
  아침에 동무가 깨우러 와서 일어나 세면을 하고 숙박집에서 나와 역전 앞 음식 매대에서 아침을 먹었다. 역전에 가 보니 아직 예정된 열차가 없었다. 나는 계속 피곤하여 다시 대기숙박집에 가서 잤다. 이번에는 동무도 함께 잤다. 점심 시간이 훨씬 지나서야 눈을 떴다. 다시 역전에 가서 물음칸 앞에 써 놓은 열차 예정 시간을 보니 '평양-혜산행 저녁 8시경에 문의'라고 써 있었다. 나는 동무와 같이 식당에 가서 국수 한 그릇을 사 먹고 헤어진 후 대합실에 들어가서 기차를 기다렸다.

간리 - 함흥 열차

역 안내원이 기차 객표를 하겠다고 알렸다. 나는 사람들이 출입구로 다 나간 다음에 밖으로 나가 담장을 뛰어넘어 홈으로 나갔다. 열차 객표를 해 놓고도 1시간 정도 지나서야 기차가 들어왔다. 사람들이 무척 많았다. 열차에서는 군인들이 창문마다 지켜 서서 돈이나 물건을 받고 사람들을 올려 주고 있었다. 여행객들은 승강기에도 못 오르고 어쩔 수 없이 창문 앞에 앉은 군인이나 다른 사람들에게 돈 아니면 술, 담배를 주고 열차에 오르고 있었다.

나는 홈을 왔다갔다 하며 살피다가 열차 연결짬이 벌어진 데가 있어 그 곳으로 들어가려고 했다. 그런데 안에서 못 들어오게 막는 것이었다. 열차 창문이나 연결짬 같은 데로 타려면 웬만한 악다구니와 배짱이 없으면 엄두를 못 낸다. 내가 어떻게든 그 곳에 올라붙으려고 먼저 한 발을 넣는데 안에서 "야, 이 새끼야! 못 내리겠니!"하고 단통 쌍말이 나왔다. 이럴 때 주눅이 들면 상대방한테 완전히 제압당하고 만다. 나는 "어느 새끼야! 밤에 쎈 것처럼 노는 애가!" 하고 맞받아 소리치면서 머리를 들이밀고 몸을 들이밀고 올라섰다. 주머니에서 라이타를 꺼내 불을 켜고 보니 각각 34살, 30살 정도의 남자 2명과 여자 3명이 낟알 마대를 쌓아 놓고 있었다.

내가 34살 정도 되는 남자보고 망나니 말투로 단통 "야, 어짜! 니 그렇게 악다구니 쎄니? 다시 아가리질 해라. 도구 가지고 아가리하고 눈알 도려 내고 경동맥 끊어 놓게!"하고 위협했다. 나는 우정 망나니 행세를 했다. 그러지 않으면 기차칸 안에서 제대로 서 있기도 힘들기 때문이었다. 나는 낟알 마대를 밟고 올라서서 그 사람 머리카락을 움켜쥐고 목을 한 대 쳤다. 그러자 그는 아니라고 빌기 시작했다. 같은 일행인 여자들과 남자 한 명은 나를 말렸다. 나는 높은 데 올라 있었으므로 다시 발로 뒤에 있는 남자를 차고 34살 되는 남자를 몇 번 밟아 놓았다. 그리고는 "다 같은 조선 사람이고, 고난의 행군 시기에 다 같이 고생하며 살아가는데 자기만 기차에 탔다 해서 다른 사람

오르는 것을 못 오르게 막는 거야 승냥이 새끼가 아니고 뭔가!"고 말했다. 여기저기서 웃음소리가 터져 나왔다. 그들은 내가 군대 동복을 입고 군대 동화를 신은 데다 또 무서움을 모르고 덤비므로 내 주위에 망나니들 몇이 있는 것이라고 생각했는지 그런대로 가만히 있었다. 나는 빈몸이지만 이들은 낟알 짐이 있었으므로 싸움을 하면 불리해진다. 왜냐 하면 자칫 잘못 싸움을 했다가는 망나니들한테 죽도록 매를 맞고 낟알 짐까지 모두 도둑 맞기 때문이다. 그러니 참는 것이었다.

열 차 원 아 가 씨 매 수

기차가 출발해서 한참 달리다가 순천에 도착했다. 순천에서 사람들이 많이 내려 자리가 한결 나아졌다.

1월 22일 아침 7 - 8시경 기차가 신성천에 도착한 후 기관차를 교체하느라 오랫동안 머물렀다.

나는 먼저 열차원이 어디에 있는가부터 찾았다. 기차가 신성천에 선 뒤 잠시 후에 열차원이 바께쓰와 밀대를 들고 열차에서 내리는 것이 보였다. 나이가 22살 정도 되어 보이는 여자였다.

나는 뒤따라 내려서 열차원을 불렀다. 열차원이 멈추어 서면서 왜 그러는가고 물었다. 나는 에돌지 않고 직방 신세 좀 지려고 그러는데 좀 만나자고 이야기했다. 열차원은 지금 물도 길어가야 하고 밀대도 빨아야 하므로 시간이 없다고 하는 것이었다. 나는 열차원도 식사 전이고 나도 식사 전인데 내가 여기서 기다리겠으니 볼일을 보고 오라고 말했다. 그러자 그는 쉽게 그러겠다고 대답했다. 나는 열차 안전원과 승무원들의 속을 이제는 알 만큼 알기 때문에 그들의 약점을 이용해서 열차원을 쉽게 손에 넣을 자신이 있었다. 문제는 열차원이 어느 만큼 요구하는가였다.

담배를 피우면서 40분 정도 기다리자 열차원이 왔다. 열차원은 제법 처녀

티를 내느라고 용무가 있으면 여기서 말하라고 하였다. 내가 웃으면서 이야기도 아침 식사를 같이 하면서 해야 친근한 멋에 제대로 할 수 있지 않겠는가고 말했더니 그는 어디로 가자는 건가고 물었다. 나는 나도 기차를 타고 가야 될 손님인데 역전 앞 음식 매대에 들어가 식사하면서 조용히 이야기하자고 했다. 열차원이 응하여 그와 함께 음식 매대에 들어갔다. 나는 먼저 열차원에게 무엇을 들겠는가고 물었다. 그는 아무거나 일없다고 대답했다. 나는 열차원들이 기차를 타고 다니고 또 평양에 사는 만치 그들이 무엇을 먹고 싶어 하는가를 알고 있었다. 나는 우선 돼지고기국밥 2사발과 돼지순대 1접시, 찰떡 3개, 가자미찜 1접시, 명태찜 1접시, 닭알 4알, 술 1병을 주문했다. 나는 술을 마시고 열차원은 식사를 했다.

  열차원이 먼저 나보고 어디에 가는가고 물었다. 나는 함흥에 간다고 대답했다. 그리고 나서 신의주에 갔다오다가 간리에서 대기숙박집에 들러 잠을 잤는데 짐과 웃옷을 도둑 맞아 웃옷에 넣었던 증명서를 분실하고 이렇게 남이 입던 동복을 사 입었다고 이야기했다. 열차원은 믿을 수 없다는 표정을 지었다. 그는 어떻게 자기 짐을 가지고 가는 것을 모를 수 있으며 대기집 주인 또한 숙박 손님이 남의 짐을 가지고 나가는 것을 어떻게 모를 수가 있는가고 따져 물었다.

  나는 그 바람에 내 말이 이치에 맞지 않는다는 것을 알고 제격 말을 돌렸다. 나는 그가 이해될 수 있게끔 사실은 부끄러운 일이지만 간리역에서 처녀 하나가 잘생겼으므로 한번 생각난 김에 대기숙박소에 데리고 들어가서 주인보고 애인이라고 말하고 함께 잤다고 이야기했다. 그런데 내가 열차 시간을 알아보러 잠깐 나간 사이에 그 여자가 주인에게 숙박비를 지불하고는 역전으로 뒤따라 나가는 것처럼 하고 짐을 가지고 달아났다고 거짓말을 했다. 그러자 열차원은 나보고 똑똑한 것 같은데 머저리라고 말하면서 그렇게 여자한테 빠지다가는 망한다고 했다. 나는 그가 더 믿을 수 있게끔, 그러면 이렇게 장사하러 다니다가 여자 고운 것을 보면 어떻게 참을 수 있는가고 했더니 열차원이 죽겠다고 웃는 것이었다.

  나는 농소리를 그만하고 본론으로 들어갔다. 나는 열차원보고 이제 이렇게 된 바에는 나를 함흥까지 데리고 갈 수 있는가고 물었다. 그는 좀 생각해 보자고 했다. 나는 그의 속마음을 뻔히 알고 있으므로 이거면 되겠지 하고 주머니에서 800원을 꺼내 주었다. 그는 좋아하면서 다른 데 가지 말고 함흥 갈 때까지 자기 사촌 오빠 행세를 하라고 말했다. 그리하여 나는 열차원의 사촌 오빠로 가장하고 열차원이 앉혀 주는 자리에 앉아서 갔다.

  그 날 밤은 열차에서 자고 다음날 아침에야 기차가 신성천을 출발했다. 함흥까지 오는 기간에 증명서 검열을 두 번 했으나 그 때마다 열차원이 자기 사촌 오빠라고 하자 그냥 지나쳤다.

  오후 4-5시경에 기차가 함흥을 가까이 하고 있었다. 나는 함흥역에 내리면 단속에 걸릴 것이므로 어떻게 할까 생각하다가 통근차 객표구로 나갈 것을 타산했다.

22 함흥 1월

역전 빠져나오기

　기차는 저녁 7-8시경에 드디어 함흥에 도착했다. 나는 열차원에게 고맙다고 인사하고 열차에서 내렸다. 그런데 역전 봉쇄가 이만저만이 아니었다. 나는 빈몸이었으므로 열차를 타러 나온 손님인 것처럼 하면서 홈을 왔다갔다 했다. 그렇게 밖에서 떨자니 헐치 않았다. 이윽하여 나는 웬만큼 사람들이 지하도로 내려가고 열차가 떠나려고 할 때 안내원을 만났다. 나는 안내원에게 고원에 있는 누이가 입원했다는 소식이 와서 급히 가느라고 증명서를 떼가지 않고 갔다가 9열차가 있기에 타고 왔다고 말했다. 그리고는 돈 50원을 쥐어 주면서 밖으로 좀 내보내 달라고 부탁했다. 그러자 안내원은 조금 기다리라며 열차가 떠난 다음에 보자고 말했다.

　열차가 떠나자 검열대 안전원들이 역 홈에 있는 사람들을 몽땅 몰고 왔다. 안전원이 나를 보더니 빨리 지하도로 내려가라고 하였다. 그 때 안내원이 나서서 자기 친척을 바래다 주려고 자기와 같이 나왔던 사람이라고 말하자 그는 그대로 가 버렸다. 나는 지하도로 거치지 않고 안내원과 함께 통근차 출입구로 갔다. 안내원은 통근차 출입구 안내원보고 좀 나갔다 오자고 하고는 문을 열어 나를 내보내 주었다.

방광염에 걸리다

이리하여 함흥까지 무사히 올 수 있었다. 나는 서둘러 사촌 형네 집으로 갔다. 마침 사촌 형 부부는 저녁 식사를 마치고 집에 있었다. 나를 보더니 그들은 몹시 반가워했다. 저녁에 사촌 형과 같이 자동차를 타고 여행한 피로도 풀 겸 술을 마셨다. 나는 매일이다시피 자동차를 타고 추위에 떨면서 다녔으므로 마치 제집에 온 듯한 기분으로 마음의 탕개를 풀어 놓고 기분좋게 술을 마셨다. 그리고 저녁 식사를 하자마자 고꾸라져 잠을 잤다.

아침에 일어나자니 몸이 몹시 불편했다. 아마 줄곧 긴장했다가 갑자기 긴장을 풀어나서 그런지 열이 몹시 나고 오줌 눌 때 아래가 몹시 아파났다. 이러다가 일없겠지 하고 생각했으나 낫기는커녕 더 했다. 몸이 아프니 밥도 먹기 싫었다. 찬바람을 맞고 추위에 떨면서 자동차를 타고 가니다나니 병이 온 것이었다.

3일째 되는 날부터는 1분에 한 번씩 소변이 마려운데 소변을 보면 겨우 서너 방울만 떨어지고 아래가 몹시 아팠다. 제일 바쁜 것은 소변을 자주 보느라고 낮에는 앉아 있지 못하고 저녁에는 잠을 못 자는 것이었다. 심지어 소변이 마려워서 일어나 나가는 사이에 속옷에 싸 버리는 때도 많았다. 내가 이렇게 앓아 누우니 사촌 형과 형수는 갈피를 잡지 못하고 어쩔 바를 몰라하다가 의사를 데리고 와서는 자기 집에 온 사촌 동생이라고 밝히면서 진찰을 요구했다.

의사는 급성 방광염이라고 진단을 내렸다. 치료 대책으로 페니실린과 마이신을 50대씩 100대 맞고 찬바람을 쐬지 말고 따뜻한 방에 누워 있으면서 더운물 찜질을 하거나 돌을 불에 달구어서 돌찜질을 하라고 했다. 조선에서 만든 것은 페니실린 1대에 50원, 마이신 1대에 40원이다.

그리고 중국에서 만든 것은 페니실린 1대에 25원 마이신 1대에 40원이다. 그러니 의사의 말대로 조선에서 만든 페니실린과 마이신을 장마당에서 돈을 주고 사서 맞으려면 4,500원이 들어야 한다. 4,500원이면 조선에서는 어지간한 장사를 할 수 있는 돈이다. 일반 사람들은 아예 생각도 못 할 금액이다. 하지만 청진 사람이다나니 함흥 병원에 병력서 카트가 없으므로 병원에서 실험 검사도 할 수 없고 주사도 맞을 수 없었다. 그리하여 나는 사촌 형을 통해서 방광염에 좋다는 약을 돈을 대고 사 먹었다. 의사가 병을 검진하고 약을 주면서 앓는 기간에는 술을 마시지 말라고 당부했다.

조선의 의료, 혜택

조선에서는 의료 혜택을 무상으로 받게 되어 있다. 하지만 식량난 이후로는 조선의 모든 병원에 약과 식량이 없어 무상 치료를 해 주지 못하고 있다. 사람이 병이 나서 입원하면 병원에 약이 없어 환자가 약을 사서 써야 하고, 집에서 식사를 날라가야 한다. 겨울에 난방 시설도 없기 때문에 대부분 병원에 입원하지 않고 집에서 앓는다. 혹간 입원한 사람들도 봄과 여름, 가을에는 일없으나 겨울에는 난방이 되지 않아 추위에 떨다가 급한 고비만 넘기면 집으로 간다.

나는 96년 겨울에 신우염에 걸려 입원했다가 7일만에 퇴원한 적이 있었다. 내가 입원했던 병원에서는 환자마다 치료 혜택이 달랐다. 환자가 돈 있는 집인가 아니면 일반 로동자 집인가를 보고 좀 먹을 것이 있는 환자면 좋은 약을 주고 그렇지 않고 못사는 사람이면 환자의 병에 해당하는 약을 알려 주고 장마당에서 사서 맞으라고 하였다. 나는 그 때 갑자기 병이 나서 동무의 방조로 병원에 입원하다나니 이불도 가져오지 못해 병원에서 주는 홋담요를 덮고 덜 덜 떨며 지냈다. 담당 의사는 40살 된 여자 의사였다. 그는 나에게 항생제를 맞아야 하는데 지금 병원에 페니실린과 마이신이 없으므로 약을 사다가 맞으라고 말했다. 그러더니 내 병이 심하므로 다른 환자의 것을 돌려 먼저 주사해 주겠는데 그 환자가 다른 약을 사서 맞아야 하므로 나보고 다음날 점심 때까지 현금을 가져오라고 했다. 나는 그 때만 해도 병원의 정세를 모르다나니 나에게 남의 약까지 돌려 먼저 주사해 주는 의사에 대하여 고맙게 생각했다. 하지만 며칠 입원해 있는 동안 의사와 병원의 정세를 알게 되면서부터 인간들은 이렇게 살고 세상은 이렇게 돌아가는구나 하고 느꼈다.

나는 그 때 의사로부터 페니실린 100만단위 5대와 마이신 5대를 외상으로 맞았다. 페니실린은 값이 1개당 50원이고 마이신은 1개강 35원이었으므로 주사값으로 425원을 물어야 했다. 나는 그 때 내 동무의 방조로 먼저 돈을 가져다 주었다.

입원해서 5일째 되는 날 아침 의사가 들어와 체온을 재 보고 진찰도 하면서 아픈 것이 좀 어떤가고 묻기에 조금 낫다고 대답했다. 의사가 내 옆의 다른 환자를 진찰할 때 나는 무심히 내 병력서를 집어들고 내용을 보았다. 거기에는 내 병명과 치료 대책이 적혀 있었다. 그런데 환자에게 약을 내 준 난에 페니실린 5대와 마이신 5대를 내 준 것으로 되어 있었다. 나는 그 때 아무 말도 하지 말았어야 할 것을 의사보고 난 병원에서 주사약을 받은 것이 없는데 병력서에는 나에게 페니실린과 마이신 주사를 놓아 준 것으로 적혀 있으니 어떻게 된 일인가고 물었다. 의사는 몹시 바빠하면서 약 내 준 것이 아니라 주사해 준 것이 기록되었을 것이라고 말했다. 그러더니 나에게 왜 마음대로 병력서를 뒤져보는가고 욕하는 것이었다. 나는 그 말에 밸이 난 김에 "선생님, 내 눈은 소경이 아닙니다. 나는 아직 맞아야 할 주사가 2대 남아 있는데 5개를 다 맞지 못했는데 어떻게 병력서에는 페니실린 5대와 마이신 5대를 놓았다고 써 있습니까?" 하고 따져 물었다. 그러면서 병력서에 적혀 있는 대로 나에게 차려지게 된 약을 내놓으라고 말했다. 그러자 의사는 더 이상 대꾸하지 않고 병실을 나가 버렸다.

그 때 한 호실 사람들이 나보고 일찌감치 병원에서 나가는 편이 나을 것이라고 충고하는 것이었다. 내가 왜 그러는가고 물으니 의사의 비법 행위를 폭로했으니 의사가 어떤 트집을 잡아서라도 강제로 퇴원시킬 것이라고 하였다. 39살 정도 나는 한 사람은 요즘은 의사들이 환자에게 약을 팔아 먹고 산다면서 환자가 응당 받아야 할 약을 의사들이 남의 약이라고 거짓말을 하면서 환자에게 판다고 이야기했다.

조선의 의사들은 대부분 병원에 종사하지만 의사들도 식량난을 겪다나니 개인들에게서 쌀과 돈을 받고 집에 찾아가서 치료해 주는 일들이 많다. 전에 의사 지식이 있는 사람들이 쌀이나 돈을 받고 침으로 병을 고쳐 주기도 한다. 안마로 아픈 곳을 치료하는 사람도 있다. 내가 99년에 회령에 갔을 때 한 사람은 하반신에 약간의 마비가 와서 오줌을 가리지 못하여 오산덕동에 있는 안마사에게 한 달에 2,000원을 주기로 하고 치료를 받고 있었다. 확실히 치료를 받은 다음 다리 절던 것도 조금 낫고 오줌도 가린다고 했다. 또한 전문적으로 치아만 해 주는 사람들도 있다. 그들은 별난 모양으로 이빨을 해서 한 개당 150원씩 받아서 생계를 유지한다.

민 간 요 법

조선에서는 병원에 약이 없고 개인적으로는 돈이 없어 약을 사지 못하므로 사람들이 민간요법을 많이 쓴다. 예를 들면 파라티푸스를 앓을 때는 마른오징어를 삶은 물에 식초를 넣어 마시거나 로동신문지를 태우면서 그 연기에 마른오징어를 구워 먹는다. 감기에 걸리면 독한 술에 고춧가루를 타서 먹고,

대장염 또는 급성 설사를 만나면 2-3일 간 굶고 4일째 되는 날에 찰떡을 먹거나 산골에서는 도토리를 먹는다. 옴에 걸리면 알몸으로 박막 안에 들어가 유황 태우는 연기를 쐬거나 돼지기름과 유황을 섞어 바른다. 불에 데거나 끓는 물에 화상을 입으면 먼저 술이나 간장을 덴 부위에 바르고, 술을 마시고 상처가 터지면 구루수 기계 기름에 아연화를 섞어 바르거나 오소리 기름을 바른다. 몸에 상처가 나면 소금을 끓여 소금물로 자주 씻는다. 몸에 독지가 나면 독을 뽑느라고 감자에 소금을 섞어 찧어 붙인다. 간염에 걸리면 미나리 삶은 물을 마신다.

함 흥 - 단 천 열 차

나는 앓는 동안 소변 보는 고통이 제일 참기 어려웠으므로 술과 물을 일체 먹지 않고 밥만 조금씩 먹었다. 연속 약을 먹었더니 소변이 1분에 한 번씩 나올 정도였던 것이 좀 뜸해졌다.

나는 1월 29일날 저녁을 먹으면서 사촌 형보고 내일 다시 장사하러 가겠다고 말했다. 형은 그렇게 앓는 몸으로 어디를 가는가고 펄쩍 뛰었다. 형은 죽을 먹어도 나눠 먹으면서 같이 있다가 병이 나으면 떠나라고 한사코 말렸다. 나는 지금 그시그시 먹고 살기도 바쁜데 마냥 누워만 있을 형편이 못 된다고 말했다. 형네 집에서 불편한 대로 있을 수도 있지만 내 운명을 전적으로 형이 해결해 줄 수 없지 않는가고 말했다. 그러자 사촌 형은 내 고집을 잘 알기 때문에 더 이상 막지 않겠는데 그 대신 몸조리를 잘 하라고 신신 당부했다. 장사도 살자고 하는 노릇인데 건강을 돌보면서 다니라고 말했다.

나는 형보고 혜산으로 가려고 하는데 저번의 그 선으로 보내 달라고 말했다. 형은 동무 삼촌한테 갔다 오겠다고 하면서 밖으로 나갔다. 잠시 후에 형이 돌아와서는 동무 삼촌이 지금 함흥에 없더라고 하면서 바빠했다. 나는 그럼 됐다고 나 절로 알아서 가겠다고 말했다.

나는 몸이 몹시 아픈 대로 사촌 형 집에서 1월 30일날 저녁 식사를 하고 9시경에 형의 바래움을 받으면서 역전으로 갔다. 역전에서 기차를 기다리니 몸이 떨리고 오한이 났다. 나는 소변을 자주 누므로 변소가 있는 지하에 내려가 담배를 피우면서 기차를 기다렸다. 새벽 4시경에 '평양 - 무산' 기차에 대한 객표를 한다고 알리는 안내원의 방송 소리가 들려 왔다. 나는 형을 집으로 돌려보낸 후 지하의 차표 찍는 곳으로 사람들이 몰려오므로 밖으로 나갔다. 그리고는 통근차 차표 찍는 출입문으로 가서 안내원에게 50원을 주고 역 홈으로 나왔다.

1월 31일 새벽 4시 40분경에 기차가 왔다. 함흥역이 기술역이므로 기차가 20분 정도 서 있었다. 홈에는 기차를 타려고 나온 사람들도 많았고, 음식을 팔려고 나온 장사꾼들도 많았다. 열차의 모든 문마다 열차 안전원들이 지켜서서 증명서를 보고 사람을 태우고 있었다. 그리하여 나는 열차 검차원이 담당 방통을 검사하려고 내린 것을 보고 그에게로 갔다. 나는 검차원에게 나는 집이 함흥인데 검덕에 사는 누이로부터 매부가 갱일을 하다가 다쳐서 병원에 입원했다는 전보를 받고 급히 가는 중이라고 이야기했다. 그러면서 급해서 증명서를 못 해 가지고 가는데 좀 같이 갈 수 없는가고 말했다. 그러자 그는 공민증이 있는가고 물었다. 나는 공민증을 분실해서 다시 내는 중이라고 거짓말을 했다. 나는 다시 그에게 먼 데도 아니고 같은 도 내에 가는데 사정 좀 봐 달라고 하면서 무사히 태워다 주면 인사 차림을 하겠다고 말했다. 그는 나보고 짐도 없는데 무엇으로 인사 차림을 하겠는가고 했다. 나는 매부가 사망 직전이라고 전보가 왔으므로 급히 가느라고 다른 것을 준비할 새도 없었으며, 병자한테 가는 사람이 아무럼 아무것도 없이 가겠는가고 하면서 돈이면 되지 않는가고 말했다. 그러자 그는 돈이면 된다고 하면서 500원을 요구했다. 그리하여 나는 그에게 500원을 주고 검차방에 승차했다.

기차가 떠나서 신북청을 가까이 할 때 증명서 검열을 했다. 검열 당시 검차원이 나서서 자기 친척인데 단천까지 간다고 말하니 그냥 가 버렸다. 역시 돈이 힘이 되었다.

신북청에서 기차가 떠나지 않아 알아보니 기관차가 고장났다는 것이었다. 그리하여 기관차를 수리할 동안 그 곳에 머물러 있었다. 기관차 고장으로 기차가 서 있자 신북청역 주변 장사꾼들이 음식을 가지고 나와서 팔았다. 장사꾼들은 기차 창문 앞으로 음식을 사라고 소리치며 다니고, 꽃제비들은 먹을 것을 달라고 빌었다. 나는 기차가 서 있는 동안 소변을 보느라고 쉴새 없이 들락날락거렸다. 그러다가 미안해서 나중에는 아예 기차에서 내려 밖에 있다가 소변이 나오면 누곤 했다. 나는 소변 성화에 음식을 전혀 먹지 않았다. 배가 고파도 일부러 참았다. 배가 고프다고 음식을 먹었다가는 몇 배로 고통을 당하기 때문이었다.

다음날 아침 9시경에 기관차가 수리되었으므로 기차는 다시 출발했다. 그런데 기차가 단천역에 들어서지 않고 전역인 오몽리역에 대피를 시키는 것이었다. 단천에 함북도 견인기가 없으므로 단천역에서 기관차를 받지 않고 오몽리역에 대피를 시킨 것이었다. 나는 걸어서 단천까지 갈 수도 있었지만 날씨도 춥고 또 먹지 않았으므로 맥이 없어서 그냥 기차에서 떠날 때까지 기다리는 수밖에 없었다. 좀 있으면 가겠지 하고 기다린 것이 결국 또 하룻밤을 기차에서 지냈다.

나는 더 기다릴 수 없어서 아침 9시경에 기차에서 내려 걷기 시작했다. 1시간 40분이면 능히 갈 수 있는 거리를 거의 3시간 정도 걸어서 단천역에 이르렀다.

단천역

　단천역 대합실에 들어가니 사람들이 많았다. 대합실은 기차를 타러 나온 손님들과 꽃제비들, 낮에 대기할 손님을 데리러 나온 사람들로 붐볐다. 나는 그런대로 대합실에 있자고 하다가 속이 비니 너무 춥고 몸이 떨리므로 1시간당 2원씩 주기로 하고 한 아주머니를 따라 대기숙박집으로 갔다. 숙박집에 가니 할머니 한 명과 각각 17살, 15살 정도 되어 보이는 그 집 남매와 손님 한 명이 있었다. 나는 저녁까지 아랫목에 누워 몸을 녹였다.

　저녁에 다시 역전에 나오니 낮보다 사람들이 더 많았다. 역전 앞과 골목에는 음식 매대가 늘어섰는데 마치 장마당을 연상케 했다. 대합실에 들어가 길주 방면으로 가는 차가 있을까 하고 물음판을 보니 기차가 없었다. 나는 너무 배가 고파 역전 앞에 있는 음식 매대에 가서 마른 빵을 2개 사 먹었다. 빵을 먹으니 몸이 더 떨렸다. 길주 가는 자동차를 타려고 도로에 나갔는데 자동차가 다니는 것이 없어 또다시 단천역으로 갔다. 저녁 9-10시 사이가 되니 매음하는 여자들이 많이 나왔다. 그들은 저마다 손님들을 끌려고 대기숙박할 손님이 없는가고 부지런히 묻고 다녔다. 그들이 매음 대상으로 데려가는 사람들을 보니 군관들과 돈 좀 있어 보이는 중년 남자들이 대부분이었다.

　나는 오줌을 자주 누어야 하므로 역전 대합실 안에 들어가 있지 못하고 출입문 옆에서 밤을 새우다시피 하였다.

단천 - 길주 자동차

　새벽에 날이 거의 밝을 무렵 자동차 한 대가 서서 함북도 명천까지 가는 손님들은 자동차를 타라고 소리쳤다. 역에 있던 사람들 20명 정도가 자동차에 올라탔다. 남자가 13명, 여자가 7명 정도였다. 자동차가 조금 가다가 세우더니 사람들이 가는 만큼 돈을 받았다. 나는 길주까지 가므로 300원을 냈다. 자동차는 일반 사회차였다. 자동차가 가다가 몇 번을 아는 곳에 섰다가 가곤

했다. 원래 단천에서 길주까지는 푼푼히 쳐도 자동차로 5시간 정도면 능히 갈 수 있는 거리다. 그런데 가다가 아침을 먹는다고 차를 세우더니 2시간 정도 있고, 또 점심을 먹는다고 몇 시간 멈추어 놓고 하다나니 길주 가기 전에 밤이 되고 말았다.

길 주 역

결국 길주에는 새벽 2-3시경에 도착했다. 자동차에서 내려 길주역으로 갔는데, 단속이 이만저만이 아니었다. 증명서 검열과 공민증 검열도 드문히 사람을 보고 했다. 내가 대합실 의자에 앉아 까딱까딱 졸고 있는데 역전 안전부에서 나온 안전원이 증명서를 보자고 했다. 내가 증명서가 없다고 하자 공민증이 있는가고 물었다. 그래서 공민증을 보여 주었더니 같은 도이므로 그냥 가는 것이었다. 길주역은 로동자 규찰대와 역전 검열대가 서서 그런지 도둑들도 그리 많은 것 같지 않았다.

23 혜산

길 주 - 혜 산 열 차

2월 4일 저녁 11시경에 '평양-혜산행'이 들어왔다. 그런데 기관차가 없어서 기다리다가 다음날 아침에야 떠났다. 나는 다시 공민증을 감추고 몰래 승차하여 예전에 혜산 다닐 때처럼 검열 당시 안전원들의 눈을 피해 다녔다. 예전에 혜산 다닐 때에는 증명서보다 짐 검열을 더 세게 했는데 지금은 짐보다 증명서 검열을 세게 하였다. 안전원들은 증명서가 없는 사람들을 모두 잡아 끌고 갔다. 나는 검열 당시 때로는 그 순간을 모면하기 위해 달리는 열차 방통 우에도 올라갔다 내려오곤 했다.

2월의 량강도 날씨는 본때나게 추웠다. 백암을 가까이 하면서 더욱 추웠다. 아침에 떠난 기차가 오후경에 백암에 도착했는데 제동되는 압축기가 고장나서 그것을 수리하느라고 밤새 백암역에 서 있었다. 백암역은 매우 추웠으므로 열차 안도 추워서 발이 시렸다. 사람들은 너무 추우니 콩당콩당 뜀뛰기를 했다.

새벽에 기차가 백암을 떠나 아침 10시경에 위연에 도착했다. 그런데 기차가 혜산까지 못 들어간다는 것이었다. 나는 처음에는 기차가 마사져서 위연에서 돌아서는가 보다고 생각했다. 그런데 위연 역전 역시 봉쇄가 이만저만이 아니었다. 나는 왔다갔다 하면서 기회를 보다가 역전 홈 변소에 들어가서 지붕 위로 나와 위연역을 빠져 나왔다.

혜 산   비 사 회 주 의   검 열

  나는 먼저 예전에 다녔던 대기숙박집으로 갔다. 그 곳으로 가는 도중에 위연장마당에 들렀다. 전에는 중국 물건들이 많았는데 지금은 그렇지 않고 주로 쌀과 강냉이, 콩, 잎담배, 음식류 등이 전부였다. 사람들도 그리 많지 않고 꽃제비들도 몇이 없었다.

  숙박집 문을 두드리니 아주머니가 나를 알아보고 반갑게 맞아 주었다. 아주머니는 오래간만에 본다고 하면서 왜 요즘은 혜산에 오지 않는가고 물었다. 나는 혜산에 다니다가 망한 다음부터 황해도 장사를 위주로 하고 있다고 말했다. 이 집은 여전히 음식 장사를 해서 살아가고 있었다. 내가 주인은 어디 갔는가고 물었더니 직장에 일을 나갔다고 했다. 내가 주인이 일을 다 나가는 것을 보니 여기는 배급 주는 모양이라고 말했더니 그게 아니라고 하였다. 아주머니가 말하는 소리가 요즘 혜산에 호위 사령부 군인들이 김정일장군의 지시를 받고 비사회주의 검열을 하러 들어왔기 때문에 혜산 공기가 좋지 않다는 것이었다. 그들은 압록강 연선과 혜산을 완전히 봉쇄하고 혜산에 들어가고 나가고 하는 것을 증명서나 공민증을 보고 통과시킨다고 했다.

  그래서 기차도 혜산에 들어오지 못하고 위연까지 와서 돌아간다고 했다.

  나는 몸이 좋지 않아 아주머니보고 이불을 달라고 해서 아랫목에서 잠을 잤다. 눈을 뜨니 오후 4시경이었다. 나는 일어나서 이불을 거두고 담배를 피웠다. 한잠 뜨끈한 방에서 자고 나니 한결 몸이 나왔다. 오후 5시경에 그 집 세대주가 들어왔다. 내가 인사하자 그는 누구인가고 하면서 본 기억은 나는

데 잘 모르겠다는 식으로 머리를 기우뚱거렸다. 아주머니가 97년도에 자기네 집으로 몇 번 동을 팔러 왔던 삼촌이라고 하자 그제야 그는 나를 알아보았다. 그는 반가워하면서 오래간만이라고 손을 잡았다. 그는 나보고 어떻게 지내는가고 물었다. 나는 그저 장사를 하면서 살아간다고 대답했다. 그리고는 전에 내가 거래하던 집이 아직 있는가고 물었더니 왜 그러는가고 했다. 나는 97년 여름에 금속을 가지고 와서 돈을 받고 판 후 낟알을 사 놓고 혜산에 갔다오는 사이에 그 집에서 몽땅 강도를 쳐서 망했으므로 그 후로는 혜산에 발길을 하지 않았다고 이야기했다. 내 얘기를 듣더니 그 집 부부는 그래 그냥 가만 있었는가고 하였다.

나는 그 때 나도 비법 행위를 했고 또 눈으로 직접 보지 못했으므로 그냥 참았다고 말했다. 그러자 집주인이 말하는 소리가 그 집 아들과 사위가 중국에 왔다갔다 하다가 지금 잡혀 있다는 것이었다.

비 오 는   사 회 주 의

나는 오래간만에 만났는데 술이라도 한 잔 하자고 하면서 그 집 주인과 장마당에 나가서 중국 술과 부식물을 사 가지고 왔다. 그 집에서 저녁에 만두를 하여 맛있게 먹었다. 나는 몸도 아프고 속이 비었다가 음식을 먹는 것이어서 술을 한 잔만 마시고 사양했다.

식사가 끝난 후 위연에 지금도 꽃제비들이 많은가고 물었다. 주인은 요즘 혜산에 비사회주 검열이 붙어서 숙박 검열과 단속이 심한 탓에 꽃제비들이 모두 어디에 갔는지 보이지 않는다고 말했다. 그러면서 혜산 사람들은 중국과 밀수하고 장사해서 살아가는데 비사회주의 검열이 들어와서 장사를 못 하게 막으니 사람들 속에서 비난하는 소리가 높다고 이야기했다. 그는 배급은 안 주고 장사는 하지 말라고 하니 백성들은 굶어서 죽으라는 것이지 다른 게 있는가고 했다. 그러면서 이러다가는 곧 폭동이라도 일어날 것이라고 말했다.

그는 비사회주의인지 비오는 사회주의인지 빨리 끝나야지 막 죽겠다고 했다. 직장에 나가면 95년도부터 자기가 어떻게 살았는가 쓰라고 하는데 다들 쓰지 않고 뻗친다는 것이었다. 비사회주의 검열로 지금 어지간한 사람들이 잡혔는데 혜산에서 돈 있는 사람들은 거의 취조를 받는다고 했다. 혜산에서 중국에 피를 팔아서 부자가 된 사람들도 여럿 잡히고 몇몇 간부들도 잡혔는데, 간부들은 안기부 검은돈을 먹고 안기부와 내통한 죄로 잡혔다고 한다. 그러면서 그는 요즘은 일반 백성들보다 못된 짓은 간부들이 더 많이 하므로 비사회주의는 간부들과 해야 된다고 말했다. 그저 애매한 백성들만 못살게 군다며 전쟁이라도 꽉 터져서 아무 쪽이나 이기든가 지든가 해야 된다는 말까지 했다.

계속해서 집주인 부부는 며칠 전 자기 동네에서도 여자 한 명을 어딘가로 끌고 간 일이 있었다고 이야기했다. 자세한 사연은 모르겠는데 아마도 그 집 아주머니의 아버지와 오빠가 중국으로 도주한 후 안기부와 내통해서 못된 짓을 했다는 소문이 돌았는데 그 일 때문인 것 같다고 했다. 주인 아주머니가 들려 준 이야기로는 인민반장이 회의를 한다고 반장네 집에 사람들을 모이게 했다고 한다. 인민반장이 대충 몇 가지를 말하더니 뒤이어 보위부 강연이 있다면서 사람들을 못 나가게 했다고 한다. 그리하여 사람들이 집에 가지 않고 기다렸는데 웬 사람이 와서 인민반장보고 뭐라고 말하더라는 것이다. 그러자 인민반장이 오늘 보위부에서 사정이 있어 강연회를 못 하게 되었으므로 돌아가라고 말했다는 것이다. 후에 알고 보니 보위부에서 다른 사람들이 눈치 채지 못하게 회의한답시고 사람들을 모아 놓고는 아버지와 오빠가 중국으로 도주한 집 아주머니를 조용히 잡아간 것이었다고 한다.

숙박집 아주머니가 다음 날 가만히 가 보니 집에는 세대주와 어린 아들만 있더라는 것이다.

그 집 세대주가 주인 아주머니보고 하는 말이 보위부에서 아이 엄마를 잡으러 와서는 자기가 보는 데서 부인의 손에 족쇄를 채우고 덮을 포대기 한 개와 밥 해 먹을 수 있는 가마 한 개, 사발 한 개, 숟가락 한 개를 지워서 데려 갔는데 아이가 울음을 터뜨리니 울지 못하게 위협을 하고 붙잡아 갔다는 것이다. 그리고 자기 부인 오빠네는 아직 아버지 어머니 얼굴도 잘 모르는 1년 된 아기가 있었는데, 아버지가 중국에 넘어가서 그 핏줄인 아이만 잡아갔다고 하더라는 것이다.

전쟁이라도 일어났으면 좋겠다

예전에는 무서워서 속의 말을 제대로 못했지만 지금은 사람들이 열차나 역전 같은 데나 술좌석에서 조금만 마음이 통하면 내놓고 막말을 한다. 청진에 사는 동무들이나 다른 사람들은 우리가 잘 살자면 개혁은 몰라도 개방은 해야 된다고 말했다. 우리도 이제는 낡은 틀에서 헤매일 것이 아니라 개방하여 선진 국가의 기술을 배워 인민의 생활 수평을 올려야 한다는 것이다.

그들은 하나같이 중국의 경험을 말하면서 이전에는 중국이 우리 나라보다 못살아서 우리 나라에서 옷과 물건을 사 갔는데 개방을 한 다음부터 잘살게 되었다고 하면서 중국의 등소평을 칭찬했다. 그러면서 하루 빨리 우리 나라도 남북이 통일하여 서로 기술들을 협력해서 남부럽지 않게 살아야 한다고 말했다.

내가 98년 겨울에 청진으로 돌아오는 도중에 기차칸에서 조선인민군 해군 중좌를 만난 일이 있다. 그는 나하고 식사도 같이 하면서 이야기를 나누었는데, 우리 나라가 이대로 더 나가면 어떻게 되겠는지 모르겠다고 우려하였다. 그가 말하는 소리가 부모 형제가 고향에서 굶어 죽는데 자식들이 어떻게 군사 복무를 잘 할 수 있겠는가고 탄식하였다.

살기가 어려우니 전쟁이라도 일어났으면 좋겠다고 말하는 사람들도 많다. 전쟁이 일어나면 살 것 같은가고 하면 이래도 죽고 저래도 죽을 바에는 한판 붙어 보고 죽는 것이 낫다고 하면서 우리가 지겠는지 미국이 지겠는지 어쨌든 어디 한쪽은 살아나겠지 라고 말한다. 지금 조선의 대부분 사람들은 나라를 이 지경으로 만들고 수많은 백성을 굶겨 죽이고도 군사에만 열중하는 김정일을 한없이 미워하고 저주한다. 전쟁이 일어나면 우리에게 쌀을 준 미국이나 남조선에 총을 돌릴 것이 아니라 수많은 조선 사람들을 굶겨 죽인 김정일에게 먼저 총을 쏘겠다고 말하는 사람들도 적지 않다. 그리고 우스개 소리로 만약 미군이 승리하고 조선에 들어오면 먼저 꽃다발을 들고 "디군을 환영합니다." 하고 말하면 설마 자기를 환영하는 사람을 죽이겠는가라고까지 말하기도 한다.

조선의 어지간한 청년들은 정부에 대하여 불만을 품고 때가 오기만을 기다리고 있다. 만약 전쟁이 나고 미군이나 한국군이 들어오면 아마도 조선의 청년들 대부분은 앞을 다투어서 자기들을 못살게 굴고 짓누르던 당 간부나 안전원, 보위부 사람들을 먼저 처단할 것이다. 지금 조선의 분위기는 아주 팽팽하다. 누가 먼저 들고 일어나겠는가 지켜 보는 편이라고 생각한다.

나는 혜산에 들어갈 계획이었으나 혜산이 완전 봉쇄됐으므로 다시 함흥으로 돌아가기로 했다. 아침에 밥을 먹으면서 숙박집 주인코고 함흥에 있는 친척집으로 가려고 하는데 증명서가 없다고 하면서 방법이 없겠는가고 말했다. 집주인은 자기에게 아는 선이 있다고 했다. 내가 가는 비용을 부담하고 도중 식사도 잘 준비할 테니 그 선을 통해 좀 보내 달라고 부탁했다. 그는 그러자고 응하면서 증명서가 없어도 돈이면 다 되니까 걱정하지 말라고 했다.

내가 위연에 머문 지 5일째 되는 날 낮에 숙박집 주인이 집에 와서 저녁에 '평양-혜산행' 열차가 위연에 들어온다고 알려 주었다. 그러면서 나보고 갈 준비를 하라고 했다. 나는 장마당에 나가서 열차 승무안전원들에게 줄 중국 장백산 담배와 중국 맥주 5병, 중국 술 5병을 사 왔다.

부식물로는 돼지고기와 닭알, 까나리, 마른명태, 마른오징어, 중국에서 들여온 땅콩 등을 샀다.

밥과 반찬은 숙박집 아주머니한테 만들어 달라고 부탁했다.

위 연 - 함 흥 열 차

2월 10일 저녁 11시경에 '평양-혜산행' 열차가 위연에 들어왔다. 나는 배낭에 도중식사와 반찬, 술, 담배를 넣고 숙박집 아주머니한테 인사한 후 주인과 함께 역전 안전원실에 갔다. 우리는 역전 안전원과 함께 열차 승무안전원 조장한테 갔다. 위연 역전 안전원은 열차 안전원 조장을 만나 자기 친척인데 함흥까지 좀 데려다 달라고 부탁했다.

기차를 탄 사람들이 워낙 많아 단속칸도 꽉 찼으므로 열차 안전원 조장은 나를 체송칸으로 데리고 갔다. 체송칸은 우편물인 신문, 편지, 전보, 소포 등을 싣는 방통인데 그 안에도 사람들이 많이 탔다. 체송칸에 탄 사람들은 주로 체송칸 조장한테 돈이나 술, 담배 등을 주고 탄 사람들이었다. 또한 안전원들이 뇌물을 받고 태운 사람들도 있었다. 열차 승무안전원 조장은 체송칸 조장한테 나를 소개하면서 자기가 잠시 뒤에 오겠으니 체송칸 단속실에 있게 하라고 말했다. 체송칸 조장은 평양철도국 산하 사민이다. 그는 나를 체송칸 안전원 단속실에 데리고 가서 안전원 조장이 올 때까지 앉아 있으라고 했다.

체송칸 방통은 절반은 소포 우편물을 싣는 칸으로 되어 있었다. 그리고 나머지 절반은 체송칸 성원들과 안전원이 자는 칸과 편지를 건사하는 칸으로 나뉘어 있었다. 체송칸 단속실에는 누워 갈 수 있도록 침대가 좌우로 아래 2

개 위에 2개 해서 4개가 놓여져 있었다. 열차 성원들은 노물을 받고 태운 사람들 중에서 모르는 사람은 짐 있는 데 태우고, 아는 사람들은 편지 있는 칸에 태웠다. 편지 있는 칸은 앉는 의자는 없어도 춥지 않았다. 그러나 우편물이나 짐을 건사하는 데는 추웠다. 바깥보다는 나았지만 조금 가다나면 추위서 몸이 떨리고 발이 시릴 정도였다.

다음날 오전 10 – 11시경에 기차는 위연을 떠났다. 기차가 떠나기 전에 열차 승무안전원 조장이 체송칸 담당 안전원과 같이 들어왔다. 체송칸 담당 안전원은 몇 사람에 대해서 증명서 검열을 했으나 다 증명서가 있었다. 내가 단속칸 밖에 있는데 안전원 조장이 나를 가리키면서 자기가 잘 아는 사람 친척이라고 하자 체송 담당 안전원이 들어가자고 하였다. 이윽하여 안전원이 식사를 하자고 했다. 나는 중국 술 2병과 명태 5마리, 오징어 3마리, 2킬로그램 정도의 밥 1봉지와 반찬을 꺼내 놓았다. 반찬곽을 열어 제끼자 안전원 조장과 체송 담당 안전원이 "야, 이거 먹을 만하구나. 정말 쩬쩬하게 쌌구나."라며 좋아했다. 나는 물 고뿌에다가 술을 부어 먼저 안전원 조장에게 권했다. 다음으로 체송 담당 안전원에게도 권했다. 그 안전원도 나에게 술을 따라 주어 나도 한 잔 받아 마셨다.

식사가 끝난 후 담배를 피우는데 문을 두드리는 소리가 났다. 곧이어 문이 열리면서 한 여자가 데사기에 술 2병과 2킬로그램 정도 되는 밥 1봉지, 콩나물 반찬, 두부볶음, 김치 등을 가지고 들어왔다. 체송 담당 안전원이 음식물을 받아서 한쪽으로 밀어 놓더니 여자한테 나가 보라고 하였다. 여자가 나가자 안전원들이 요즘 장사꾼 여자들 데리고 다니는 재미가 없다고 하면서 도중 식사 반찬을 제대로 해 가지고 오는 것을 못 봤다고 말했다. 극상해야 흔해빠진 콩나물 반찬과 두부, 김치 등이 전부라고 투덜거렸다. 이것에 비하면 나는 정말 잘 준비한 것이었다.

여 , 함 흥 ! 사 과 좀 먹 자

　기차는 저녁 무렵에 길주에 도착했으나 견인기가 없어서 하루 동안 또 길주역에서 지냈다.

　다음날 저녁에야 길주에서 떠난 기차는 새벽 6 - 7시경에 여해진에 도착했다. 그 곳에서 기관차 교체로 2 - 3시간 정도 있다가 다시 출발했다.

　기차가 신북청역에 도착하니 음식 장사꾼들과 과일 장사꾼들이 나와 팔아 달라고 하였다. 열차 안전원 조장은 매끼 술을 처마셔서 갈증이 나는지 나보고 "여, 함흥! 저 사과 좀 먹자."하였다. 나는 한 꾸러미에 7알 정도 되는 사과 3꾸러미를 300원 주고 사서 안전원들과 같이 먹었다. 신북청에 오기 전에 단천에서도 그들이 아침 식사 때 털게를 먹겠다고 해서 5마리를 사 주었다. 이처럼 증명서가 없이 열차 안전원들 신세를 지자면 일반 백성들은 감당하기 어렵다. 열차 안전원들은 이렇게 해서 가족과 자기가 먹고 산다.

　저녁에 함흥에 도착했다. 나는 열차 안전원 조장에게 잘 타고 왔다고 인사한 후 열차에서 내렸다. 그리고 함흥역 안내원에게 돈 50원을 주고 역을 빠져나왔다. 열차가 도착하니 구루마꾼들과 대기숙박 손님을 데리러 나온 여자들이 서로 소리를 지르면서 손님을 찾았다.

24 함흥 2월

몸이 다시 아파나다

사촌 형네 집에 가니 불이 꺼져 있었다. 나는 문을 두드리면서 형을 불렀다. 안에서 누구인가고 묻는 소리에 내 이름을 대니 불이 켜지고 형이 나왔다. 집안에 들어가 형수에게 인사를 하고 시계를 보니 10시였다. 형수가 밥을 먹었는가고 물어 보는 것을 먹었다고 대답하고 인차 자리에 누워 버렸다.

다음날 아침 형수가 식사를 하자며 깨웠다. 내가 왔다고 그래도 입밥에 내가 좋아하는 모두부와 김치가 상에 올라왔다. 나는 오랜만에 맛있게 배불리 식사했다. 식사 후에 담배를 피우면서 사촌 형과 이야기를 했다. 요즘 함흥 정세를 물어 봤더니 형은 새해가 들어왔어도 그저 그꼴이라고 대답했다. 장사는 잘 되는가고 물어 보니 죽지 않을 정도로 되는데 어디를 가나 군대 강도들이 많아 걱정이라고 말했다.

그 날 저녁에 몸이 또다시 아파났다. 몸이 다 낫기도 전에 무리하게 장사를 다닌 것이 문제였다. 사촌 형이 집에 가도 병간호 해 줄 사람도 없으므로 병이 더 커지기 전에 자기 집에서 몸조리를 하라고 했다. 형과 형수가 하도

간곡하게 붙잡았으므로 나는 더는 거절하지 못하고 형네 집에서 약을 먹으면서 병 치료를 하였다. 병은 생각 밖으로 깊어서 오랫동안 자리에 누워 있어야 했다.

2월 16일 명절

2월 16일은 김정일장군 탄생일로 조선에서는 큰 명절이다. 2월 15일 저녁부터 함흥 시내는 명절 분위기였다. 그 날 저녁 11시부터 사람들이 함흥시 동흥산구역 반룡산에 있는 김일성수령 동상에 꽃다발을 드리러 모여 갔다. 식량난이 있기 전에는 새해나 2월 16일 김정일장군 탄생일, 4월 15일 김일성수령 탄생일, 10월 10일 조선로동당 창건일 등의 명절을 맞으면 사람들이 김일성수령 동상에 꽃다발을 드리러 집단적으로 갔는데 만약 그 자리에 나오지 않으면 조직적으로 투쟁 대상이 되고 사람들이 모인 앞에서 비판을 받기 때문에 무서워 사람들이 빠짐 없이 나왔다. 하지만 지금은 자기가 가고 싶으면 간다.

2월 16일 아침을 먹고 10시경에 사촌 형 부부와 같이 함흥동상으로 갔다. 우리는 김일성수령 동상과 함흥 동물원을 구경했다. 아침에도 김일성수령 동상 앞에서 사진을 찍는 사람들과 동상에 꽃다발을 드리러 오는 단체들이 많았다. 부모가 죽거나 없는 아이들을 키우는 '함흥 애육원' 아이들도 깃발까지 들고 와서 김일성수령 동상에 꽃다발을 드렸다.

점심은 형수의 동무가 '신흥관 국수집' 접대원을 하므로 그 곳에서 먹기로 했다. 국수는 30원부터 100원짜리까지 있었다. 형수가 동무를 만나러 간 동안 나와 형은 분수가 있는 뒷마당 공지에서 기다렸다. 역시 함흥은 힘 있는 사람만이 살아갈 수 있는 곳이었다. 국수집만 해도 안면 있는 사람들은 뒷마당으로 와서 국정가격으로 바께쓰나 비닐통에 국수를 받아 가고 있었다.

그렇지 못한 사람들은 한참을 기다렸다가 50원이나 30원씩 내고 먹었다. 그리고 잘 사는 자들은 100원짜리만 먹었다. 우리도 안면이 있으므로 량증 없이 국정가격으로 국수 1사발에 3원 50전씩을 내고 3사발을 사 먹었다. 접대원이 아는 사람이 왔다고 특별히 잘 해 주느라고 남들보다 고기와 닭알, 조미료를 더 놓아 주고 양도 많이 주었다.

오후에는 형수가 영화를 보자고 해서 5시 시작하는 영화를 보려고 함흥시 성천강구역에 있는 함흥영화관으로 갔다. 명절이어서 영화관은 표 떼는 입구와 들어가는 입구가 무질서하고 복잡하였다. 역시 복잡한 속에서 소매치기들이 있었다. 그들은 주로 쓰리를 하여 돈이나 김일성수령 초상화를 도둑질하였다. 김일성수령 초상화는 개인들에게 1개당 200 - 250원 사이로 팔린다.

함흥영화관 앞에는 함흥시에서 제일 잘 한다고 소문난 '송아마이 식당' 이 있다. 그 협동 식당은 식당 책임자 할머니 성이 송가여서 그런 이름이 붙었는데, 제일 낮은 값이 50원이고 대부분이 100원 이상이다. 이 식당이 잘 하므로 함흥시에서 돈 있는 자들과 망나니, 소매치기, 도둑들이 많이 온다. 한쪽에서는 명절날도 먹을 것이 없어서 굶고 있는데, 한쪽에서는 돈 있는 자들이 자가용 승용차를 끌고 어린 처녀들을 데리고 식당에 와서 진탕치며 먹어대고 있었다.

형이 표를 사 와서 영화관에 들어갔다. 우리는 사람들이 무질서하게 밀고 들어가기에 좀 조용한 다음에 들어갔더니 자리가 없어서 그런대로 서서 보았다. 그 날 본 영화는 '홍길동' 이라는 영화였다.

함 흥 - 청 진 열 차

나는 며칠 후 저녁에 사촌 형보고 몸도 다 나았으니 집으로 돌아가겠다면서 저번에 그 선으로 보내 줄 수 없는가고 하였다. 사촌 형은 동무 삼촌한테 부탁하러 가 보겠다면서 밖으로 나갔다가 잠시 후에 돌아왔다. 형이 말하기를 동무 삼촌이 걱정 말라며 내일 자기와 함께 역전에 가면 된다고 했다는 것이다.

다음날 아침에 동무 삼촌을 통해서 열차 안전원을 소개받아 청진까지 무사히 갈 수 있게 되었다. 그 대가로 동무 삼촌에게 담배를 사 피우라고 300원을 주었다. 나는 기차에 오르기 전에 중국 장백산 담배 1막대기를 500원에 주고 사서 열차 안전원에게 주었다. 기차가 어찌나 복잡한지 발을 옮겨 놓을 틈도 없었다. 나는 복잡한 대로 단속칸 복도에서 청진까지 갔다.

1 6 살   장 사 꾼   아 이

그 때 기차칸에서 16살 되는 아이를 만나 이야기를 하게 되었다. 그 아이는 학교에 가지 않고 양잿물을 15킬로그램씩 사 가지고 청진 라남장마당에 가서 판다고 했다. 내가 아이보고 집이 어디고 부모님은 있는가고 물었다. 아이는 집은 함흥시 회상구역에 있으며, 엄마는 죽고 아버지와 동생이 집에 있다고 대답했다. 내가 왜 아버지가 장사하지 않고 어린 네가 하는가고 물었더니 아버지가 장사를 가려고 승강기에 매달렸다가 사람이 많아 차가 달리기 시작할 때 떨어진 것이 허리를 상해서 누워 앓고 14살 난 여자 동생은 아버지 병 간호와 시중을 든다고 이야기했다.

나는 아이에게 공부를 계속 해서 군대나 사회에 나가야지 한창 배울 시기에 이렇게 장사하러 다니면 어쩌는가고 걱정하는 소리를 했다. 아이는 대뜸 공부해서 밥이 나오는가, 돈이 나오는가고 반문하였다. 자기가 학교에 다니자고 해도 집에 먹을 것이 없고, 또 자기가 장사를 다니지 않으면 집안 식구가 모두 굶어 죽는다고 하였다. 내가 학교에서 찾으러 오지 않는가고 물으니 학교에서 선생님이랑 사로청 지도원이 찾아오지만 자기가 기차 타고 다니므로 못 잡는다고 말했다. 나는 양잿물은 얼마에 사서 얼마에 파는가고 물었다.

아이는 장사를 처음 시작할 때인 98년 11월부터 99년 1월까지는 함흥에서 1킬로그램에 35원에 사서 청진에 가서 120원씩 받아 재미가 좋았다고 했다. 그런데 지금은 45원에 사서 75 - 80원에 겨우 판다고 말했다. 그는 요즘은 어쨌든 장사를 해야 먹고 살 수 있다고 말했다. 내가 기차는 어떻게 타고 다니는가고 물으니 겨울에도 승강기 발판에 붙어 다닌다고 했다. 처음에는 추웠는데 이제는 단련되어서 일없다고 하면서 자기는 추운 것도 아버지와 동생을 생각하면서 참고 다닌다고 말했다.

조선의 인민학교 아이들

지금 조선에는 학교에 나가지 않고 거리를 방랑하거나 장사하는 아이들이 무척 많다. 내가 장사를 다니면서 보니 학교나 유치원에 잘 가지 않는 것은 대부분 시와 구역의 도시 아이들이고 농촌에서는 그런대로 학교나 유치원에 가고 있었다. 청진은 물론이고 내가 함흥시에 있을 때도 보니 인민학교들에서는 1개 반 학생들 정원이 보통 35 - 40명인데 나오는 학생은 20명도 잘 되지 않았다. 아이들은 우선 집안의 식량 사정이 어려워 학교에 못 나오는 경우가 많다. 집에서 아이들을 소토지 농사를 지으라고 산에 올려보내거나 장사하는 부모를 도와 집안일을 거들도록 하고 있다. 형편이 더 어려운 집이나 부모가 없는 아이들은 장마당이나 역전 앞, 역전 플랫폼, 길거리에 빵, 사탕, 얼음, 물 등을 팔러 나오기도 한다.

학교에 내야 하는 돈이나 과제물을 내지 못해 나가지 않으려 하는 경우도 있다. 조선에서는 무료 교육을 한다고 하지만 실제로 학부모와 학생이 감당해야 하는 세부 부담이 많다. 인민학교 학생들은 수업이 끝나면 파지, 파고무, 파유리, 동, 파고철 회수 사업, 학교 꾸리기와 같은 과외 활동을 한다. 또한 학교에서는 김일성 연구실 꾸리는 데 얼마, 인민군대 지원품 무엇무엇 - 비누, 세수 수건, 크림, 발싸개 천 - , 남포도로 공사 지원금 얼마 등의 과제를 학생들에게 부담시키고 있다. 가정에서 형편이 어려워 주지 못하면 선생님한테 혼나거나 매를 맞기 때문에 아이들은 학교에 가지 않으려고 한다.

인민학교에서는 학생들에게 우리말과 수학, 조선 지리, 김일성과 김정일 어린 시절 따라 배우기, 공산주의 도덕 등을 배워 준다. 그런데 아이들이 먹지 못해 기운이 없으므로 공부 시간에 엎드려 잠만 잔다. 그리고 어떻게 하면 장사를 해서 돈을 벌 수 있을지만 생각한다. 또한 교원들이 식량난으로 인해 학교에 나오지 못하는 경우도 많다. 그렇지 않으면 교원들이 낮에는 학생들에게 강의를 하고 저녁에는 길거리나 역전 앞에서 음식 또는 담배 장사를 하기도 한다. 그리하여 아이들의 학업 성적은 말할 수 없이 떨어졌다. 많은 인민학교 아이들이 우리말 뿐만 아니라 더하기, 덜기도 잘 모른다. 그래서 사람들이 지금 우리 나라 교육이 20 - 30년 떨어졌다며 크게 우려하고 있다.

조선의 중학생들

중학생들도 역시 학교에 잘 가려 하지 않고 역전이나 장마당, 거리 등에서 음식과 물 장사를 한다. 지금 조선 중학생들의 의식 수준은 중국 소학교 2학년 학생보다 못한 것 같다. 중학생들도 공부는 해서 뭘 하는가, 지금은 주먹이 세고 장사를 잘 하는 편이 낫다는 인식이 머리에 배어 있다.

내가 청진, 함흥, 단천, 해주, 사리원, 신의주, 순천 등을 돌아다니면서 역전이나 길거리, 장마당 등에서 장사하는 아이들을 많이 보았는데, 그들은 대부분 나이가 12살부터 17살까지였다.

장사할 돈이 전혀 없는 아이들은 방통에 물을 담아 가지고 역전 앞이나 홈에 나와 기차 손님들에게 마시는 물 한 병에 5원, 세숫물 한 소래에 5원씩에 판다. 다른 장사꾼들한테서 외상으로 두부밥, 빵, 꽈배기, 사탕, 담배, 얼음 등을 받아다 나와 파는 아이들도 많다. 얼음 파는 아이들은 얼음통을 넣은 배낭을 짊어지고 어지간한 구간까지 기차를 타고 가면서 판매하기도 한다.

  조선의 중학생들은 14 - 15살부터 담배 피우고 술 마시는 아이들이 많다. 그들은 공부는 뒤에 놓고 먼저 싸움부터 배우려 한다. 왜냐 하면 조선에서는 아무리 공부를 잘 해도 가정 성분과 뒷힘이 없으면 세력이 센 집 아이들에게 밀리고 마니 그런 사정을 잘 아는 만큼 자연히 공부할 생각을 하지 않는다. 또 공부는 못 해도 주먹이 세면 돈 있는 집 아이나 공부 잘 하는 아이들이 자연히 자기 주위로 몰려들기 때문이다. 함흥시 동흥산구역이 있는 반룡산과 성천강 둑, 학교 운동장, 주변 야산에 가면 싸움 기술을 익히느라고 훈련하는 학생들을 볼 수 있었다. 학생들의 패싸움도 자주 일어난다. 전에는 무리 지어 돌이나 몽둥이 같은 흉기로 싸움을 했지만 지금 아이들은 흉기 쥐는 것을 한수 지는 것으로 생각하고 손과 발로 기술 싸움을 한다. 겨루어 보아서 상대방이 자기보다 세면 순순히 손을 든다.

25 | 청진 2월

위험한 대기숙박집

다음날 아침 7시경에 기차가 청진에 도착했다. 나는 역전 앞 음식 매대에서 아침을 사 먹고 집으로 갔다.

그 날 오후에 중국 술 2병을 사 들고 외화벌이 하는 나그네 집에 찾아갔다. 그 집 문을 두드리자 세대주와 아이들은 아직 집에 들어오지 않았고 아주머니 혼자 있었다. 아주머니는 반갑게 맞아 주었다. 그는 정말 오래간만에 본다고 하면서 왜 그 동안 집에 놀러오지 않았는가고 물었다. 나는 함흥 친척집에 갔다가 병을 앓았으므로 그 곳에서 병 치료를 하다 보니 이제야 돌아오게 되었다고 이야기했다. 아주머니는 그러고 보니 얼굴이 영 못 쓰게 됐다면서 그래 이제 병은 나았는가고 물었다. 나는 이제는 일 없다고, 다 나았다고 대답했다.

아주머니는 지난 2월 16일 명절 때 10일분 식량을 공급받았다고 하면서 이제부터는 외국에서 식량 지원이 들어오므로 계속 배급을 준다는 소문이 들린다고 하였다. 아주머니가 요즘 청진에서도 군대 도주자가 생겨서 군인들이 잡으러 다니는데 어제 밤과 오늘 오전에도 집에 들어와 보고 갔다고 이야기했다. 그리고 지금 들리는 소리가 대기숙박하는 집들에서 숙박하는 손님이 돈이 있어 보이면 망나니들과 짜고는 밤에 불을 끈 상태에서 들어와 절구공이로 손님을 마구 때려 놓고 짐과 옷, 돈을 가지고 달아난다는 것이었다.

　얼마 전에 아주머니네 동네에서도 대기숙박으로 살아가는 여자가 남자를 들여놓고 그 남자와 공모해서 아파트 여러 집을 털었는데 마지막으로 하다가 들켜서 매만 맞고 그 남자는 시안전부에 잡혔다고 한다. 그리하여 동네에서 인민반 회의를 열어 그 집에서 다시 숙박할 때에는 추방 보내기로 결정했기 때문에 그 집은 안전부 감시 대상이 되었다는 것이다. 또한 대기숙박소에서는 매음하는 여자들이 남자들을 꾀어서 성관계를 하고는 그가 잠든 사이에 돈과 물건을 다 가지고 도망가는 일들도 많다고 하였다. 그러면서 아주머니는 내가 나이가 젊고 여러 곳을 자주 다니므로 극력 주의하라고 당부하였다.

수 준 이 어 리 게 ' 미 제 요 괴 뢰 요 ' 쌍 소 리 한 다

　내가 언제부터 전기가 오는가고 물으니 아주머니가 2월 15일 저녁부터 전기를 주었는데 새벽 5시부터 아침 8시까지, 오후 6시부터 밤 11시까지만 준다고 대답했다. 나는 그 집에 록화기가 있기에 텔레비 소설 '민족의 사나이' 력도산에 대한 영화와 력도산의 프로 레슬링 경기 록화를 보았다.

　저녁 7시경에 그 집 아이들과 세대주가 차례로 집으로 돌아왔다. 그 집 아이들은 일본제 중고 자전거를 타고 학교에 오가고 있었다. 그 집 주인은 나를 보더니 반가워하면서 이번에는 장사가 오래 걸렸나 보다고 말했다. 아주머니가 집주인보고 함흥에서 병을 앓았다고 하더라고 이야기하자 집주인은 안됐다면서 지금은 일없는가고 물었다. 나는 이제는 병이 다 나아서 다시 장사길에 나설 생각이라고 말했다. 이어 나는 그 집 식구들과 같이 저녁 식사를 했다. 그 집은 세대주가 외화벌이 하는 집이 되어서 입쌀밥에 두부국이 상에 올랐다. 게다가 배추김치, 된장, 맛내기, 고춧가루 등이 다 있었다. 특히 손님이 왔다고 그 집에서 내놓는 술이 별맛이었다.

저녁을 다 먹고 상을 치우는데 집주인 동무들이 찾아왔다. 그리하여 그들과 함께 술을 마셨다. 그런데 텔레비를 보다가 보도 시간에 '미제와 남조선괴뢰도당' 하는 말이 나오자 그 집 주인과 옆에 있던 동무들이 남조선에서는 우리보고 '북한 당국자' 아니면 '북한측' 이라고 말하는데 우리는 아직도 수준이 어리게 '미제요, 괴뢰요' 하면서 쌍소리를 한다고 비웃는 것이었다.

그들은 또 미제요 괴뢰요 철천지 원쑤요 하면서 왜 그들이 주는 쌀이나 비료, 소 같은 것들은 받아들이는지 모르겠다고 하면서 그런 것들을 받아 먹는 주제에 욕할 것이 있는가고 비꼬았다.

나는 집주인 동무들이 돌아간 후, 집주인과 좀더 이야기를 하다가 집으로 돌아왔다. 내가 간다니까 아주머니는 김치를 조금 싸 주었다. 그 집 김치는 특별히 맛이 있었다.

숙박집 아주머니 정부

2월 25일날 나는 회령에 가려고 수성역으로 갔다. 12시경에 고무산까지 가는 화차가 있기에 기관사에게 100원을 주고 기관차에 탔다. 고무산에는 오후 3시경에 도착했다. 철도 사령원보고 회령 쪽으로 가는 화물차가 있는가고 물었는데 모르겠다고 하는 것이었다.

지난 번에 숙박했던 집에 가서 기차를 기다리기로 했다. 문을 두드리자 주인 아주머니가 나왔다. 집안에는 웬 남자가 한 명 있었다. 나는 아주머니에게 회령 가는 길인데 고무산까지 화차를 타고 왔다고 이야기하고는 이 곳에 있다가 회령 가는 기차가 있으면 타고 가겠다고 말했다. 아주머니는 그렇게 하라고 하였다. 이어 나는 세면을 하려고 부엌에 내려갔다. 아주머니가 물을 떠 주느라고 부엌에 내려왔을 때 방에 있는 남자를 가리키면서 누군가고 물었다. 아주머니는 그냥 아는 사람이라고 대답했다. 내가 다시 숙박하는 손님인가고 물으니 아니라고 하면서 청진 철도병원 의사인데 이제 청진으로 갈 거라고 말했다. 나는 세면을 하고 아랫목에 누웠다.

방이 따뜻하여 눕자마자 잠이 들었다.

눈을 뜨니 그 집 아이와 주인 아주머니가 있었다. 나는 혹시 회령 가는 차가 가지 않았는가고 물었다. 아주머니는 자기가 청진 사람을 바래 주느라고 따라 나갔다가 역전에 들러서 기차 시각을 알아보았다고 하면서 빠르면 밤 12시에 있고 늦으면 새벽 1 – 2시 사이에 있다고 알려 주었다.

저녁 때가 되자 주인 아주머니가 상을 놓아 주었다. 나는 도중식사 한 봉지를 반찬과 함께 꺼내 놓았다. 그런데 아주머니가 자기들은 부엌에서 먹겠다는 것이었다. 내가 반찬도 많으니 모여서 먹자고 했으나 계속 사양했다. 나는 음식이라는 것은 여럿이 모여 먹어야 맛나는 법이라고 말하면서 같이 먹자고 재차 권했다. 결국 아이와 주인 아주머니가 죽을 들고 올라와서 상에 마주 앉았다. 나는 배낭 안에 있는 나머지 밥과 반찬을 모두 내놓고 함께 먹자고 했다. 아이는 오래간만에 밥을 먹는지 허겁지겁 먹어댔다. 반찬 역시 이 집에서는 배추 절인 것이 전부였으므로 내가 가지고 온 김치와 반찬을 정신없이 먹어댔다. 그러자 아주머니가 아이에게 이것만 먹으라고 반찬을 갈라 주었다. 나는 아주머니와 술을 마셨다. 아주머니는 술맛이 좋다고 말했다. 고무산은 전기를 주지 않아 우리는 등잔을 켜고 식사를 했다.

식사가 끝나자 그 집 아주머니가 아이보고 상을 거두라고 하는 것이었다. 나는 술병을 아래로 내려놓고 담배를 피웠다. 나는 아주머니보고 2월 16일에 고무산에서도 식량을 공급했는가고 물었다. 아주머니는 고무산 세멘트공장 사람들과 철도 사람들만 10일분씩 주고 나머지 사람들은 공급하지 않았다고 대답했다.

이어 아주머니가 나보고 낮에 본 남자가 어떻는가고 묻는 것이었다. 내가 왜 그러는가고 물으니 웃으며 그저 물어 보는 것이라고 하였다. 내가 잘 모르겠다고 했더니 그 남자 척 보면 사람이 좋겠는가 나쁘겠는가를 말해 보라고 하였다. 나는 내가 관상장이가 아니어서 모르겠다고 대답했다. 그러자 아주머니가 그 남자는 자기 정부라고 말했다. 술 한 잔 마시니 아주머니는 별소리를 다하는 것이었다. 아주머니는 남자 나이는 40살이고 올 1월에 알았는데 자기를 도와 주겠다고 하고는 아직 시원히 도와 주지 않는다고 말했다. 하지만 남자가 이제 장사가 잘 되면 자기를 도와 줄 것이라고 하였다. 결국 대기 숙박소여서 과부집이고 오고 가는 사람들이 걸치고 다니는 집인 만큼 무슨 일인들 없겠는가. 나는 더 듣고 싶지 않아서 조금 자겠으니 기차 시간을 알아 달라고 부탁했다.

잠시 자다 일어나니 아이만 자고 아주머니가 없었다. 나는 담배를 피우면서 아주머니가 들어오기를 기다렸다. 조금 있다가 아주머니가 들어오더니 회령 가는 기관차가 있다고 알려 주었다. 나는 아주머니에게 숙박비로 20원을 주고 역으로 나갔다. 그리고 기관사에게 돈을 주고 회령까지 기차를 타고 갔다.

26 회령 2월

회령 비사회주의 검열

2월 26일 새벽에 회령에 도착했다. 회령집에 가니 문이 걸려 있고 불도 꺼져 있었다. 내가 문을 몇 번 두드려서야 주인이 나와서 누군가고 물었다. 내가 이름을 대니 주인이 문을 열어 주었다. 주인은 놀라면서 이 밤에 뭘 타고 왔는가고 물었다. 나는 기관차 대가리를 타고 왔다고 말했다. 그는 빨리 들어오라고 하면서 먼저 들어가 부인을 깨웠다. 회령집 아주머니도 조카 왔는가고 하면서 반가워했다. 나는 옷을 벗고 얼굴과 발부터 씻었다. 회령집 주인이 부인보고 술 좀 가져 오라고 하였다. 시계를 보니 새벽 4시였다.

나는 술을 마시면서 주인보고 회령에 비사회주의 검열이 끝났는가고 물었다. 그는 거의 끝나 가는 중이라고 대답했다. 이어서 그는 이번에 비사회주의 검열이 들어와서 보건부문과 교육부문을 먼저 숙청했는데 의료부문에서는 회령시병원 간염과장, 이비인후과장, 결핵과장과 회령산원 산부인과의 조산원 처녀가 잡혀 취조를 받는 중이라고 이야기했다. 회령시병원 이비인후과장은 그의 생활이 비정상적인데다 사람이 거들먹거리므로 눈꼴시어서 병원 측에서 고발했다고 한다. 이비인후과장의 집을 수색하니 천연색 텔레비 3대, 흑색텔레비 5대, 록화기 5대, 랭동기 3대, 록화필림 45개 중 남조선제와 외국제 색종 테이프가 15개, 금 250그램, 그리고 각종 식량 1.5톤이 나왔다고 한다. 알고 보니 이비인후과장은 친척과 형제가 대부분 중국에 있더라고 한다.

간염과장은 잡혀서 취조를 받다가 다음날 도망쳤다고 한다. 그는 중국에 달아났다가 자식과 처 생각 때문에 다시 돌아와서 지금 예심을 받는 중이라고 한다. 그리고 간염과장과 결핵과장의 죄목은 유엔에서 들어온 약을 환자들에게 내 주지 않고 몰래 빼돌려 장마당에 야매가격으로 판 것과 돈이나 자전거, 양식 등의 뇌물을 받아 먹고 일할 수 있는 사람들한테 진단서와 로동능력상실 사회보장서를 비법적으로 떼어 준 것이라고 한다. 또한 회령산원 산부인과의 조산원 처녀는 중국 사람들한테서 돈을 받고 아기의 태와 중절한 여자의 태아를 팔았다는 죄로 체포되었다고 한다.

조 선 독 립 만 세 !

이번 비사회주의 검열 성원들은 회령시 역전여관과 남문여관에 자리를 잡고 있었는데, 남문여관에서는 겨울에 불도 때지 않은 방에 사람을 가두어 놓고 집에서 밥을 날라오게 하면서 취조했다고 한다. 그들은 죄를 불게 하려고 한겨울에 여자들도 몽둥이나 가죽 혁대로 때리며 취급했다고 한다. 또한 죄가 있어 잡힌 남자가 취조 받던 중에 도망을 치자 그 부인을 잡아다가 남편이 간 곳을 대라고 때렸다고 한다. 얼마나 무자비하게 야수적으로 고문하는지 여자들은 너무 급해서 바지에 대변이나 소변을 쌀 정도였다고 한다. 어쨌든 검열에 걸리면 죄를 불 때까지 때린다는 것이었다. 때리는 것이 너무 지독하고 또 추운 방안에 가두어 놓으니 남문여관 2층과 3층에 갇혀 있던 사람들 중에서 담요 또는 밧줄을 타고 내려 도망치거나 그런 것이 없는 방에서는 여자들이 그냥 뛰어내려 도망치려다가 다리가 부러진 현상들이 많았다고 한다. 회령산원 운전수는 고난의 행군 시기에 집에 중국 장판지를 깔고 비닐 벽지를 바르고 천연색 텔레비를 놓았다는 죄로 잡혀 심문을 받던 도중 너무 참기 어려워 3층에서 '조선독립만세'를 외치면서 뛰어내려 도망을 쳤다고 한다.

그 밖에도 망양농장 농장원들 중에서 국가 양곡을 도적질해 먹은 죄로 7명이 체포되었다고 한다. 또한 중국에 비법적으로 갔다 온 사람들과 중국에 여자들을 팔아먹은 사람들도 잡혔는데, 이들에 대해서는 3월 1일날 공개처형을 한다는 것이었다.

공 개 처 형

3월 1일 아침에 회령집 주인이 오늘 공개처형을 하므로 구경가자고 하였다. 회령장마당은 아침부터 장을 보는데 그 날은 오전 11시에 공개처형이 있으므로 안전원들이 나와서 공개처형이 끝난 다음에 장사를 하라고 사람들을 장마당에서 내쫓았다. 나와 회령집 주인은 10시 30분경에 집을 나섰다. 망양동 앞 회령장마당 앞으로 강이 흐르는데 그 강바닥에서 공개처형을 한다고 하였다. 공개처형을 구경하려고 많은 사람들이 모여들었다.

공개처형은 정각 11시에 시작됐다. 먼저 검사가 나와 죄인들의 죄를 폭로하였다. 다음으로는 변호사가 나와서 죄인들에게 죄를 인정하는가고 물었다. 그들이 인정한다고 하자 변호사는 "사회주의 사회에서 사람을 팔아먹을 수가 없고, 또 고난의 행군 시기에 당의 두리에 더욱 굳게 뭉쳐 살아가야 할 대신에 여자들을 물건처럼 팔아먹었으니 죽어 마땅하다."고 말했다. 처형 대상들은 역전동 5반에 사는 61살 된 할머니와 동명동에 사는 58살 된 아주머니, 유선에 사는 37살 남자였다. 61살 된 할머니의 죄목은 중국돈 4,500원을 받고 중국에 여자 5, 6명을 팔아먹은 것이었다. 58살 된 아즈머니의 죄목은 조선돈 800원을 받고 61살 된 할머니에게 여자를 소개시켜 준 것이었다. 37살 남자의 죄목은 중국돈 400원을 받고 여자 2명을 중국에 판 것이었다. 이어 판사가 판결하여 사형을 선고하면서 사형은 현지에서 집행한다고 발표했다. 곧이어 안전원들이 죄인들을 끌고 차 뒤로 가서 입을 틀어 막고 눈을 가리고 나와서 말뚝에 비끄러맸다. 사형 집행자 9명이 총을 들고 나와 죄인 한 명당 3명씩 맡아서 5발씩 쏘았다. 사형이 끝나자 시체를 비닐 박막에 싸서 가마니 안에 넣는데 잘 들어가지 않으니 발로 밟아 넣는 것이었다.

공개처형 당시 그것을 보면서 사람들은 한두 마디씩 했다. 배급을 주면 누가 저런 일을 하겠는가고 말하는 사람도 있었고, 배가 고프니 사람을 팔아먹고 개죽음을 당한다고 말하는 사람들도 있었다. 남자들 중에서는 식량을 공급하지 않아 굶어 죽이고, 살겠다고 좀 움직였다고 총살하고, 이렇게 저렇게 다 죽이면 사회주의는 누가 지키는가고 말하는 사람들도 있었다. 그래도 한 끼라도 실컷 먹고 죽었으니 한이 없겠다고 말하는 사람들도 있었다.

정말 생각하면 가슴이 아프다. 우리 북조선에서 식량난 때문에 얼마나 많은 사람들이 죽었던가! 또한 김정일의 살인 지시로 1995년도 여름만 해도 얼마나 많은 사람들이 공개처형을 당했던가! 그 때 당시 특히 함흥시에서는 매일같이 하루에 한 번씩 구역마다 1 - 3명씩 내다가 처형했다. 또한 열차 질서를 바로잡고 열차 강도들을 숙청한다고 그런 자들은 현장에서 총으로 쏘아 죽일 데 대한 김정일의 살인 지시로 얼마나 많은 조선 청년들이 죽었던가! 그것도 모자라 오늘까지도 공개처형을 하니 이런 식으로 나가다가는 과연 마지막에는 몇 명이 남겠는지 의문된다. 옛날 속담에 3일 굶은 범 고을 원도 몰라보고 3일 굶은 사람 남의 집 담장을 뛰어넘는다는 말이 있듯이 어떻게 살아 있으면서 가만히 앉아 죽겠는가. 그러니 살자고 움직이면 또 이렇게 공개처형을 당해 개죽음 신세가 되고 만다.

27 청진 3월

고 성 산 골 짜 기 노 인 들

3월 7일날 지방 주권 선거를 하므로 나는 서둘러 청진으로 돌아왔다. 선거를 맞으면서 숙박 검열을 세게 했다.

3월 4일 나는 외화벌이 나그네 부탁으로 그 집 삼촌 부부가 농사짓는 부윤구역 고성산 골짜기에 심부름을 갔다. 나는 오전 10시경에 외화벌이 나그네가 싸 준 쌀 20킬로그램과 술 5킬로그램, 이면수 10마리 등을 짊어지고 고성산으로 올라갔다. 학교 다닐 때 한두 번 가 본 길이었는데 눈이 많아 그만 길을 잃어버려 하루 종일 헤매다가 오후 늦게야 겨우 산막에 도착할 수 있었다. 나는 노부부보고 외화벌이 나그네 이름을 대면서 심부름을 왔다고 말한 후 양식과 술을 드렸다. 할아버지는 고맙다고 하면서 날도 곧 저물 테고 힘들게 왔는데 저녁을 먹고 내일 가라고 했다. 나는 어쩔 수 없이 그러기로 했다.

노부부가 있는 골짜기에는 자식들이 돌보지 않거나 그들에게 부담을 끼치지 않으려는 늙은이들이 인간 세상을 등지고 산으로 들어와 산막에 살면서 농사를 짓고 있었다. 저녁에 식사를 하려고 하는데 '영웅 아바이'라고 불리는 분이 찾아왔다. 할아버지는 나를 가리키며 자기 막내 조카 동무라고 소개했다. 그리고는 내가 가져온 것이라고 하면서 술을 한 잔 권했다. 영웅 아바이는 술을 몇 잔 마시고 자기 막으로 돌아갔다. 할아버지가 나한테 하는 소리가 영웅 아바이는 전쟁 시기에 공화국 영웅이 되었는데 지금 세월에 영웅인들 무슨 소용이 있는가고 했다. 영웅이므로 전에는 집에서 놀아도 매달 250원을 생활비로 받았다고 한다. 그런데 김일성수령이 돌아가신 뒤 김정일장군이 조선에 무슨 공로자가 이리 많은가고 하면서 그들의 생활비를 몇 프로씩 줄이라고 지시했다는 것이다. 그리하여 영웅 아바이도 생활비가 70원으로 줄게 되었다고 한다. 아바이가 시당에 가서 제기하겠다고 했더니 주위 사람들이 시당에 간들 무슨 소용이 있는가고 하면서 김정일장군의 지시인데 별 도리가 없다며 말렸다고 한다.

독감에 걸리다

3월 5일 새벽부터 열이 몹시 나고 정신이 가물거렸다. 산막에 오는 도중에 길을 잃어 산속을 헤매다가 감기에 걸린 것 같았다. 내가 너무 열이 나니 그 집 할아버지는 몹시 바빠하면서 찬물 찜질을 해 주었다. 산속이니 병원도 없고 약도 없어서 그냥 앓기만 했다.

3월 6일에 노부부에게 선거도 있으니 그만 내려가겠다고 말했다. 그러자 늙은이들은 앓는 몸으로 어떻게 가겠냐고 하면서 걱정을 하였다. 나는 내려가서 선거도 참여해야 하고 또 여기 있으면서 약도 먹지 못하는 바에야 여기 있으나 내려가나 마찬가지이므로 가겠다고 말했다. 그리하여 오전 10시경에 할아버지가 등성이까지 바래다 주면서 길을 대 주었다. 나는 눈을 헤치면서 힘들게 산을 내려갔다. 밥을 먹지 않았으므로 맥이 없어서 조금 가다가는 앉아서 쉬고 걷다가 또다시 조금 쉬고 하면서 집을 향해 걸었다.

산을 내려오면서 별의별 생각이 다 났다. 그 때 왜서인지 어머님이 간절하게 생각났다. 어머님이 있었으면 내가 이렇게 앓을 때 약도 달여 주고 맛있는 음식도 만들어 주련만 지금은 어머님이 없으니 오직 나의 의지와 악으로 살아 나가야 했다. 나는 어머님에 대한 그리움을 가슴 가득 안은 채 눈이 덮인 산길을 힘들게 걸었다. 정신은 점점 더 아물거리고 지쳐서 다리 옮길 맥도 없어 몇 번을 주저앉았다. 나는 자꾸만 나약해지려는 마음을 고쳐 먹고 다시 걷기 시작했다. 이보다 더한 고생도 많이 하면서 죽을 고비도 여러 번 넘겼는데 억울해서도 이런 곳에서 그냥 죽을 수는 없다는 생각으로 이를 악물고 걸었다.

집까지 가까스로 갔을 때가 저녁 8시경이었다. 나는 옷을 벗을 맥도 없었으므로 간신히 이불만 내리고는 그냥 누워 버렸다. 온몸이 떨렸다. 나는 아무도 돌봐 주는 사람 없는 집에서 밤새 앓았다.

이 동 선 거 함 선 거

3월 7일은 선거날이었다. 나는 여전히 자리에서 일어나지도 못한 채 찬 방바닥에 누워앓았다. 오전 11시경에 인민반장 아주머니가 집으로 왔다. 우리 인민반에서 거의 선거를 끝냈는데 내가 아직 선거에 참가하지 않았기에 와 보았다는 것이다. 아주머니는 나보고 앓는가고 하면서 내 이마를 짚어 보더니 열이 몹시 난다고 말했다. 아주머니가 약은 먹었는가고 묻기에 약 사러 나갈 맥도 없어서 그냥 있었다고 힘들게 대답했다. 아주머니는 혀를 차면서 자기가 얼른 약장사네 가서 약을 사 오겠다고 말했다. 나는 아주머니보고 내 친한 동무의 이름을 말하면서 좀 불러다 달라고 부탁했다.

잠시 후에 동무가 놀란 얼굴로 달려 들어왔다. 아주머니는 독일 감기약이라고 하면서 나에게 약을 먹였다. 동무는 내 몸이 불덩이처럼 달아오른 것을 알아채고는 이 놈 보통 앓는 것이 아니다라고 하면서 언제부터 이랬는가, 밥은 먹었는가고 물었다. 내가 지내 맥이 없어 대답도 제대로 못 하자 동무는 아무래도 나를 자기 집으로 데려가야겠다고 했다. 그러자 인민반장 아주머니는 선거 위원회에 가서 내가 앓는 사실을 말하고 그들을 동무 집으로 데리고 가겠다고 말한 후 밖으로 나갔다.

동무는 나를 부축해서 자기 집으로 데리고 갔다. 동무 부인이 놀라면서 얼른 이불을 깔아 주었다. 잠시 후에 인민반장 아주머니가 선거위원회 사람들과 같이 동무 집으로 찾아왔다. 나는 선거위원회 사람들보고 지내 아파서 선거하러 못 갔다고 하면서 죄송하다고 말했다. 나는 그들이 가져온 이동 선거함에 선거를 했다.

동무 부부의 극진한 간호

그들이 돌아간 후 동무는 나보고 자기한테 빨리 알릴 것이지 어째 그렇게 혼자 앓고 있었는가고 말했다. 나는 외화벌이 나그네 심부름으로 고성산에 갔다가 감기에 들었는데 선거를 하기 위해 어제 저녁 억지로 내려온 거라고 얘기했다. 동무는 그럼 몇 끼나 굶었겠다고 하면서 부인보고 빨리 밥을 지으라고 말했다. 나는 입안이 쓰거우므로 못 먹겠다고 하면서 그냥 놔두라고 했다. 동무는 무엇이라도 먹어야 한다면서 부인보고 미음을 쑤라고 했다.

한잠 자고 나니 땀이 온몸을 적셨다. 내가 깨어난 것을 보더니 동무 부인은 미음을 끓여 놓았는데 뜨끈할 때 먹으라고 하면서 닭알을 깨서 섞어 주었다. 나는 친형제간도 아닌 사람들한테서 이런 사랑을 받고 보니 나도 모르게 부모님 생각이 나서 눈물을 흘렸다. 나는 먹고 싶은 생각이 없었지만 성의를 생각해서 억지로 조금 먹었다. 부인은 내가 미음 먹는 것을 지켜 보면서 요즘 감기가 세므로 며칠 앓아야 될 것이라고 말했다. 동무 부인은 다음 날 아침에도 미음을 쑤어 주었다. 내 동무는 감기에는 시원한 과일이 제일이라며 점심 시간에 귤 5알을 사서 가져왔다. 귤 한 알에 30원이니 150원이었다. 150원이면 동무네 식구 3명이 2일 간 먹을 양식을 살 수 있는 돈이다. 나는 속으로 고마움을 느끼면서 잘 먹겠다고 인사한 다음 맛있게 먹었다.

　동무 부부의 극진한 간호로 3일 후에 나는 밥을 먹고 자리에서 일어났다. 내가 밥도 먹고 담배도 피우고 하니 그들은 매우 좋아했다. 나는 그 날 오후에 장마당에 나가서 300원을 주고 석탄 2구루마를 사서 동무 집에 들여놓았다. 사람은 도덕과 의리가 있어야 사람인 것이다. 동무가 석탄을 왜 샀는가고 했다. 나는 그저 성의로 샀으니 그냥 받아 달라고 말했다.

함 흥　살 인　사 건

　3월 14일 오후 3시경에 나는 '온성 - 평양행' 열차를 타고 함흥으로 갔다. 밤 10 - 11시경에 오몽리역에 도착한 기차는 그 곳에서 견인기를 교체하기 위해 하룻밤을 묵고 다음날 오전에 다시 떠났다. 신북청에 오후에 들어섰으나 기관차 고장으로 또 서 있다가 저녁에 다시 떠나 그 다음 날 새벽 2시경에야 함흥에 도착했다. 나는 담장을 몰래 뛰어넘어 함흥역을 빠져 나왔다.

　새벽이어서 역 밖에는 사람들이 몇 없었다. 음식 장사꾼과 담배, 사탕 장사꾼들만 몇 명 있었다.

　사촌 형네 집 문을 두드리자 형이 나와서 누구인가고 물었다. 내가 왔다고 하자 형이 얼른 문을 열어 주었다. 나는 들어가자마자 방에 누워 잤다. 아침에 나는 사촌형이 깨워서야 일어났다. 밥을 먹고 형과 술 한잔을 나누면서 이야기를 했다. 사촌형이 하는 소리가 함흥에서 요즘 밤에 살인 사건이 많이 나서 인민 반장들이 밤 9시 이후로는 다니지 말라고 지시했다고 한다.

　그러면서 내가 집에 들어서기 직전에도 숙박 검열을 하고 갔다고 말했다.

　형은 내가 청진으로 돌아간 다음 함흥에서 살인 사건이 시내에서만도 무려 4건이 났다고 이야기했다. 회상구역 함흥과학원 아파트 밑에서 손에 자전거 짐바를 쥔 채 죽어 있는 남자 시체를 아침에 발견했는데, 그는 자전거를 강도 맞고 죽은 것이라고 한다. 또 함흥시 성천강구역에 있는 함흥 외화상점 옆 아파트 아래에서 웬 사람이 남자아이와 여자아이를 칼로 찍어 피를 뽑는 것을 지나가던 군인이 발견하여 잡았다고 한다. 또한 3월 초에는 함흥시 사포구역 안전부 사사과 과장이 밤에 일본제 중고 자전거를 타고 오다가 군대 강도들에게 자전거를 빼앗기고 살해되었다고 한다. 그 안전원은 몸에 권총을 차고 있었는데도 군인들이 불시에 달려드는 바람에 손을 쓰지도 못했다는 것이다. 몽둥이로 머리를 쳐서 안전원을 죽이고 자전거를 훔친 군인들은 다음 날로 잡혔는데, 부대를 탈영하여 나와서는 강도짓을 해서 살아가는 자들이었다고 한다. 그 군인 강도들은 3명으로 흥덕구역에 사는 한 과부집에 숙소를 잡고 있었는데, 3명이 과부와 그 딸을 번갈아 바꿔 가면서 그짓을 하고 그 대가로 강도질을 해서는 과부네를 먹여 살렸다고 한다. 그 밖에도 부부간이 살해된 사건도 있었다고 한다.

형은 계속해서 이제는 사람들이 너무 일하러 나오지 않으므로 함흥시에서 그런 자들을 강제로 잡아 로동단련대에 끌고 가서는 낮에는 강제로 일을 시키고 밤에는 학습을 시킨다고 이야기했다. 또한 보위부로 김정일장군의 지시가 내려왔는데 이제는 말을 잘 듣지 않는 자는 무자비하게 처리하라고 했다는 것이다. 결국은 무자비하게 죽이라는 말이었다. 형은 요즘 함흥도 분위기가 좋지 않다고 하면서 인민반장들이 직장에 나가지 않는 남자들을 조사해서 안전부에 바친다고 말했다.

함 흥 - 원 산 자 동 차

나는 사촌 형네 집에서 2일간 묵은 후 원산으로 가는 자동차를 타려고 덕성초소로 나갔다.

덕성초소에서 저녁 8시경에 군대차(소련제 지르)를 탔다. 나는 차가 서자마자 제꺽 올라가 가운데쯤 짐을 놓고 앉았다. 차는 빈차였다. 30명 가량이 타고 있었는데, 군인들도 여러 명 되었고 주로 함흥에서 탄 장사꾼들이 많았다.

그들은 모두 배낭을 가지고 있었다. 자동차는 달리다가 정평 지나서 서더니 돈을 받았다. 자동차를 타는 값도 군인들은 내지 않고 사회 사람들만 낸다. 그러니 조선에서는 군인들은 돈 1전 내지 않고 아무데나 갈 수 있는 특권을 가진 것이나 같다.

자동차가 초원령을 올라설 때 내 옆에 앉은 처녀가 몸을 흔들어 대며 씩씩거렸다. 왜 그런가 하고 보니 그 옆에 앉은 군인이 처녀 가슴을 만지므로 꿈틀댔던 것이었다. 추워 죽겠는데 군인이 옷 속에 손을 넣고 계속해서 가슴을 쥐니 그 처녀는 말은 못하고 씩씩거리기만 하였다. 지금 조선의 군인들은 모두 이런 개들이다. 때와 장소를 가리지 않고 기차 안이나 자동차 우에서나 여자라고 생기면 마음먹은 대로 가지고 장난한다.

비단리 숙박집

운전수가 금야군 비단리초소 부근의 숙박집에 차를 세우더니 자고 가겠다고 했다. 밤에 내려가는 자동차 운전수들은 이렇게 숙박집에 손님들을 묵게 하여 숙박집에서 얼마의 돈을 받는 수법을 쓴다. 자동차에 탄 사람들은 어쩔 수 없이 차에서 내려 그 근처 대기숙박소에 가서 잠을 잤다. 대기숙박소집은 3층에 있었는데 방 2개에 위생실도 있었다. 군인들과 도둑들이 돼지를 잡아간다고 돼지를 집안에 있는 세면장에서 키우고 있었다. 조선의 농촌들에서는 1년에 매세대당 의무적으로 돼지를 길러 인민군대에 지원하게 되어 있다. 그렇지 않으면 가을에 그에 해당하는 몫을 분배에서 떼고 또한 당과 김정일장군에 대한 충성심이 없는 것으로 투쟁 대상이 되므로 농민들은 돼지를 기르다가 병이 나서 죽으면 집의 낟알을 퍼서라도 돼지를 구해 바친다. 이렇게 조선에서는 이모저모로 백성들의 피땀을 강제적인 방법으로 짜낸다.

숙박집에는 여자 3명이 먼저 와 있었다. 그들은 양잿물과 소다, 서슬, 잡화 등을 가지고 원평으로 가는 장사꾼들이었다. 그 날 밤은 주인 할머니와 친척이 된다는 여자는 아랫방에서 자고 웃방에서 우리 손님들 7명이 잤다. 다음날 아침에 차는 다시 원산으로 달렸다.

나는 원산에서 3일 동안 머문 후, 고원 동무집에 갔다가 3월 29일날 청진으로 돌아왔다.

한 식 날

4월 5일은 한식날이다. 사람들은 이 날 산에 가서 묘지도 정리하고 제사도 지낸다. 나는 4월 4일날 오전에 장마당에 가서 제사 음식을 사 가지고 동무집에 갔다. 동무 부인과 동무 동생 부인, 동무 어머니는 제사 음식을 준비하고, 나와 동무 형제는 구루마를 끌고 가서 비석 한 개당 700원씩 주고 3개를 싣고 왔다. 비석 2개는 나의 부모님 것이고 한 개는 동무 아버지 것이었다. 나는 이번 기회에 내 부모님 비석과 동무 아버지 비석을 하기로 했던 것이다. 4월 5일 아침 일찍 구루마에 비석 2개와 제사 음식을 싣고 먼저 아버지 묘가 있는 공동묘지로 갔다. 아버지 비석을 내려 놓고 누가 구루마를 훔쳐가지 못하도록 구루마에서 바퀴를 뽑아 감추었다. 내가 비석을 등에 지고 동무는 상돌과 음식 그릇을 양손에 쥐고 산으로 올라갔다.

날은 아직 채 밝지 않았다. 아버지 묘에 있던 나무 푯말은 진작부터 누군가 뽑아갔다. 땔깜으로 하려고 몰래 남의 무덤에 있는 푯말을 뽑아가는 일들이 많았다. 식량난 이후로 사람들이 많이 죽었으므로 아버지 묘 주위에도 새로 무덤들이 많이 생겨났다. 나와 동무는 묘지를 정리하고 가지고 온 삽으로 땅을 파서 비석을 세우고 상돌도 반듯이 놓았다.

이어 상돌 위에 종이를 펴고 음식을 차린 후 제를 지냈다. 술을 붓고 엎드려 절을 하니 눈물이 흐르는 것을 어쩔 수가 없었다. 묘소에도 자주 찾아뵙지 못하고 아버지의 묘 앞에 박았던 나무 푯말도 지켜 드리지 못한 불효죄로 가슴이 아파서였다. 하지만 지금은 아버지 아들답게 늦게나마 번듯하게 비석도 세우고 제사도 지냈으니 또한 기뻐서 흘리는 눈물이기도 했다. 나는 동무가 볼까 봐 소리내어 울지 못하고 속으로만 울었다. 내가 지내 엎드려 있으니 동무가 달래면서 그만 내려가자고 말했다. 나는 부은 술을 아버지 묘에 쏟은 뒤 가져간 음식과 물건을 모두 걷어 가지고 내려왔다.

산을 내려오면서 보니 우리 옆집 건너에서 사는 집에서도 올라와 할머니 묘지를 정리하고 있었다. 살림이 구차한 집들에서는 상을 못 차리니 남보다 일찍 올라와서 묘지를 손질하고 맨술만 부어 드리고 절을 한 다음 가 버리는 이들도 있었고, 그것도 없는 사람들은 올라와 묘지만 손질하고 내려갔다.

이어 우리는 구루마 바퀴를 찾아서 맞춘 후 구루마를 끌고 어머니 묘가 있는 산으로 갔다.

길 옆에 구루마를 세우고 비석을 내려 놓은 다음 다시 구루마 바퀴를 감추어 놓고 산으로 올라갔다. 어머니 묘가 있는 산 역시 식량난 이후 무덤들이 너무나 많이 생겨났다. 어머니 묘에도 비석을 세우고 제사를 지낸 후 동무와 같이 술 한 잔씩 마시고 가벼운 마음으로 산을 내려왔다. 산을 내려오면서 동무가 이제부터는 자기가 우리 부모님 묘를 알기 때문에 너가 없으면 대신 제사를 드려 주겠다고 말했다. 나는 생각만으로도 고맙다고 말했다. 우리가 구루마 바퀴를 맞추고 떠나려는데 내 학교 동창생 형을 만났다. 그가 나를 보더니 담배불을 좀 얻자고 하여 주머니에서 라이타를 꺼내 불을 붙여 주었다. 그들도 어머니가 돌아가셔서 아들을 데리고 제사를 지내려고 산으로 올라가는 중이었다.

공동묘지로 변한 과수원

나와 동무는 부지런히 걸어서 동무 집으로 갔다. 집에 들어서니 11시가 넘었다. 어머니와 동생과 여자들이 우리를 기다리고 있었다. 동무 어머니는 남들은 다 하고 내려왔는데 왜 이제야 오는가고 하면서 빨리 산에 가자고 재촉했다. 동무 가족 일행과 나는 서둘러 산으로 올라갔다. 산은 원래 과수원인데 어찌나 무덤이 많은지 마치 공동묘지 같았다. 동무 아버지 묘지를 찾아 올라가는데 앞쪽에 젊은 여인 2명이 부모의 묘 앞에 엎드려 통곡하고 있었다. 그들의 통곡소리가 나의 가슴을 허비었다. 제를 지내러 온 사람들을 살펴보노라니 천태 만상이라고 차린 음식도 다 같지 못하였다. 잘사는 사람들은 떡과 돼지고기, 물고기, 사과, 사탕들을 가지고 제사를 지내지만 대부분의 못사는 사람들은 형식상 술만 붓고 절을 한 후 벌초를 하였다. 강냉이가루 지짐과 조그마한 물고기를 앞에 놓고 절을 하는 이들도 드문히 보였다.

조선에서는 원래 사람이 죽으면 시신을 관에 넣어 3일 동안 모시다가 친척들이 모여 제사를 지낸 다음 산에 가져다 묻었다. 하지만 지금은 사람이 죽으면 시신을 당일날로 내간다. 또한 관널을 살 돈이 없으므로 남의 관을 빌려 시신을 넣은 뒤 산에 가서 사람만 묻고 관은 도로 가져와 임자에게 돌려 준다. 관을 빌려 쓰는 값은 700 – 800원 정도 한다. 지금은 식량 사정이 어려워서 사람이 죽어도 걱정이다. 그러니 지금 죽는 사람은 젯밥도 제대로 얻어먹지 못한다.

나와 동무 형제는 동무 아버지 묘를 손질하고 묘비도 세웠다. 비석을 세우자 동무 어머니는 내 손을 꼭 잡고 고맙다고 말하면서 눈물을 흘렸다. 나는 동무지간에 그만한 것을 가지고 뭘 그러는가고 말하고 빨리 제사를 지내자고 했다. 우리는 동무 아버지 제를 지내고 나서 그 자리에서 아침 겸 점심 식사를 했다. 나는 그 날 술을 좀 마셨다. 동무도 술을 많이 마셨다. 우리는 모두 만족한 마음으로 산을 내려왔다.

28 금야

청진 - 고원 열차

나는 4월 20일경에 고원 동무한테 가려고 집을 나왔다. '온성 - 평양행' 기차가 오전 10시경에 청진역에 도착했다. 열차는 청진역에서 기관차를 교체하느라고 서 있다가 밤 8시경에야 떠났다. 기차는 함흥에 들어서서 수리를 하느라고 또다시 서 있었다. 기차가 다시 달려 그 다음 날 저녁 늦게 고원에 도착했다.

동무 집 문을 두드리자 동무가 나와서 문을 열어 주었다. 아들은 원산에 사는 누이집에 맡겼으므로 집에는 동무 혼자 있었다. 나는 동무와 술을 마시며 이야기를 하다가 잠을 잤다.

다음날 아침을 먹고 동무와 나는 원평으로 장사하러 갈 준비를 하기 위해 장마당으로 물건을 사러 갔다. 우리는 양잿물 50킬로그램, 소다, 담배를 사 가지고 원평으로 가는 자동차를 타러 갔다. 한 시간 정도 기다리자 자동차가 왔다. 자동차는 사회 일반차(일본제 이스즈)였고, 빈차였다. 자동차가 서자 사람들이 달려갔다. 동무와 나는 가장 먼저 달려가서 자동차에 올라탔다. 사람들이 어지간히 타자 자동차는 떠났다. 자동차에는 군인 8명, 남자 8명, 여자 14명 정도가 탔다. 그들이 가지고 가는 것은 양잿물, 서슬, 소다, 중국 담배, 고기 담는 통 등이었다.

진흥장마당

　오후 1시경에 차는 원평 가는 길에 있는 진흥에서 사람들을 하차시켰다. 동무와 나는 차에서 내려 진흥장마장으로 갔다. 그 곳에도 군인들이 많았다. 진흥장마당에는 낟알류, 물고기류, 남새류, 잡화류, 담배, 양잿물, 서슬, 중조 등이 있었고 음식을 끓여 파는 장사꾼들도 많았다. 음식과 술을 파는 여자들은 모두 19살 - 25살까지의 처녀들인데 그들은 앞으로 지나가는 남자들을 강짜로 잡아서는 한잔 사 잡숫고 가라고 했다. 남자들은 처녀가 팔을 잡고 사정하니 마지못해 사 먹는 것이었다.

　우리는 서둘러서 한 사람에 50원씩 내고 뜨락또르를 타고 원평으로 갔다. 뜨락또르에도 사람들이 많이 탔다. 군인 5명에 남자 4명, 여자 8명 해서 17명 정도였다. 그들은 원평으로 고기 사러 가는 장사꾼들이거나 진흥에서 팔지 못한 양잿물을 팔러 가는 사람들이었다.

원평　장사꾼　할머니

　오후에 원평장마당에서 내려 동무가 물건을 갖다 주는 할머니한테로 갔다. 할머니네 집은 농장 세대로 아들네 식구는 농장에 나가고 할머니는 장마당에서 물건을 팔고 있었다. 동무가 할머니에게 자기 동무와 같이 왔다고 하면서 할머니한테 나를 인사시켰다. 할머니도 우리를 보고 반가워하면서 인사했다. 이어 할머니가 점심을 먹었는가고 물어 보기에 동무가 먹지 못했다고 대답하니 그럼 장마당에서 사 먹으라고 했다. 할머니는 무엇을 먹겠는가고 물으면서 우리한테 음식을 사 주겠다고 말했다. 동무가 자기한테도 돈이 있으니 돈을 쓰지 말라고 했으나 그래도 할머니는 자기가 사 주는 것이 다르다고 하기에 더 말리지 못하고 조개죽을 먹고 싶다고 했다.

할머니는 우리보고 물건을 좀 보라고 하고는 쌀과 조개를 사서 음식 끓여 주는 곳에 가져다 주며 어죽을 쑤라고 하고는 돌아왔다. 할머니는 조금 기다리면 가지고 온다고 말했다. 동무가 나보고 하는 말이 할머니는 인정이 많아서 자기를 자식처럼 아껴 준다고 했다. 40분 정도 기다리니 음식 장사꾼 여자가 정말 조개 어죽을 가지고 왔다. 우리는 술 한 병과 두부 한 모를 사서 할머니와 함께 어죽을 먹었다.

어죽을 먹으면서 할머니가 음식 장사꾼 여자를 가리키면서 23살인데 집이 함흥이라고 말했다. 할머니가 하는 소리가 그 여자는 집이 구차하여 장사 밑천도 마련하지 못하는 처지였는데, 처녀의 몸을 준 대가로 5,000원을 꾸어 가지고 장사를 시작했다고 한다. 그 여자는 주로 원평 또는 진흥장마당에서 술과 음식 장사를 하는데, 여자 몸이기에 군인들이 술을 마시고 돈을 주지 않는 등 행패를 감당하기 어려워 까막조개 외화벌이를 하러 나온 군인을 친해 가지고 그에게 몸을 주는 대가로 보호를 받는다고 한다.

장마당 단속

오후 5시경에 할머니가 집으로 돌아가자고 하길래 우리는 할머니를 도와 짐을 꾸렸다. 그 때 원평분주소 안전원들이 나와서 장사꾼들한테서 사슴 담배와 제트 담배 한 곽씩을 거두어 갔다. 제트나 사슴 담배는 한 곽에 70원이다. 안전원들은 돌아가면서 오늘은 이쯤 하겠는데 다음 번부터는 나오면 전부 회수하겠다고 말했다.

그러자 장사꾼들 중에서 한 사람이 자기가 어제 4월 23일 날 진흥장마당에 갔댔는데 안전원들이 달려들어 짐과 심지어 물건을 판 돈까지 모두 거두어 가더라고 이야기했다. 그리하여 진흥 장사꾼들이 왜 물건만 빼앗을 것이지 돈도 빼앗는가고 항의했더니 안전원들이 하는 소리가 사회안전부 지시가 내려왔는데 물건만 빼앗으면 돈이 있기 때문에 다시 밑천으로 장사할 수 있으므로 밑천까지 몽땅 빼앗아야 장사를 못 한다고 했다는 것이다.

그 말을 들은 원평장마당 장사꾼들은 식량 공급은 하지 않으면서 장사를 못 하게 하고 돈까지 몽땅 빼앗으면 백성은 굶어 죽으라는 건가고 한 마디씩 했다. 나이 든 사람들 중에는 일본 정치 때에도 이와같이 악착같이 굴지 않았다고 말하는 사람들도 있었다. 어떤 사람들은 세상이 콱 뒤집혀서 몽땅 죽어버리라고 말하기도 했다.

원 평 장 마 당

원평에는 장마당이 따로 없고 장사꾼들이 자체로 모여서 쌀이나 강냉이, 잡화류, 양잿물, 서슬, 소다, 담배 등을 팔고 있었다. 음식을 해서 팔아 주는 장사꾼들과 음식을 끓여 주는 장사꾼들도 많았다. 음식 장사꾼들 중에는 원평에 소금밭을 건설하느라고 파 놓은 굴 안에서 잠을 자면서 손님들에게 음식을 끓여 주고 돈을 받아 하루하루 살아가는 사람들도 있었다. 그들은 외지 사람들로서 대개 늙은 할머니들이었다.

원평장마당에는 외지에서 온 소매치기들이 많았다. 특히 함흥과 고원에서 온 벙어리 소매치기들이 많았다. 원평장마당에도 장사를 하는 여자들을 희롱하거나 강도짓을 하는 군인들이 있었다. 그들은 군인인지 장마당 장사꾼인지 분간하기 어려울 정도로 장마당에서 음식과 술을 사 먹으면서 장마당에 붙어 있었다. 그들은 담배 장사꾼들한테 가서 담배 1, 2대쯤은 그냥 집어서 피우곤 했다. 그래도 장사꾼들은 그들의 폭행이 무서워 말도 하지 못했다. 그들은 주로 음식이나 술, 담배를 파는 여자들을 걸쳤다. 여자들이 조금만 자기들의 비위에 거슬리게 행동하거나 자기 말에 순순히 복종하지 않으면 음식 그릇을 발로 차서 부숴 놓지 않으면 마구 구타했다. 그러나 그 누구도 말리지 못하고 말 한 마디 못했다. 원평장마당에는 외지에서 식량 고생 때문에 장사하러 온 여자들이 대부분이었는데 보통 나이가 18살 – 25살 되는 처녀들이었다.

군대가 그렇게 살판치니 처녀 장사꾼들은 군인들이 대낮에 가슴을 손으로 쥐어도 말 한 마디 못하고 그냥 참기만 했다. 그렇지 않으면 장사를 못 하게 물건을 엎어 버리니 그런대로 참는 것이었다.

군 대 는 놀 아 라   인 민 은   일 한 다

4월 25일은 김일성이 조선 인민군대를 창건한 날이라고 군인들 명절이다. 동무와 함께 장마당으로 나가면서 보니 농장원들은 일을 하는데 군인들은 체육 운동회를 하고 있었다. 농민들은 그것을 보다가 "군대는 놀아라! 인민은 일한다!"고 소리치는 것이었다.

원평에는 듣던대로 군인들이 많았는데 그들은 마치 ㅁ·적단과 강도단과도 같았다. 군인들은 사회 사람들이 담배를 피우면 강제로 담배를 빼앗아 피우고, 장마당에서 외지 사람들이 장보러 왔다가 술을 사 마시면 강제로 빼앗아 마셨다. 그러다가 조금만 엇서는 기미가 보이면 여럿이 달라붙어 죽도록 때리고 돈과 귀중품을 빼앗아 달아났다. 말 그대로 원평은 강도들이 살판치는 곳이었다. 그렇게 군인들이 백주에 강도짓을 하니 인민들은 장마당에서 마음대로 술이나 음식을 사 먹지 못했다.

또한 진흥에서 원평가는 길에 광덕리라는 곳이 있는데 그 곳부터 독구미리 사이에 군인들이 까막조개 외화벌이를 하려고 주둔해 있었다. 그 곳 군인들은 악독하기로 이름난 강도들이었다. 그들은 대낮에도 혼자 가는 사람을 보면 짐이나 돈을 털었다. 그리고 남자들이 지나가면 담배를 달라고 언치를 걸고는 주머니를 뒤져 담배, 라이타, 돈 등을 빼앗았다.

결사대와 돌격대

원평에는 또한 함경남도의 청년들로 조직된 결사대와 돌격대가 와 있었는데, 그들은 소금밭을 건설하는 일을 하였다. 그들의 생활은 차마 눈 뜨고 못 볼 형편이었다. 그들은 국가에서 배급을 주지 않으니 집에서 굶고 있는 바에야 그래도 돌격대에 나오면 하루 3끼 먹을 것을 준다고 하므로 자진해서 나온 사람들이었다. 하지만 돌격대에서 주는 식사는 극상해야 강냉이밥 조금과 소금국이었다. 그걸 주고 힘든 일을 시키니 모두 허약해서 금방 바람에 날아갈 것 같았다. 그래도 명칭이 결사대요 돌격대니 아무리 일이 힘들어도 그들은 말을 못 하고 어거지로 일을 하였다.

돌격대와 같은 집단 생활은 약육 강식의 법칙과도 같이 힘센 놈만 살아가기 좋은 것이다. 돌격대의 여단지휘부 성원들과 대대장, 중대장까지는 모두 입쌀밥을 먹었다. 또 소대장들과 힘센 놈들은 강냉이밥이라도 배부를 만큼 곱배기로 먹었다. 그렇게 간부라고 골라 먹고 힘센 놈이 더 먹고 하니 결국은 힘없는 대원들만 배를 곯았다. 그들은 배가 고프니 장마당에서 도둑질을 해 먹거나 음식 장사들한테 가서 음식을 먼저 먹고 돈을 내지 않는 짓들을 하였다. 음식 장사꾼이 돈을 내라고 하면 돌격대가 무슨 돈이 있는가고 하면서 달아나 버렸다. 나는 원평에서 이런 가슴아픈 일들을 보면서 사흘을 보냈다.

간부들의 허위보고

저녁에 동무와 나는 집주인과 술을 마시면서 이야기했다. 집주인은 요즘 원평에서 김정일장군이 원평에 소금밭 건설하는 것을 보러 오겠다고 해서 길 닦기와 환경꾸리기에 사람들이 떨쳐나섰는데, 그 때문에 농민들이 죽겠다고 아우성친다고 이야기했다. 농민들은 아침에 밭에 나가서 일을 하고 나면 너무 힘들어서 저녁 먹을 생각도 나지 않아 그냥 자는 이들이 많은데 김정일장군이 온다고 하여 새벽이면 사회동원으로 도로 수리하는 데 나가야 한다고 했다. 힘들어 나가지 않으면 반동으로 몰겠지 하니 농민들은 마지못해 나간다고 하였다. 그러니 농민들은 김정일장군이 오면 백성에게 도움이 되어야겠는데 오히려 죽게 고생만 하므로 차라리 오지 않는 편이 낫다고 말들한다고 했다. 그러면서 집주인은 밑의 간부들이 전부 허위 보고를 해서 백성들을 못살게 만든다고 욕했다. 한 가지 실례를 보면 원평 소금밭은 아직 채 건설되지도 않았는데 김정일장군에게 소금밭에서 소금이 난다고 보고한 탓에 김정일장군이 직접 보러오겠다고 했다는 것이다. 이런 일이 한두 가지가 아니기 때문에 사람들은 모두 간부 새끼들부터 죽여야 인민들이 마음 편하게 잘 살 수 있다고 말하는 거라고 했다.

원 평 - 함 흥   자 동 차

다음날 동무는 할머니한테 물건을 판 돈으로 장마당에서 물고기를 샀다. 그 날부터는 장마당에서 안전원들이 쫓으므로 장사를 할 수가 없었다. 그래도 몰래몰래 눈치를 봐 가면서 장사를 하다가 안전원들이 나타나면 모두가 들고 뛰었다. 장사꾼들은 마치 괴물들이라도 따라오는 듯 사방으로 도망쳤다.

동무는 물고기를 가지고 자동차를 타고 고원으로 가고, 나는 함흥으로 가기 위하여 원평에서 함흥까지 나가는 군대차(소련제 마즈)를 350원을 주고 탔다. 차는 빈차였는데 군인 7명을 제외하고 나머지 남자 7명, 여자 15명 정도가 모두 장사꾼들이었다. 그들이 가지고 가는 것은 강냉이, 입쌀, 물고기, 콩 등이었다. 밤 늦게 사촌 형네 집에 도착했다.

함 흥 - 청 진   열 차

며칠 후 함흥역에 나오니 저녁에 '평양 - 무산행'이 있다고 씌어져 있었다.

나는 저녁 6시에 열차가 들어올 당시 역 안내원에게 50원을 주고 홈으로 나갔다.

6시 30분에 열차가 들어왔다. 나는 검차원들을 살펴보다가 제일 믿음성 있어 보이는 검차원한테 가서 말을 붙였다. 나는 집이 청진이라고 말하고 함흥에 왔다가 가는 길인데 밤에 역에서 자다가 짐을 몽땅 잃어버리고 빈몸으로 간다고 하면서 같이 가자고 사정했다. 그는 나보고 공민증이 있는가고 물었다. 나는 공민증을 보여 주었다. 그랬더니 그가 1,000원을 내라는 것이었다. 내가 아무 소리 없이 돈을 주자 그는 자기 검차방으로 나를 데리고 들어갔다.

그 날은 운수가 좋은지 기차가 말썽 없이 잘 달렸다. 함흥을 출발해서 증명서를 검열할 당시 검차원이 나서서 자기 친척인데 청진 간다고 이야기하자 안전원은 더 시끄럽게 굴지 않고 가 버렸다. 기차가 한참 달리는데 검차원이 밥과 술을 내놓으면서 같이 먹자고 권했다. 나는 술을 조금 마시고 밥도 조금 먹고 편안히 검차방에 누워 청진까지 갔다.

청진역에 아침 9시에 도착했다.

29 | 온성

유엔에서 오기 때문에

5월달에 청진에서도 공업품 장사를 못 하게 하고 비사회주의 검열도 들어와서 사람들이 죽겠다고 아우성쳤다.

나는 회령에 가려고 집을 나와 수성역까지 걸어서 갔다. 수성역에 도착하니 7시경이었다. 수성역에는 회령과 무산 방면으로 가는 장사꾼들이 많았다. 그런데 수성역 앞에 있는 음식 매대들이 다 영업을 하지 않는 것이었다. 나는 역 앞에서 물이나 사탕 같은 것을 파는 장사꾼들보고 여기 음식 매대에 왜 영업을 하지 않는가고 물었다. 그들은 유엔에서 오기 때문에 장사를 못 하게 한다고 대답했다.

나는 5월 21일 저녁에 수성에서 100원을 주고 고무산까지 가는 화물 기관차에 올라탔다. 고무산에 새벽 2시경에 내려 역전 대합실에서 회령까지 가는 기차가 오기를 기다렸다. 새벽 4시경에 화물차가 왔다. 나는 100원을 주고 기관차에 올라탔다. 화물차에는 사람들이 30명 정도 타고 있었다.

농 촌 동 원

회령에 아침 9시경에 도착해서 회령집에 갔다. 집에 들어가니 회령집 나그네는 없고 아주머니만 있었다. 나는 아주머니한테 인사를 하고 주인 아저씨가 몇 시에 들어오는가고 물었다. 아주머니는 세대주가 10 - 11시 사이에 들어올 거라고 말했다.

10시 조금 넘어서 회령집 나그네가 들어왔다. 내가 인사하자 반가워하면서 언제 왔는가고 물었다. 나는 1시간 전에 왔다고 대답했다. 그러자 그는 요즘 바빠서 죽겠다고 했다. 농촌동원 기간인데 사람들이 먹을 것이 없어서 농촌동원에 나오지 않으니 간부들이 돌아다니면서 농촌동원 시키라고 성화를 부린다는 것이었다. 그러면서 회령시 시당 책임비서가 지휘하여 농촌지원 기간 동안 잘 동원되지 않는 단위의 지배인을 10일 간 영창을 넣는다고 이야기했다.

조선에서는 5월과 9월에 공화국 전체가 농촌동원에 나선다. 특히 모내기철에는 중학교 4학년부터 6학년 학생들은 한 달 동안 주변 농촌에 지원을 나가며, 인민학교와 중학교 3학년까지의 학생들은 일요일마다 농촌동원 나간다. 또한 전문학교와 대학생들 뿐만 아니라 기업소들에서도 농촌동원에 나간다. 그리고 모든 농장들은 그 주변 부대 군인들이 농사일을 도와 주기로 되어 있다. 제대 군인들을 집단적으로 농장에 배치하기도 한다.

대 홍 단 감 자 농 사

99년에도 김정일장군의 방침에 의해 량강도 대홍단군에 군대 제대군인 5,000명 가량이 집단 진출했다. 이들은 대홍단군의 황무지를 개간하여 감자농사를 짓는 임무를 부여받았다. 이들은 99년 2월과 3월에 걸쳐 '평양 - 혜산행' 열차로 혜산에 내린 뒤 자동차를 타고 대홍단까지 갔다. 그에 따라 사회 여성들도 대홍단으로 자원 진출하는 일들이 생겼다. 특히 대홍단에 배치

되는 제대 군인들에게 살림집과 천연색 텔레비, 록음기 등 생활 용품을 무상으로 준다는 얘기를 듣고 26 - 30살까지의 시집가지 못한 평양시 여성들이 500명씩 몇 차례 집단 진출했다.

또한 99년에는 북부 산간지대 농장들에 감자 농사를 대대적으로 지을 데 대한 김정일장군의 지시가 내려왔다. 그 때문에 감자 농사철에 감자값이 입쌀의 2배 값으로 올랐다. 농장들에서는 감자를 몇 정보 심으라는 김정일장군의 과제를 수행하지 못하면 목이 날아갈 것을 우려하여 울며 겨자 먹기로 개인들에게 입쌀 2킬로그램을 주고 감자 종자 1킬로그램을 바꿔 와서 농사를 지었다. 감자 종자 진지는 함북도 무산군과 량강도 혜산 대홍단 등이었으며, 종자 운반은 자동차와 기차로 했다. 이 감자 농사에 대해서 심지 않던 것을 갑자기 심으면 좌경을 범할 수 있다고 말하는 사람들이 많았다.

강 도 를 만 나 다

나는 5월 말경에 군대 강도들을 만나 죽도록 매를 맞고 장사돈을 모두 도둑맞혔다. 나는 집에서 앓아 누우면서 많은 생각들을 했다. 식량난은 우리 부모님의 목숨을 앗아갔고 하나 남은 누이하고도 헤어지게 만들었다. 하지만 나는 거기에 굴하지 않고 닥치는 대로 장사를 하면서 하루하루 살아왔다. 난 다긴다 하면서 장사하는 몸이었으나 결국 나한테 차려진 것은 군대 강도들한테 얻어맞아 병든 몸뿐이었다. 그 때 나는 더 이상 아득바득거리며 살아갈 자신이 없었고 자꾸만 돌아가신 부모님과 중국땅 어딘가에 살아 있을 누이 생각만 났다. 나는 누이도 만나고 친척에게 도움도 빌어 볼 생각에 중국으로 도강하기로 결심했다. 내가 살길은 이제 그 길밖에 없다는 생각을 했다.

남 양

나는 국경 연선지역인 남양으로 가기 위해 6월 초에 '평양 - 온성행' 기차를 탔다. 밤 10시가 넘어서 기차가 회령역에 도착했다. 회령역에서 사람들이 많이 내리자 곳곳에 자리가 났다. 나는 오랜만에 한가한 열차 좌석에 앉아 두만강 너머 중국땅을 바라보면서 남양까지 갔다.

    새벽 1시가 넘어 기차가 남양역에 도착했다. 나는 사람들이 내리는 반대쪽으로 가서 화물열차 방통 사이에 숨었다. 남양역에 내린 사람들 중 많은 사람들이 몰래 뒷문으로 나가려다 안전원들에게 발각되어 끌려 갔다. 나는 그들이 다 사라지고 조용해질 때까지 계속 숨어 있었다. 1시간쯤 지나 아무도 없는 틈을 타서 화물열차에서 걸어나와 주변을 살폈다. 남양역 주변 끝쪽에 역앞 단층집으로 통하는 조그만 나무문이 하나 있었다. 나는 그 나무문을 통해 밖으로 나왔다. 남양역 주위는 한밤중인데도 많은 사람들과 꽃제비들로 붐볐다.

    남양은 인민반 수가 30개 정도밖에 안 되는 작은 곳이었다. 하지만 중국과 교류하는 해관이 있어 타지방에서 온 사람들과 꽃제비들이 많았다. 그들 중 어른들은 중국 친척의 도움을 기다리면서 해관 주위에서 살다시피 하였고, 어린 꽃제비들은 두만강을 몇 차례나 넘나들며 목숨을 부지하고 있었다.

    남양장마당은 매대 수는 작았는데 중국 물건들이 많이 팔리고 있었다.

    남양 사람들은 대부분 대기숙박을 하면서 살아가고 있었다. 나는 한 집에 3일 동안 머물면서 대기숙박을 했다. 나는 3일 동안 해관 근처 강둑에 앉아 중국 친척을 기다리는 것처럼 하면서 조선과 중국 쪽의 지형을 살폈다. 강둑에는 60 - 70명 정도의 사람들이 군데군데 모여 있었는데 모두들 중국 쪽을 목이 빠져라 바라보면서 행여나 친척이 오지 않는가 기다렸다. 그들 중 많은 사람들은 앉아 있을 맥도 없어 바닥에 누워 있었다.

두 만 강 을   넘 다

　6월 9일에 나는 비닐 주머니를 챙겨 가지고 저녁 7시경에 숙박집을 나와서 두만강을 따라 상류 쪽으로 걸어갔다. 남양철교를 지나서 한참 걸어가는데 사민 한 사람이 나를 쳐다보는 것이었다. 나는 첫눈에 그가 사복 군인임을 알아챘다. 나는 속으로 당황스러웠으나 태연하게 주머니에서 잎담배를 꺼내 말아서 피워 물었다. 나는 뒤돌아보지 않고 계속 앞만 보고 걸었다.

　그는 계속해서 내 뒤를 따라왔다. 내가 서서 오줌을 누는 것처럼 하면서 살피니 그도 다른 데를 보는 것처럼 하면서 천천히 걸어오는 것이었다. 나는 이제는 틀렸구나 하는 생각을 하면서 갑자기 내달렸다. 그러자 그도 재빨리 추격하기 시작했다. 나는 두만강으로 뛰어 내려가면서 비닐 주머니를 휘둘러 공기를 넣었다. 주머니 주둥이를 미처 매지 못하고 손으로 움켜 쥐고 옷을 입은 채로 두만강 물에 몸을 던졌다.

　두만강 물에 들어서자마자 물이 어찌나 불었는지 키를 넘었고 물살이 세서 벌써 나를 휘감아 깊은 곳으로 끌고 들어갔다. 6월인데도 두만강 물은 몹시 차가웠다. 금방 숨이 넘어갈 것만 같았다. 나는 있는 힘껏 헤엄을 쳤으나 옷을 입고 신을 신고 들어섰으므로 제대로 헤엄을 칠 수가 없었다. 나는 덤비지 않고 침착하게, 될수록 맥을 뽑지 않으려고 강물을 따라 내려가면서 헤엄을 쳤다. 나는 물에 밀려 퍼그나 떠내려갔다. 그런데 비닐 주머니에서 바람이 거의 다 나가고 있었다. 나는 덤비지 않고 그냥 아래로 헤엄쳐 내려가면서 강 옆으로 붙으려고 시도했다. 하지만 좀처럼 붙기 힘들었다. 나는 그 때 이제는 죽었구나 하는 생각도 없지 않았다. 하지만 나는 이를 악물고 살아야 한다는 생각으로 헤엄을 쳤다. 내가 간신히 강 옆에 붙어서 나오려는데 물이 허리를 치는 것이었다. 나는 다시 한 번 죽을 힘을 내서 겨우 물 밖으로 나왔다.

　긴장이 풀리면서 다리에 맥이 빠져 쓰러졌다. 물 속에서 힘내기를 하다나니 혈압이 올랐는지 머리가 빠개지는 것 같고 숨을 제대로 쉴 수가 없었다. 나는 강 바닥에 쓰러졌다가 다시 일어나서 산에 붙었다. 나는 옷을 입은 채로 산에서 한 시간 정도 누워 있었다. 그러고 있으니 머리 아픈 것이 좀 나았다. 나는 가까스로 정신을 차리고 도문 시내로 걸어 내려왔다. 그리하여 나는 무사히 중국 땅까지 들어올 수 있었다.

그 후로 나는 중국에 있는 친척집을 찾아가서 친척들의 도움을 받고, 군대 강도들한테 맞아 다쳤던 몸도 많이 나았다. 지금은 길림성의 외딴 시골 마을 어느 조선족 집에서 농사일을 해 주면서 살아가고 있다.

지은이 후기

나는 여기에 쓰여져 있는 것같이 굶주림과 빈곤에 시달리는
북한의 전체 인민들이 하루 빨리 개선된 생활에서
행복한 생활을 하기를 진심으로 바란다.
끝으로 세계의 모든 사람들에게 불쌍한 조선 사람들을 도와
조선에 더 많은 식량과 지원을 해 주시기를 진심으로 부탁드린다.
그리하여 하루 빨리 조선 사람들도
사람답게 살고 사람답게 먹고 행복한 생활을 누렸으면 좋겠다.

부록

낱말풀이

(방)방언, (표)표준어, (은)은어

가두 아주머니 - 직장에 나가지 않고 가사 일만 하는 가정 주부
가마 - (방) 솥
갈개다 - (표) 남을 못살게 굴고 남의 일을 훼방 놓음. *갈개꾼
강낭 - (방) 옥수수
거진 - (방) 거의
걸치다 - 시비를 걸다
결나다 - (방) 성나다
고급술어 - (은) 망나니들 사이에서 쓰이는 말들
꼭상 - (방) 고봉
곧추 - (표) 곧바로
공격수 - (은) 소매치기, 도둑
관널 - 관을 자는 데 쓰이는 널빤지
구데기 - (방) 구더기
구루빠 - 그룹(Group)
구역 - 큰 도시의 행정구역 단위. 한국의 구(區)에 해당함
927 상무대 - 꽃제비 아이들을 수용하는 수용소에서 그들을 보호, 관할하는 임무를 맡은 사람. 수용소 관리 및 꽃제비 아이들을 잡아들이는 임무를 맡음. 후에 213으로 확대 개편됨.
국가보위부초소 - 국가보위부가 관할하는 검문 초소
국경 경비대 - 중국과 마주하고 있는 압록강, 두만강 국경변을 경비하는 군대
기술역 - 열차 차량 교체, 보수 등의 차량 관리 기능을 갖춘 역
기차 대가리 - 기관차
까드라지다 - (방) 빳빳하게 되면서 오그라지다
깔개 - (은) 여자가 남자에게 몸을 준다는 뜻
깔쩩스 - 감기약. 흥남제약에서 만듦
깡지 - (방) 찌끼, 찌꺼기
깡치 - (방) 찌끼, 찌꺼기
꼴림터 - (은) 잠을 자는 집
꼽새 - (방) 곱사등이

꽃 사시오 - (은) 매음하는 여자

ㄴ

나그네 - (방) 남편
남새 - (표) 야채
누데기 - (방) 누더기
눅다 - (표) (값이) 싸다
늄 - 알루미늄
늄가마 - 알루미늄으로 만든 솥
늄버치 - 알루미늄으로 만든 대야

ㄷ

다문 - (방) 다만, 단지
다치다 - 건드리다
단통 - (방) 대뜸
닭알 - (방) 달걀
덕성초소 - 함흥에 있는 인민무력부 군인 검열 초소
데사기 - 망태기
도구 - (은) 안전면도칼
독지 - 뽀루지
돈주 - (속어) 돈이 많은 사람
돼지가 앞전 뒷전 하다 - (속담) 벌꿀을 다 보다, 보기 힘든 것을 보다, 못 볼 것을 보다.
 · 앞전 : 앞으로 손을 땅에 짚고 재주넘는 것. 앞으로 하는 공중제비, 텀블링
 · 뒷전 : 몸을 뒤로 젖힌 채 손을 땅바닥에 대고 재주넘는 것. 뒤로 하는 공중제비
두부밥 - 얇게 썰어 기름에 튀긴 두부에다 밥을 넣어 만든 음식. 유부밥
들양 - (은) 떠돌아다니면서 몸을 파는 여자
뜨바이 - (은) 도둑질

ㄹ

량증, 량표 - 식당에서 식사를 할 수 있는 표. 배급소에서 얼마간의 배급
　　　　　식량 대신으로 받을 수 있음
레자 - 중국 장판지
로동 교화소 - 형기가 몇 년씩 되는 중범 및 재범자들을 집단적으로 수용한 감옥
로동 단련대 - 형기가 1 - 6개월까지인 경범자를 집단적으로 수용하여
　　　　　　사회 부역에 동원시키는 감옥
로동자 규찰대 - 직장에 계속 나오는 노동자를 모아서 사회 규찰 임무를 맡긴 조직
리찬 - 북한에서 만든 '민족과 운명' TV 영화 시리즈 중 '리찬 편'에
　　　나오는 주인공 이름. 나이 많은 여인과 사랑하는 인물.

ㅁ

마사지다 - 고장나다
맛내기 - 조미료, 미원
머리태 - (방) 머리채
메따 - (은) 남의 짐을 채는 행위
몰아주다 - 따돌리다, 왕따시키다
물세 - '물정세'의 준말로 기차를 타고 다니거나 장마당에서
　　　장사를 하는 데 드는 뒷돈을 말함
미공급 - 배급이 나오지 않음

ㅂ

바쁘다 - 어렵다
방통 - 기차 차량, 액체를 담을 수 있는 용기
버치 - (방) 대야
병력서 카트 - 개개인의 병력(病歷)을 적은 카드. 본인 거주 지역의 병원에서
　　　　　　관리함
불구다 - 물 등에 담가 놓아 붇게 하다
비닐 박막 - 비닐 막

ㅅ

사끼 – (은) 술

사로청 불량소조 – 직장에 출근하지 않거나 방랑하는 사람 등을 단속하기 위해 사로청 일꾼들이 만든 모임

상급차칸 – 열차 차량 중 간부용으로 마련된 칸

새것 – (속어) 처녀

색종 테이프 – 음란물 비디오 테이프

서슬 – (방) 간수. 두부를 만들 때 쓰임

서이 – (방) 형

세다 – (방) 헤아리다, 생각하다

세대주 – (표) 집주인

세치네 – (방) 산천어(물고기)

소래 – (방) 대야

습격 – (은) 도둑질

승벽내기 – 어떻게 해서든지 이기려고 기를 씀

10호 초소 – 국가보위부초소. 주민의 증명서와 통행증 검사, 무기류 단속을 위주로 함. 평양, 신의주, 무산, 회령, 고무산, 길주, 함흥, 혜산, 원산 등 국경 연선지대에 배치되어 있음.

쎄다 – (방) (힘, 세력이) 세다

쓰던 물건 – (속어) 시집가서 아이를 낳은 아주머니

씩닥거리다 – 진척이 잘 안 되는 일을 빨리 이루려고 애를 씀

ㅇ

아글타글 – (방) 아득바득

아짜아짜하다 – (방) 아차아차하다

〈풀이 자체가 또 연변 조선족 방언임. 표준어로는 이에 해당하는 단어를 찾지 못함〉

안전원 – 한국의 경우 경찰에 해당하는 국가 치안 유지 조직

안해 – (방) 아내

알리다 – 겉으로 드러나다. 표시가 나다

알받이 – (은) 배낭을 찢고 낟알을 받는 행위

낱말풀이 293

압축 – (은)(특히 열차 안전원 등이) 남의 물건이나 돈을 착취하여 챙기는 행위
야간작업 – (은) 밤에 도둑질하는 행위
어구 – (방) 어귀
어짜 – 자기보다 크거나 나이 많은 사람
언치를 걸다 – 트집을 잡고 시비걸다
역전 검열대 안전원 – 역에서 기차가 오면 승객들에 대한 질서 유지 및 물건, 공민증, 증명서 검사를 하는 안전원
열차 승무안전원 – 열차 승객의 안전과 질서 유지를 위해 일하는 안전원. 주로 공민증과 통행 증명서를 검사함
열차 연결짬 – 열차 차량 연결 부위의 공간
열차원 – 열차 정차와 발차시 호루라기 신호 차표 검사, 열차 비품 관리를 하는 승무원
오구래 – (방) 새알심
오카내 – (은) 돈
원주필 – 볼펜
인민무력부 경무초소 – 군인 및 군대 차량을 단속하는 초소.각 시, 군에 다 있음.
인차 – (방) 곧

자래우다 – (방) 기르다
재포 – (속어) 일본에서 귀국한 사람이거나 일본에 친척이 있는 사람
전기 밥가마 – 전기 밥통
제꺽 – 얼른
조교 – 북한 국적을 소유한 채 중국에서 사는 사람
주패 – 서양 카드, 트럼프
줄봉 – 쇠사슬이 달린 흉기
중조 – (표) 중탄산소다
중태기 – (방) 망태기
지내 – (방) 너무

직발 - (방) 곧장
진탕치다 - (방) 요란스럽게 차려 놓고 실컷 두드려 먹어나 마구 놀아대다
짐바 - 자전거 뒷자리에 올려 놓은 짐을 묶는 데 쓰는 줄
집결소 - 타지역에서 잡은 범죄자들을 해당 거주 지역으로 보내기 전에 잠시 수용하는 곳
짬 - (표) 물건끼리 서로 맞붙은 틈
짼짼하다 - 음식 등을 잘 마련했다는 뜻

ㅋ

콕스탄 - 제철소에서 쓰는 코크스를 말함
카바 - (은) 주위 사람들이 도둑질하는 것을 못 보게 막는 행위

ㅌ

테라미찐 - 설사 등을 멈추게 하는 약
토비 - (표) 비적의 무리
튀우개 - 볶아 튀긴 것

ㅍ

퍼그나 - (방) 퍽
포단 - (표) 이불. 주로 군용 담요를 이름
풋조리 - 배추 추린 것

ㅎ

하극 - (속어) 석탄이나 시멘트 등을 받아 가려고 출장 온 기관 기업소 인수원
행지 - (방) 행주
허약 - 영양 실조

통일마당 4

고난의 강행군

초판 1쇄 1999. 12. 18   2쇄 2005. 6. 15
펴낸이 / 김정숙
지은이 / 권혁
펴낸곳 / 정토출판
등록번호 / 제22-1008호
등록일자 / 1996. 5. 17
137-875 서울특별시 서초구 서초3동 1585-16
전화 / 02-587-8992
전송 / 02-587-8998
인터넷 http://www.jungto.org
E-mail / book@jungto.org

ⓒ 1999. 정토출판

값 8,000원

ISBN 89-85961-25-X 03300